中华文脉
SINIC CONTEXT

从 中 原 到 中 国

王战营 / 主编

《中华文脉》编辑出版委员会

主　编　王战营

编　委（按姓氏笔画为序）

王　庆　王中江　王守国　尹书博
冯立昇　刘庆柱　李文平　李向午
李伯谦　李国强　张西平　张存威
林疆燕　顾　青　郭元军　耿相新
葛剑雄　曾德亚　谭福森

中华文脉
SINIC CONTEXT

从中原到中国

王战营 / 主编

风华绝代

宁稼雨细说魏晋风度

宁稼雨 著

中原出版传媒集团
中原传媒股份公司

河南人民出版社

图书在版编目（CIP）数据

风华绝代：宁稼雨细说魏晋风度 / 宁稼雨著 .—郑州：河南人民出版社，2022.4（2023.3 重印）
（中华文脉：从中原到中国 / 王战营主编）
ISBN 978-7-215-13020-3

Ⅰ.①风… Ⅱ.①宁… Ⅲ.①知识分子—研究—中国—魏晋南北朝时代 Ⅳ.①D691.71

中国版本图书馆CIP数据核字(2021)第273901号

风华绝代：宁稼雨细说魏晋风度
宁稼雨 著

出 版 人：李向午
选题统筹：张存威　杨　光
责任编辑：张珺楠　张　岩
封面设计：张　坦
责任校对：周　利

出版发行　河南人民出版社（郑州市郑东新区祥盛街27号　邮政编码　450016）
　　　　　发行部　0371-65788036

经　　销：各地新华书店经销
印　　刷：河南新华印刷集团有限公司
开　　本：720mm×1020mm　1/16
印　　张：20.25
字　　数：245千字
版　　次：2022年4月第1版　2023年3月第2次印刷
定　　价：79.00元

目录

前言　魏晋风度的魅力何在？———— 1

第一讲　贡献与傲慢：细说魏晋门阀世族———— 1
　　门阀世族阶层的爆发崛起和奢华腐朽———— 3
　　门阀世族的政治贡献与人格魅力———— 10
　　自我优越的畸形门第观念———— 16

第二讲　侨姓与吴姓：细说魏晋南北文化差异与隔阂———— 33
　　从"汝邻"到"汝臣"的对抗心理———— 35
　　以"莼羹"对峙"羊酪"———— 37
　　"吴牛"为何"见月而喘"？———— 39
　　为何把江南建国称为"寄人国土"？———— 40
　　南北文化背景下的学术差异———— 44

"洛生咏"的风靡效应—— 51
　　趋从与跟进中原文化—— 56

第三讲　审美与竞争：细说魏晋人物品藻活动—— 61
　　趋之若鹜的"扬名养誉"心理—— 63
　　从个人求名到社会参与—— 66
　　从社会实用评价到人物审美评价—— 70

第四讲　个性与真情：细说魏晋士人群体个性精神—— 85
　　"道统""势统"天平的失衡—— 87
　　强烈的自我意识—— 96
　　绚烂多彩的文人个性活动—— 102
　　人际社会交往活动中的个性展示—— 114

第五讲　"贵无"与"崇有"：细说魏晋士人的玄学人生态度—— 121
　　"贵无"：玄学的政治主题—— 123
　　"自然"：玄学的人生主题—— 128
　　"崇有"：务实的人生态度—— 132
　　"仕隐兼修"：兼容"名教""自然"的双重人生态度—— 137

第六讲　"得意"与"忘象"：细说魏晋名士的审美人生态度—— 147
　　言意、名理之辨从何而来？—— 149
　　王弼的"得意忘象"说—— 151

第七讲 隐逸与人生：细说魏晋名士的隐逸情怀——— 173
名士归隐的政治蕴涵——— 175
名士归隐的思想指归——— 183
隐逸生活的自由境界——— 186

第八讲 沉醉与逍遥：细说魏晋名士的饮酒活动——— 195
生活无处没有酒——— 197
进入灵魂逍遥世界的媒介——酒——— 199
反礼教的锐利武器——— 206
及时行乐的便利帮手——— 210
逃避政治灾祸的遮掩面具——— 218

第九讲 药内与药外：细说魏晋名士的服药活动——— 225
趋之若鹜的服药风气——— 227
服药与求仙长生的社会心理——— 228
服药的精神境界追求——— 233
服药不当的种种后遗症——— 239

第十讲 "服妖"与麈尾：细说魏晋名士的服饰新风——— 243
从"服妖"看礼教的颓坏——— 245
宽衣大袖何以成为流行风尚？——— 249
木屐中的人生境界追求——— 252
裸袒行为是否一概荒唐？——— 255
麈尾在名士精神文化生活中的特殊作用——— 260

第十一讲　闲情与逸致：细说魏晋名士的休闲生活——— 267
　　围棋活动何以列入"琴棋书画"四大修养之中？——— 269
　　樗蒲活动中的冒险、竞争个性意识——— 276
　　弹棋在消遣娱乐中的闲情雅致——— 283

第十二讲　才情与艺术：细说魏晋名士的文学艺术活动——— 287
　　以兰亭雅集为核心的系列文艺聚会——— 289
　　两种文艺风格："芙蓉出水"与"错彩镂金"——— 297
　　玄言诗何以令人"神超形越"？——— 301
　　"情生于文"与"文生于情"——— 303
　　顾恺之的"传神写照"艺术境界——— 304
　　争奇斗艳的艺术世界——— 308

后　记——— 313

前言　魏晋风度的魅力何在？

在一个多元化的现实世界里，单一的生活内容和重复的行为方式足以让人们产生生理和审美上的疲劳和厌倦。这一点似乎已经无可争议了，然而用什么东西去抚慰疲劳、冲淡厌倦却是见仁见智、答案百出的问题。

魏晋名士风度也许正是从这个意义上可以进入我们的人生态度和生活方式的选择或借鉴参考之列。

诚然，人生的积极理想、远大抱负固然可以而且应该成为我们人生过程的主要色块，然而对于很多青年朋友来说，缺少的并不是这样正面积极的人生引导和理想抱负教育。他们缺少的倒是遇到坎坷和挫折之后的那份承受能力，那份自我心态平衡的能力，那份遇到重大变故乃至灾难的应对能力，尤其是面对人生福祸荣辱的那份平常之心和超然之心。这一切，不能不说青年朋友的自我意志和精神建构还存在一定的缺陷。

魏晋时期特殊的社会历史环境，造就了魏晋名士的独特群体人格精神。其主流价值取向的特征就是以超然的精神追求取代现实的物质欲求；以个体的自由洒脱取代社会意志的规矩樊笼；以士人的道统良知取代皇权的势统控驭；以审美的人生态度取代现实功利的人生态度。这些特征固然不应该是任何一个时代的人们需要全盘吸收和继承的，但它作为中国文化史上的一个亮点，中国古代士人曾经有过的骄傲，其参照和借鉴价值自然是不言而喻的。

何晏、王弼之谈，出神入化；王谢大族堂前，簪缨不绝……

刘伶裸狂、阮籍醉酒，竹林名士放诞不羁；顾恺之传神写照、谢道韫巧对诗句，东晋名士大展才艺……

这些脍炙人口的魏晋风度故事，以其生活背景的相似，引起历代人们青睐，千百年来广为传诵，本不足为奇。在21世纪的今天，我们的生活环境与魏晋时期发生了翻天覆地的变化，然而人们对魏晋风流向往和艳羡的风潮和力度却有增无减。这样也就使人不得不反思其中的奥秘所在，去寻找我们在心灵深处与魏晋风流的共鸣之点……

渴望自由是人类的天性，然而任何人类社会对自由的许可容纳都必然会有不同程度的必要限制。如果说封建社会对人的自由限制多半基于专制等级制度的需要的话，那么现代社会则是出于人们社会环境的安全稳定的考虑，对人的自由做出相应的限制规定。于是，受到限制和压抑的自由便成为跨越古今乃至中外人们的共同所有了。人们在现实中无法实现的愿望往往要通过精神的渠道去宣泄和寄托，那么对前人曾经有过的能够表达自己内心自由倾向和愿望的言谈举止充满艳羡之情，也就成了水到渠成、顺理成章的事情了。从这个意义上看，今天的人们青睐于魏晋名士的洒脱不羁，不是没有充足理由的。

"太有才了！"——这句地球人都知道的话其实也是一种时代的

心声：现代社会的进步发展，对个人的才华和能力都提出了更高的要求。渴望才能、欣赏才能、实现才能是每个时代的弄潮儿心底的愿望。以古人的才华行为故事作为偶像和榜样，分享其成功的快感，体味其过程的艰辛或趣味，或许都是今天渴望成功人士的下意识举动了。何况，王羲之、顾恺之、谢道韫这样宗师级别的大腕比起当今的某些明星，显然更具有对于粉丝群体的杀伤力。

与"文革"时期的社会观念相比，一个重大的变化就是对于贫富的价值判断。在那个时代，财富简直就是邪恶的代名词，"行政官员"也几乎沦落到过街老鼠的地步。两者都给不少人带来家破人亡的灾难。那时人们不但没有羡慕和向往，相反多半是唯恐沾包而避之不及。然而在今天，金钱和权力几乎成为很多人无往不胜的通行证。没有做官发财的渴望做官发财，已经做官发财的由于缺乏经验，很希望了解一下贵族该怎么当，贵族该有怎样的气质和举止。然而这方面还缺乏现成的教材，于是，被鲁迅誉为"名士底教科书"的那本《世说新语》里边的贵族故事，便理所当然地成为当下有志于朝贵族方向发展的精英们不可或缺的形象教材了。

也许还能找出许多这样的理由，但好像已经够用了。魏晋名士的风流倜傥，足以成为傲视今人，令今人俯首称臣的充足本钱和理由了。

然而我要说的是，这些仍然不过是魏晋风流的皮毛。它的内在魅力，也许通过苦思冥想和身体力行可以企及。也许，它永远只是一个人生的梦……

无论皮毛也好，内在也好，都要翻开本书，走进魏晋名士的生活之中。在读过本书之后，再来让我们反省一下自己——你得到的是魏晋风流的皮毛，还是内在的魅力？

魏晋风度的永久魅力，也许就在于它将中国传统文化中"道优于器"和"得意忘言"的高深哲学理念演绎成为一种具体的人生实践过程。于是,那种放诞不羁、潇洒飘逸、旷达超远、啸傲人生的气质不仅成为一种历史过程,更重要的是它具有书法《兰亭集序》和绘画《蒙娜丽莎》那样的审美价值。当人们为现实的利益得失而烦恼,当人们为理想的暂时失落而沮丧,当人们得意或许有些忘形的时候,魏晋风度永远像一面镜子,能照出我们心灵深处的所有尘埃,使我们的心灵和精神受到荡涤,得到净化。我们不仅得到美的享受,更能得到人生的营养。这也许就是历代文人不绝如缕地倾倒于魏晋风度的真实理由吧!

第一讲

贡献与傲慢：细说魏晋门阀世族

第一讲　贡献与傲慢：细说魏晋门阀世族

所谓"盛唐之音"和"文学的自觉"是中国文化史、文学史上令人注目的大事。一般来说，人们是把这两件事情分开来说、分开来看的。但如果从宏观的历史发展轨迹上看，这两者之间实际上是一个因果关系。换言之，如果没有魏晋南北朝时期以士族文人的社会地位独立为基础的文学自觉，盛唐时期以文人为核心的文化繁荣是根本无从谈起的。文学自觉的前提是文人的人格独立，其主要内涵就是魏晋时期门阀士族在经济政治力量发达基础上文人的人格地位的充分提高。士族文人经济实力的膨胀，导致了以所谓"门阀政治"为特征的政治地位的确立。正是由于经济政治方面的实力强大，才造成了魏晋时期士族文人的群体人格的独立；正是这种人格的独立意识，才是文学走向独立的基础和前提；正是文人的人格独立和文学自身的独立，才是"盛唐之音"的源头之水。

所谓"魏晋风度"，首先就表现在门阀世家大族那种老大自居，目空一切，舍我其谁的贵族派头儿。这也就是需要细说的魏晋风度第一道风景。

门阀世族阶层的爆发崛起和奢华腐朽

大约1800年前的某一天，东吴的末代皇帝孙皓问自己身边的丞相陆凯："卿一门在朝者有几人？"陆凯答道："二相、五侯、将军十余人。"孙皓感叹道："盛哉！"陆凯，字敬风，是东吴前代宰相陆逊的族子。史载陆凯"忠鲠有大节，笃志好学。初为建中校尉，虽有军事，手不释卷。累迁左丞相。时后主暴虐，凯正直强谏，以其宗族强盛，故不敢加诛也"。从陆凯沾沾自喜的话中可以看出，陆氏一门之中，一时之间，在朝中竟有二相、五侯、将军十余人，其宗族不可谓不"盛"。另一方面，当陆凯得罪朝廷时朝廷对其无奈，不是惧怕其人，而是惧怕其宗族，又不可谓不"强"。

陆氏家族在三国吴郡是著名的四大姓氏之一。这四大姓氏分别为"顾""陆""朱""张"。当时吴郡有"张文，朱武，陆忠，顾厚"之说，四姓盛极于吴郡。西晋大诗人陆机乐府《吴趋行》曾这样炫耀自己的家族及四姓：

大皇自富春，矫手顿世罗。邦彦应运兴，粲若春林葩。属城咸有士，吴邑最为多。八族未足侈，四姓实名家。文德熙淳懿，武功侔山河。礼让何济济，流化自滂沱。淑美难穷纪，商榷为此歌。（《汉魏六朝百三名家集·陆平原集》）

陆机的话并非完全自吹自擂。据《三国志·吴志·朱治传》，当时的吴郡四姓已经与"贵族子弟"并举，其所出仕郡者，郡吏常以千数。朱治率数年一诣王府，所遣数百人，其盛状可知。

更有甚者，吴郡四姓大族即便触犯了法律，也可以凭借自己家族的地位而得到豁免。会稽山阴（今浙江绍兴）人贺邵上任吴郡太守时，因为不了解情况，先是足不出户，竟然受到吴中大族的蔑视。他们在府衙门上题字曰："会稽鸡，不能啼。"贺邵见到后很生气，就打算借助自己的权力进行反击。他先在府衙门上题字后添上"不可啼，杀吴儿"六个字，然后就带领人马，来到顾、陆二姓的屯邸，搜捕二姓私自设置的家族卫队,以及收养的没有户籍的流民,并向朝廷列举了二姓的种种罪状,二姓就要大难临头了。可是当江陵都督、四姓之一的陆抗来到建业,向孙皓进行一番游说斡旋之后,二姓被抓的人全部释放。贺邵及其后台——皇帝本人都向大族低头让步了。四姓势力之强,于此可见。

有的历史学家认为,当年东吴政权之所以迁都秣陵,就是因为受不了吴郡大族的压力。而其中又是以吴中四姓为主的。一直到西晋,人们还念念不忘这些吴中旧姓的盛状。当有人问蔡洪对吴中旧姓的印象时,蔡洪如数家珍,能一口气说出吴郡大姓的精妙之处:

> 吴府君,圣王之老成,明时之隽乂;朱永长,理物之至德,清选之高望;严仲弼,九皋之鸣鹤,空谷之白驹;顾彦先,八音之琴瑟,五色之龙章;张威伯,岁寒之茂松,幽夜之逸光;陆士衡、士龙,鸿鹄之裴回,悬鼓之待槌。凡此诸君,以洪笔为锄耒,以纸札为良田,以玄默为稼穑,以义理为丰年,以谈论为英华,以忠恕为珍宝,著文章为锦绣,蕴五经为缯帛,坐谦虚为席荐,张义让为帷幕,行仁义为室宇,修道德为广宅。(《世说新语·赏誉》)

可见西晋人对往日的吴中大姓尊贵地位和家族繁盛的无比垂羡之情。

除了南方的吴郡大姓,北方诸大族门第受到人们敬仰垂青的情况也每每可见。如南阳宗承家族,从父亲宗资时起就享有盛誉。宗承自小就以修德而闻于世,卓然不群,并辞去朝廷的征聘,于是慕名而来拜访的人络绎不绝。在众多崇拜者当中,包括后来的一代权臣曹操。曹操小时候也很崇拜宗承,曾几次前去拜见,都因门庭若市而未能如愿。有一次好容易等到宗承起身送客,曹操赶忙迎上去,握住宗承的手，表示希望交往。可是曹操从小名声不好，宗承鄙薄曹操的为人，拒绝了他的请求。后来，曹操在汉朝大权独揽，威震天下，他满以为这下子可以接近宗承了，于是又找到宗承说："可以交未？"没想到宗承还是冷若冰霜地说："松柏之志犹存！"弄得曹操很是下不来台，可他因为在意宗承及其家族的巨大声望，便只好仍以礼相待，并敕告曹丕兄弟，让他们对宗承执弟子之礼。于是曹丕兄弟每次去看宗承，都要在宗承座前跪下。从曹操到魏文帝、明帝，都想请宗承出来做官，但均遭拒绝。像曹操这样杀人如麻，"宁我负人，勿人负我"的乱世奸雄，对宗承恨之入骨却又束手无策，其中重要的关节也就在于其宗氏家族及其名声的作用。

门阀世族的地位崛起，首先表现为经济实力的增强和物质生活的极大富有。西晋时期，金城麴氏和游氏同为豪门贵族，当时西州人有这样的说法："麴与游，牛羊不数头。南开朱门，北望青楼。"（见《晋书·麴允传》）那位竹林七贤之一的王戎，也是出身富比天下的大族。他广收八方田园，其宅院、仆役、田地、水渠的数量，在首都洛阳无人可比。其积财聚钱，不计其数。这些门阀贵族一旦经济上有了实力，就如同暴发户一般，在行动上大肆卖弄，炫耀财富，彰显资产。历史上人们熟知的王恺和石崇争富的故事就很有代表性。

一个故事说的是：王恺用饴糖和着干饭来擦锅子，石崇则用蜡烛当柴火烧饭。王恺用紫色丝布做步障，还配上绿绫里子，长四十里；石崇则用锦缎做成五十里长的步障来和王恺匹敌。后来石崇用花椒来和泥抹墙，以求满室芳香；王恺则用赤石脂来涂墙，以显富贵。

还有一个故事说：石崇和王恺为了争强斗富，都用尽华美艳丽的材料来装点车马服饰。晋武帝司马炎是王恺的外甥，常常帮助王恺，曾经把一枝二尺来高的珊瑚赐给王恺。这个珊瑚枝条繁茂，世间罕见。

有一天王恺拿出来向石崇炫耀，没想到石崇看过后顺手就用铁如意把珊瑚树打碎了。王恺又急又气，以为石崇是妒忌自己的宝物，声色俱厉地责问石崇。石崇说："没什么好留恋的，我还给你就是了。"于是就叫人把自己收藏的珊瑚全都拿来，其中三四尺高，枝条繁茂绝伦而又光彩溢目的就有六七枝，像王恺那样的就更多了。王恺看后，怅然若失。

王恺在当朝皇帝的资助下，仍然是石崇手下败将，说明石崇之富，已逾皇家。可是如此奢华的王、石二人，却又要在另一位王姓大族王济面前甘拜下风。晋武帝司马炎为了依靠大族，就把自己的女儿常山公主嫁给了王济。有一次，司马炎到女婿家里做客，只见王济席上所用器皿都是当时极为珍贵的玻璃制成。婢女仆人总共有一百多人，身上全都穿着绫罗绸缎。席上不用桌子，每个盘子酒杯下面都有一位婢女用手擎举着。更为特别的是，席上所食用的蒸猪肉味道特别肥美，与一般的猪肉迥然不同。吃过龙肝凤髓的晋武帝也如同乡巴佬进城一样很

〔明〕仇英《千秋绝艳图》（局部）

惊奇，问过王济，方知这些猪肉的不同凡响之处——原来它们都是用人奶喂大的。司马炎极为不平，拂袖而去。这种吃法不仅晋武帝闻所未闻，连当时富比天下的王恺和石崇也没听说过。

说到晋武帝司马炎，很多人都会知道这也不是什么廉洁节俭的帝王，而是青史留名的淫逸奢华天子。他在灭吴之后，后宫姬妾近万人，得宠者甚多，以至于他不知宠幸谁为好。为了减少矛盾，以示公允，他经常乘上羊车，任其所行。羊车停在哪个宫人寝室，武帝就在那里过夜。宫人们为了得到宠幸，便在武帝经过的路上插上竹叶，并洒上盐水，以吸引羊车。这样奢华的帝王都无法接受王济以人乳喂猪的奢靡，可见其过分至极。即便在他遭到贬斥，移第北邙后，仍以富炫人。史载当时人多地贵，王济喜欢骑马射猎，"买地作埒，编钱匝地竟埒。时人号曰'金沟'"（见《世说新语·汰侈》）。

另一位世家大族羊琇的酿酒之法，也足能显现出这类贵族的处心积虑、骄豪淫奢之处。据《语林》记载，羊琇大反一般人高温季节酿酒的习俗，而是冬天酿酒。为了保持酿酒所需温度，他就让人抱着酒坛子，用体温暖酒，一会儿就换一个人。这样酿出来的酒不但速度快，而且味道佳美。同书中又记载当时洛阳林木缺乏，木炭只如小米状。羊琇为了显示骄豪，把小木炭捣成细屑，和以粘物，塑成野兽之状。当诸位大族聚会时候便用它来温酒。一时间，烈焰腾腾的野兽张口向人，十分恐怖。众大族都觉得这种玩法十分刺激够味儿，便争相仿效。当时人们认为如此奢侈所造成的财富浪费，"甚于天灾"（见《晋书·傅玄傅子咸附传》）。

作为世家大族奢侈腐化生活的一个投影，很多贵族家庭的奴仆婢女的生活为此付出了惨重的代价。如王戎有数百家童，石崇的仆人达八百余人。这些奴婢的地位命运惨痛，往往是大族淫逸生活的牺牲品和装饰物。如石崇每次宴请宾客，常令美人行酒。如果客人饮酒不尽，便斩美人。王导和王敦曾共同赴宴,王导虽然酒量有限,但为了美人的性命,也就只好勉为其难,喝得大醉。而王敦虽有海量,却常常故意不饮,以观其变。转眼之间,三位美人被杀,王敦仍不肯饮。王导责备他冷酷无情,他却说:"人家自己杀自己的家人,关你何事?"(见《世说新语·汰侈》)还有一种说法是,王恺听说王导喜欢音乐,便请他和王敦前来做客,听其乐伎演奏。中间吹笛人偶有小忘,便立即被王恺当场派人打死。虽然两说不同,但却说明当时此类事情比比皆是。

贵族们的奢华几乎无所不在,就连厕所也成了他们展示富贵,穷奢极欲的场所。其中石崇的厕所最为铺张。他的厕所里常有十几个婢女,站立在旁准备伺候客人。厕所装饰华丽,而且还准备了各种香水香料和崭新内衣。这样的厕所弄得大多数客人都不好意思去,可也有人不在乎这些。有一次,王敦来石崇这里做客,只见这位老兄当着众多婢女的面,脱去旧内衣,穿上新内衣,神色傲然。他走之后,婢女们面面相觑地说:"这位客人将来必定要做贼!"

不过王敦在如此华丽的厕所中也不是总这么得意,有时也要被华丽的厕所迷惑,弄出笑话。一次王敦去晋武帝家里拜见舞阳公主(或作襄城公主),当他去厕所时,见到一个漆光闪亮的箱子里盛满了干枣。这是主人怕厕所的臭味熏人而用来堵塞鼻孔用的,可王敦还以为是厕所里预备的干果,又拿出那种豪迈劲头,将盘中干果一扫而空。刚解手出来,王敦又见到婢女擎着金澡盘盛水,琉璃碗盛澡豆(古代用豌豆等物合成的用来洗手洗脸之物),准备给他洗澡。可是王敦见到澡豆就胃口大开,就把澡豆倒入水中,一饮而尽。还有一个名叫刘寔的贵族,来到石崇家的厕所,见到又是绛纱帐大床,又是华丽的被褥,还有两位婢女侍立在旁,慌忙扭头就跑,来到石崇那里说:"非常抱歉,刚才不小心跑到您的卧室去了！"石崇笑着说："哪里是卧室，那是厕所啊！"

门阀世族的政治贡献与人格魅力

多少年以来，门阀世族一直受到人们的各种指责。从他们的穷奢极欲，到他们把持和左右政局，压制寒族才士，都是人们极力抨击的口实。可实际上门阀世族之所以能够活跃并在相当时间内左右社会历史舞台，光靠挥霍腐化和横行霸道是没人买账的。没有他们对社会的贡献，也就没有社会对他们的尊重和承认。

如果说西晋时期的门阀世族像是一群暴发户，到处展示自己的财富和虚荣的话，那么到了永嘉丧乱之际，门阀世族却在民族危亡的时刻挺身而出，带领民众抵御了外侮，安定了东晋局面。其中的杰出代表就是号称"王谢"大族的王导和谢安。

——王导用心良苦

晋室刚到江左，形势十分严峻。司马氏政权不仅要时刻提防北方异族的南下，而且当时被迫南迁的中原侨姓和江南本地吴姓之间的关系，也正处于紧张而微妙的关键时期。搞得不好，江左变成江北也不无可能。据《晋书·王导传》的记载，新登基的晋元帝，原琅琊王司马睿刚来到建康（南京），当地吴人并不买账。过了一个多月，社会上上下下没有来请安的。王导深以为患，正碰上王敦来朝，王导就对他说："琅琊王仁德虽厚，但名声威望还浅。现在晋室已立，我们要好好帮助辅佐他。"正好赶上三月上巳节，晋元帝打算前去观禊。于是便坐在轿子里，带上威武的仪仗队。王导、王敦及朝中名贤都骑马随从。当地吴人的名门望族纪瞻、顾荣等在一旁偷偷观望。他们见到如此威武的场面,都十分惊惧,于是就跪拜道旁。王导趁机献计说:"古代的帝王,莫不礼宾关爱古老,寻问风俗,谦虚敛心,以招俊杰。况且今天天下丧乱,九州分裂,东晋基业草创,正是需求人才之际。顾荣和贺循,都是本地的望族,不如委以重任,以结人心。他们二人来了,其他人就没有不来的。"于是晋元帝就跟随王导,前去拜见贺循、顾荣二人。两人受宠若惊,应命而至。从此吴人风靡而至,百姓归心。君臣的礼节这才明确下来。

除了对江南大族的礼貌和尊重外,王导更为注意的是以政策的宽松和政务的简要,去赢得江南人士的好感,以利于东晋政权。比如晋成帝时,王导和庾亮辅政,一个炎热的夏天,王导到石头城去看庾亮。庾亮正在官邸忙于公务,王导就劝他说:"大热的天儿,何不把政务简化一些?"庾亮不以为然,就反唇相讥道:"你的看法天下人未必觉得妥当。"可见不是所有的人都能理解和体谅他这一番苦心。王导在晚年的时候经常一副无所事事的样子,除了在一些公文上画画圈儿,便很少过问政事。自己常感慨道:"别人都说我昏聩糊涂。这种昏聩糊涂大概只有后人会懂!"(见《世说新语·政事》)他的一番苦心,就是尽量避免和淡化与江东吴人的矛盾,以利于东晋政权在江南的稳固。陈寅恪先生曾在《述东晋王导之功业》一文中说:"东晋初年既欲笼络吴之士族,故必仍循宽纵大族之旧政策。"说的就是王导这番苦心的用意所在。

除了在这些大政方针上注意笼络吴人之外,王导还身体力行地在许多生活细节方面注意团结吴人,与之搞好关系。刚到江左,为了结缘吴人,王导曾主动想和吴人大族陆玩联姻。可是陆玩却傲慢地说:"小土丘上长不出松柏,香草和臭草也不能放在同一个瓶子里。我虽然没什么才能,却不能带头做这种乱伦的事情!"(见《世说新语·方正》)王导虽然受到了羞辱,但他依然如故,坚持他团结笼络江南大族的策略。

王导的政治苦心没有白费,东晋王朝终于在江南站稳了脚跟。大大增强了琅琊临沂王氏的社会地位,使晋帝及全社会对王氏家族另眼相看。比如一次晋元帝司马睿正月初一举行集会,谁也没有想到的是,司马睿竟然拉着王导一起登上皇帝的御座。王导坚持推辞,而元帝则苦苦地拉住他不放。在皇权至高无上的中国封建社会,受过如此礼遇的臣僚恐怕绝无仅有,以至于历史上有过"王与马,共天下"的说法。正因如此,王导的话在东晋皇帝的心目中具有神圣的作用,朝中一些重大决策,王导的意见往往举足轻重。

司马睿刚刚即位不久,因为宠爱郑后,就想废司马绍而立司马昱为太子。当时议论这件事的人都认为舍弃长子而改立幼子,不仅在常理上不顺,而且司马绍聪颖通达、英明果断,更适合立为太子。周顗、王导等大臣都极力争辩,言辞恳切,只有刁玄亮独自想拥戴司马昱来迎合元帝的心意。元帝就想实施自己的想法,又担心各位大臣不接受诏令,于是先宣召武城侯周顗、丞相王导入朝,然后就想把诏令交付给刁玄亮。周顗、王导入朝后,刚登上台阶,元帝已预先派传诏官拦住他们,让他们到东厢房去。周顗尚未醒悟过来,就退下了台阶;王导却推开传诏官,径直走到晋元帝御座前,说道:"不知道陛下为什么召见臣等?"元帝默默无言,于是从怀里掏出废立储君的黄纸诏书来撕碎扔掉。从此太子才算确定下来。周顗这才感慨而又惭愧地叹息说:"我常常自以为超过茂弘(王导字),现在才知道不如他啊!"(见《世说新语·方正》)又比如司马睿过江之前性格洒脱磊落,常常饮酒无度。过江称帝后,王导觉得这种习惯有损于帝王形象,于是便经常痛哭流涕地劝说晋元帝戒酒。晋元帝为王导的诚意所感动，和王导痛饮一番后，坚决戒掉了酒瘾。

清代王鸣盛曾在《十七史商榷·王导传多溢美》中指责《晋书·王导传》对王导过分溢美，认为王导除了徒有门第显荣之外，没有任何可以称颂的贡献。对此陈寅恪在《述东晋王导之功业》一文中据理力争，说："王导之笼络江东士族，统一内部，结合南人北人两种实力，以抵御外侮，民族因得以独立，文化因得以延续，不谓民族之功臣，似非平情之论也。"此语方为切中肯綮之言。

——谢安的"超男"魅力

当然，门阀世族在社会上具有那么大的影响力，除了这种政治贡献之外，还有他们中很多人自身的人格魅力。谢安就是其中的典型代表。

以谢安为代表的谢氏家族，在对民族和国家作出具体贡献的同时，更加注意追求一种人格形象的美好，以美与善的结合，来创造自己和家族的形象和威望。在淝水之战这场关系到东晋王朝生死存亡的重大战役中，由于谢安所派谢玄部队以气势压人，所以八公山上的草木，已使前秦部队闻风丧胆。而当捷报传到建康，谢安面对如此令人振奋的特大喜讯竟然泰然自若，不动声色。当时他正在与别人弈棋，接到谢玄的捷报，看过后竟然默默无言，仍然把目光移向棋枰。别人知道这是淮上来的战报，便问战果如何。只见谢安轻描淡写地说："小儿辈大破贼。"说完意色举止，毫无异常。从道理上讲，谢安比任何人都关心这次战役的胜败。因为东晋王朝的存亡和谢氏家族在社会上的地位，都牵系于此。魏晋名士虽然都崇尚一种喜怒不形于色的雅量，但真正能够做到的人却寥寥无几。谢安正是洞悉名士们的喜好，所以

〔明〕尤求《围棋报捷图轴》

他才强忍激动，故做深沉雅量貌，以大家的气度去争取别人的尊敬，并树立谢氏家族的地位。他在公共场合的表现，始终没有忽略这种气质的魅力对自己及家族的地位所产生的影响。他在东山逗留时，有一次与孙绰、王羲之等人泛海为戏。不想风起浪涌，只见孙、王等人脸都吓白了，纷纷提出赶快返航。可是谢安却神情正旺，只顾吟啸，没有作声。船工见谢安态度安闲，兴味十足，便继续划船不止。过了一会儿，风浪更大了。大家都沉不住气，船上躁动起来，人们嚷着要回岸上。这时谢安才意犹未尽地说："既然这样，是不是该回去了？"听了谢安这句话，大家赶忙纷纷应声而回。"于是审其量，足以镇安朝野。"（见《世说新语·雅量》）又如当晋简文帝驾崩后，桓温为了扫除异己，专擅朝政，便安排下鸿门宴打算除掉谢安和王坦之。二人明知桓温不怀好意，却又不能不去。只见王坦之面呈惧色，胆战心惊地问谢安怎么办。谢安则神情自若，说："晋祚存亡，在此一行。"两人一同前往，王坦之愈走腿愈软，而谢安却依旧谈笑风生，宽松坦然。到桓温这里，

第一讲　贡献与傲慢：细说魏晋门阀世族

入席就座后，谢安竟然放声朗诵起他的拿手好戏——"洛生咏"。原来，谢安的朗诵在洛阳无人匹敌，人们争相仿效。可谢安年轻时就落下鼻炎的毛病，说起话来瓮声瓮气的。人们在模仿谢安的时候，为了学得像，就连他的鼻音效果也要模仿。可是正常人很难发出那种鼻音来，于是人们就只好捏起鼻子来，让自己的鼻音尽量接近谢安的声音。桓温的鸿门宴上谢安的"洛生咏"一闪亮登场，立即使在座的人们倾倒不已。连桓温也被这种声音所陶醉，同时也为谢安的旷远无畏所折服，赶忙吩咐刀斧手撤下。王坦之、谢安二人过去齐名，从这件事也就分出了优劣。

谢安的大家风范赢得了世人的风靡和倾倒，他在当时人们心目中的地位不亚于当今任何一位走红明星。有一次，他的一位同乡在中宿县做官，因过失被免职回乡。临行前去向谢安告别，谢安关心地问起对方回家的盘缠是否够用。乡人说没有什么盘缠，只有五万把蒲葵扇，因过了用扇季节，积压滞销。谢安说那就好办，于是就拿了一把蒲葵扇，一边扇，一边到京城的繁华地区走了一圈。谢安用蒲葵扇的消息不胫而走，整个京城不分官员百姓，第二天立即掀起了抢购蒲葵扇的风潮，扇子价格翻倍上涨。

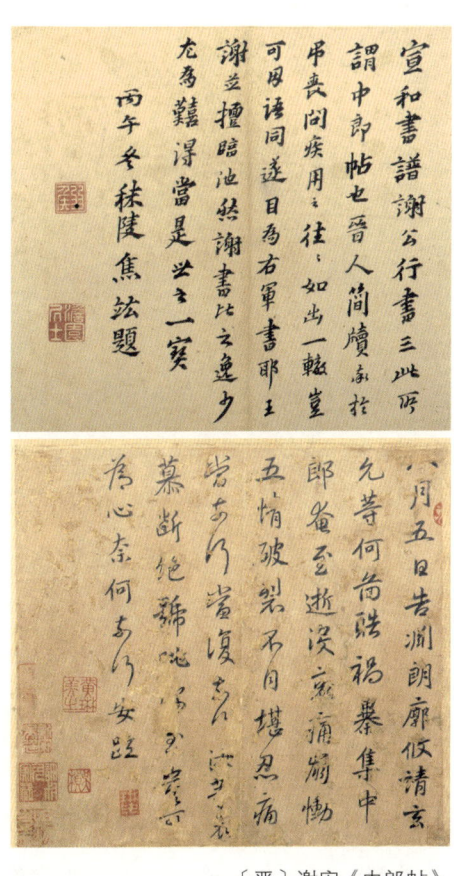

〔晋〕谢安《中郎帖》

同乡的五万把蒲葵扇，不到一天便一抢而空。以至于半个月内，京城的蒲葵扇都处于脱销状态（见《世说新语·轻诋》刘孝标注引《续晋阳秋》）。谢安的人格魅力，在这场抢扇风潮中得到了充分的证明。

自我优越的畸形门第观念

魏晋门阀世族受到后人指责的一个重要理由，就是门第观念对于社会发展所产生的掣肘滞后作用。门第形成的时期，大族们的主要精力集中在扩大家族的势力及其影响上。而门第一旦形成，一种优越感所驱使的门第观念便成为把大族与庶族区分开来的强劲异己力量。这种观念所带来的影响，不仅为门第的创立者所始料不及，而且对整个中国封建社会的社会心理和价值取向都产生过十分重大的影响。

——你不如我，舍我其谁

门第观念首先表现为自矜门第。大族的地位确立后，不仅对庶族不屑一顾，即便对其他大族，也大有你不如我，舍我其谁的气势。有一次，王爽与司马道子一起饮酒。司马道子喝醉了，信口喊王爽为"小子"。王爽不紧不慢地说："我过世的祖父王濛官任左长史，而且是简文帝的布衣之交；我已过世的姑姑王穆之为哀帝皇后，姐姐王法惠又是孝武帝皇后。这样的家族怎么能有'小子'的称呼？"（见《世说新语·方正》及刘孝标注引《中兴书》）王爽亮出的几张王牌，足以令当时天下人仰视。又比如王述上任扬州刺史的时候，出于对信任官员的尊重，府衙主簿向他请教族讳，以免冒犯。可王述却对这种问法极为反感，于是便没好气儿地说："亡祖先父海内知名，无人不晓。除了不该出门的妇人内讳外，余无所讳。"（见《世说新语·赏誉》）原来，作为世家大族，王述认为主簿这种问法意味着王氏家族的名气还不够大，以致还需要有人来打听其家讳，这不啻是对王氏家族的蔑视。他这种赌气的方式，实际上还是要张扬其家族名望。清代学者李慈铭认为王述此举乃"六朝人矜其门第之常语耳。所谓专以家中枯骨骄人者也"（《越缦堂读书记》）。有了门第的优越感，膏粱子弟与庶族寒门之间，犹如存在一道天然沟堑，不可逾越。王胡之在东山时，曾一度手头紧张。当地县令陶范听说后，就主动送去一船米，想巴结一下这位大族人物。不想却遭到王胡之的拒绝："王修龄（胡之字修龄）若饥，自当就谢仁祖索食，不须陶胡奴米！"（见《世说新语·方正》）原来，虽然陶范在陶侃十子中最为知名，本人也有一定官位，但由于陶氏本出寒门，士行虽立大功，而王、谢等大族仍以老兵视之，故而王胡之羞与陶范为伍。又有一次，清谈大师刘惔与王濛外出，天色晚了还没有吃饭。这时有一位他们熟悉的寒族主动准备了丰盛的宴席，打算款待二人。可刘惔却毫不犹豫地拒绝了。王濛说："哪怕临时填饱肚子也好，为什么要拒绝呢？"刘惔振振有词地说："孔子不是说过吗？'唯女子与小人为难养，近之则不逊，远之则怨。'跟这些小人，还是不打交道为好！"（见《世说新语·方正》）可见这些门阀世族是多么盛气凌人，不可一世。今人余嘉锡说："于此固见晋人流品之严，而寒士欲立门户为士大夫，亦至不易矣。"

不仅门阀世族对寒族是如此居高临下，就是在大族之间，也经常会发生互不服气，或以大欺小，或以先凌后的情况。一次谢安和谢万一起去京都建康，路过吴郡时，谢万想拉上谢安一起去拜访一下王恬。谢安说："恐怕他不一定搭理你，我想还是不去为好。"谢万听不进去谢安的话，执意要去，谢安只好让他一个人去了。到了王恬家坐了一会儿，王恬就起身进里边了。谢万欣喜异常，心想王恬一定去给自己准备酒席去了。过了许久，只见王恬洗了头发，披头散发地来到院子里，躺在胡床上晒起头发来——把客人晾在一边，毫不搭理，而且神态高傲且放纵，完全没有应酬招待的意思。谢万这才明白谢安为什么坚持不和自己一起来。当他羞愧地回到船上，大喊谢安受到王恬羞辱时，谢安则说："他就是这么个不会作假的人啊。"谢安的聪明，就在于他清楚地知道，王、谢虽然同为大族，但谢姓之显赫，远在王姓之后。所以王恬才会对谢万如此傲慢无礼。而谢万的浅薄，就在于他对此关节毫不知晓，以致自讨没趣，受辱而归。可见大族之间也有小巫见大巫的尴尬和难堪。又比如王含在庐江为官，贪鄙龌龊，声名狼藉。他的弟弟王敦为了维护哥哥，竟然在公开场合宣称王含在庐江政绩斐然，得到庐江人民的爱戴和称赞。当时王敦下属的主簿何充在座，当即义正词严地说："我就是庐江人，从未听说过你这种说法！"有人为何充担心，可何充却神态自若。王敦颠倒黑白是出于回护门第之心，何充揭穿老底，则也未尝不是门户之见。

——借避讳炫耀家族地位

名讳是世家大族彰显和强化其门第声望的重要途径。避讳本来是中国历史上特有的风俗。它起于周，成于秦，盛于唐宋，前后垂二千年。但其演变期间的各自内涵却存在较大的差异。最早的避讳主要针对死去的尊者，它是周人礼仪和祭祀的一个组成部分。周人往往以忌讳的形式来表达自己对已故尊者的亲情，并将其形成礼仪制度。然而从秦汉开始，避讳便成了统治者权力的一种象征。《史记》年表称正月为端月，是因为它与秦始皇嬴政的字音相同；《汉书》改邦为国，改恒为常等都是为帝王讳。不过到了魏晋时期，避讳的宗旨和形式发生了根本的变化，已经成为世族炫耀家族的手段。当时最为严格的就是家讳。违犯者要受到恶报（参见赵翼《陔余丛考》卷三一"觌面犯讳"条）。据《通典·礼》卷六四"授官与本名同宜改"和"官位犯祖讳"条，父祖及本人名与官职名同者，皆得改选。王舒因父名会，朝廷用为会稽内史，累表自陈，求换他郡。后来改会稽为郐稽，才不得已上任。（见《晋书·王舒传》）值得关注的是，魏晋时期世族阶层有不少有意犯讳的现象，其表现尽管不尽相同，但初衷只有一个，那就是借犯讳来炫耀家族，或诋毁他人。如有一次卢志在大庭广众面前问陆机："陆逊、陆抗是君何物？"陆机马上回敬道："如卿于卢毓、卢珽！"原来陆逊、陆抗分别是陆机的祖父和父亲，卢毓和卢珽则分别是卢志的祖父和父亲。陆机的弟弟陆云见到哥哥如此不客气，出来便对哥哥说："怎么至于这样？他完全有可能不知道祖父和父亲的名字啊。"陆机严肃地说："我们的祖父和父亲的名字名播海内，哪会有人不知道？小子竟敢如此无礼！"（见《世说新语·方正》）卢志和陆机都是"八王之乱"中追随不同政治营垒的世族人物。陆机兄弟最终遭戮，即由卢志向司马颖进谗言所致。二人之间具有深深的政治裂痕，所以才会拿最不能接受的父祖名讳来向对方挑衅；反过来说，正是因为父祖名讳在当时十分为人看重，所以才会被用为政治排斥的手段。在不重名讳的时代，倘若还想用政治对手的父讳来攻击对方，倒是愚蠢之举。因为对此未能深谙，所以后人有对陆机兄弟的优劣看法与谢安及时人不同者。宋代叶梦得在《避暑录话》中说："以吾观之，机不逮云远矣。人斥其祖父名固非是，吾能少忍，未必不孝。而亦从而斥之，是一言之间，志在报复，而自忘其过，尚能置大恩怨乎？若河桥之败，使机所怨者当之，亦必杀矣。云爱士不竞，真有过机者，不但此一事。

（明）唐寅《兰亭修禊图》

方颖欲杀云，迟之三日不决。以赵王伦杀赵浚赦其子骧而复击伦事劝颖杀云者，乃卢志也。兄弟之祸，志应有力，哀哉！人惟不争于胜负强弱，而后不役于恩怨爱惜。云累于机，为可痛也！"凌濛初也评道："士龙亦自雅量。"都是因为没有设身处地设想当时作为家族利益重要体现的家讳在世族心目中的位置是如何远远超过了其他因素。余嘉锡似乎看到了个中三昧："六朝人极重避讳，卢志面斥士衡祖父之名，是为无礼。此虽生今之世，亦所不许。揆以当时人情，更不容忍受。故谢安以士衡为优。此乃古今风俗不同，无足怪也。"

还有一种不带有政治色彩和非恶意的有意犯讳，但其效果也是彰扬大族名讳。比如一次晋文帝司马昭和陈骞、陈泰一起乘车经过钟会家，便招呼他一起上车，可没等钟会上车就驾车走了。钟会赶到后，晋文帝反倒嘲弄他说："与人期行，何以迟迟？望卿遥遥不至。"钟会回答说："矫然懿实，何必同群？"司马昭又问："皋繇何如人？"答曰："上不及尧舜，下不逮周孔，亦一时之懿士。"钟会的父亲名繇，所以司马昭用"遥遥"来调侃他。陈骞的父亲名矫，司马昭的父亲名懿，陈泰的父亲名群，祖父名寔，所以钟会用来回敬司马昭。又如一次晋景王司马师的宴会上，有陈群的儿子陈玄伯、武周的儿子武元夏在座。大家都一起来嘲弄钟繇的儿子钟毓，司马师问："皋繇何如人？"钟毓回答说："古之懿士。"又回过头来对陈玄伯和武元夏说："君子周而不比，群而不党。"（见《世说新语·方正》）这是一场君臣之间互相以祖上名讳取乐的玩笑。可令人不解的是何以这样的玩笑双方竟然能够相安无事，而且似乎还乐在其中？答案就在于他们所谓犯讳与其说是犯讳，还不如说是一种善意的恭维。其潜台词实际是向对方暗示自己没有忘记对方的家讳。这照样可以看出大族的头脑中是如何时刻将各族的名讳烂熟于心的。类似情况还有，一次庾园客去拜访秘书监孙盛，正遇上孙盛外出，只见孙盛的儿子孙齐庄在门口玩耍。庾园客想试试这孩子的灵气，就故意问道："孙安国（孙盛，字安国）何在？"齐庄应声答道："庾稚恭（庾园客的父亲庾翼，字稚恭）家。"庾园客一边大笑，一边用孙盛的名字打趣说："诸孙大盛，有儿如此！"齐庄又答道："未若诸庾之翼翼。"又把庾园客父亲庾翼的名字含在了里边。回到家中后，孙齐庄还得意扬扬地对人说："还是我赢了，把那家伙父亲的名字连叫了两遍！"（见《世说新语·排调》）这种犯讳既非恶意，也非善意，而是有些知识竞赛的味道。而这种试题的目的，就是为了检测应试者的家族名讳意识及其基本常识扎实与否。

　　至于那些无意犯讳的故事，则又从另外一个角度使人看出家讳意识是如何深入人心。晋元帝初次召见贺循的时候，问起东吴的一些往事："听说当时孙皓烧红了锯子锯断了一个姓贺人的头颅，那个人是谁？"贺循没有回答，元帝自己回忆起来说："好像是贺劭吧？"只见贺循泪流满面地说："我父亲遇上了无道昏君，我万分痛苦，无法回答陛下的问话。"元帝听了非常惭愧，三天没有出门。（见《世说新语·纰漏》）又如殷仲堪的父亲生病而心跳发慌，听到床下蚂蚁爬动，竟然以为是牛在相斗。晋孝武帝有一次想起这件事情，就问殷仲堪这是谁干的。殷仲堪流着眼泪起身说道："臣进退维谷。"（见《世说新语·纰漏》）桓玄被任命为太子洗马后赴任路上，船停泊在荻渚。王忱服用了五石散后带着醉意去看望桓玄。桓玄以酒宴相待，没想到王忱服用五石散后不能喝冷酒，就频频告诉侍从说："温酒来！"（桓玄的父亲叫桓温）桓玄立刻呜咽哭泣起来，王忱莫名其妙，起身就想离去。桓玄对王忱说："犯我家讳，何预卿事？"事后王忱赞叹说："桓玄的确很旷达！"（见《世说新语·任诞》）

　　从以上故事可以看出，无论是君臣之间，还是世族权贵之间，都难免有一时疏忽而忘记别人家讳的情况。对此,被犯者既不能表示无动于衷(那样等于认可对方,尽管是无意的冒犯),也不能大动肝火(那样又显得气量狭小)。二人的共同举动是流涕而哭。这正是当时的普遍习俗。余嘉锡:"……闻讳而哭,乃六朝之旧俗。故虽凶悖如桓玄,不敢不谨守此礼也。"可见只要不是政治对立的原因,无论是有意还是无意犯讳,都是可以容忍甚至是会意其内涵的。但无论何种原因,被犯者的反应必须敏捷。因为这是维护家族声望,炫耀家族地位的必要准备。则避讳一事至魏晋,其内涵的转变也就可见一斑了。

——界限分明的贵族婚姻

作为人类社会和家庭生活的重要组成部分,婚姻关系一直是人们社会观念和精神状态的折射镜。一个社会的时尚潮流和人们的精神归宿,往往要在婚姻关系中得到鲜明的体现。因此,一个社会时尚潮流和精神归宿的变化,往往也要牵动人们婚姻关系的取向和观念。先秦两汉时期注重礼仪礼制和儒家的伦理道德,所以婚姻关系中为人关注的是是否和如何符合礼制礼仪和孝悌之道。《大戴礼记·礼察》:"孔子曰:'以旧礼为无所用而去之者,必有乱患;故……婚姻之礼废,则夫妇之道苦,而淫辟之罪多矣。'"这种观念在秦汉时期人们的婚姻生活中得到了认证。《列女传》记载,有申人之女许嫁于农家,夫家礼不备而欲娶之,遭到申女的拒绝:"一物不具,一礼不备,守节持义,必死不往。"这位申女所不满意的,并不是夫家的农家地位,而是他们没有按照礼制的要求来安排聘礼。可见秦汉时期强调的是婚姻关系中的礼仪取向和观念。然而这一观念到了魏晋时期随着世族经济和政治地位的崛起而迅速发生变化。

周一良先生认为："六朝门阀制度下，最为人所重视者为'婚'与'宦'。"（《魏晋南北朝史论集》，北京大学出版社1997年版）因为"宦"是门阀世族势力得以稳固的基础；而"婚"则是保持家族高贵血统的纯净，并借以攀结其他高门贵族的必要手段。不过六朝世族婚姻的材料在史籍中较为零散，而且多为一些笼统的议论，所以它给人们对世族婚姻系统而形象具体的认识带来一定局限。相比之下，《世说新语》及刘孝标注有关魏晋世族婚姻的内容则相对比较充分。从《世说新语》可以看到，秦汉时期婚姻关系中注重礼仪礼制和伦理道德的观念已经受到扬弃。人们将婚姻选择的目光投向炙手可热、煊赫一时的世族高门。更为重要的是，《世说新语》一反一般史籍中对于魏晋世族婚姻的否定态度，而是对受门第观念左右的婚姻行为表现出极大的艳羡之情，从而对后人世族门第观念的滋生强化，产生了极大的推动作用。

书中给人的一个总体印象，就是几个煊赫一时的世家大族的婚姻关系，占据了《世说新语》世族婚姻的多数席位；不仅如此，这些大族的婚姻关系，基本上是互为配偶的裙带关系。在这个基调下，《世说新语》中的世族婚姻反映出以下几个制约其精神面貌的问题。

首先是世庶之间严格的婚姻界限。世族婚姻最为忌讳的是世庶通婚。从道理上说，世庶之间的禁婚是为了保持血统纯净，避免寒族血统渗入。但此风一旦形成，其本意倒往往为人们所忽略，人们最在意的是与寒族通婚的耻辱感。所以，世庶禁婚实际上是世族优越感的一个重要组成部分。此如邓之诚《中华二千年史》所讲："世庶界限既严，以致不通婚姻。偶有歧异者，往往为清议所不许。"《魏书·公孙邃传》："（公孙）邃、睿为从父兄弟，而睿才器小优，又封氏之生，崔氏之婿。邃母雁门李氏，地望相隔。巨鹿太守祖季真，多识北方人物，每云：'士大夫当须好婚亲，二公孙同堂兄弟耳，吉凶会集，便有士庶之异。'"他指的就是公孙睿和公孙邃虽然为从父兄弟，但公孙睿的母亲封氏和他本人所娶的崔氏均为名门贵族。与之相比，公孙邃的母亲雁门李氏的门第相差过于悬殊。所以每当族内遇到吉凶喜丧之事聚会时，两家所受到的礼遇和目光便有天壤之别。这里说的虽然是北朝的事，但实际上是六朝时期南北共有的现象。弘农华阴杨氏为汉代以来的世族显贵，但至晋代杨佺期因为没有跟随中原大族一起过江，而且"婚宦失类"，所以每每遭到其他世族的排抑（见《晋书·杨佺期传》）。此风愈演愈烈，到南北朝时竟然发生了因与寒族通婚而被弹劾免官的事情。南朝萧齐时王源因为将女儿嫁给富阳满氏而遭到沈约的弹奏，可见当时的社会舆论对这种违背社会潮流的举动是多么无法忍受。正因为世庶之间难以通婚，所以它已经是当时人们头脑中约定俗成的成见，也是《世说新语》中世族婚姻观念的一个基本前提。

《世说新语》中世庶难以通婚的故事尽管不多，但足以见出世庶之间在婚姻问题上的严重隔阂。如王浑的妻子钟氏生了个女儿美丽又贤淑，哥哥王武子（王济，字武子）打算给妹妹选择一个夫婿而没有得到。有个军人家的儿子有卓越的才能，武子有意把妹妹许配给他，便禀告了母亲。母亲说："如果确实是位才子，他的门第可以抛开不计，但必须要让我看看。"武子就让那个男子和普通百姓混杂在一起，让母亲在帷幕中来观察。过后母亲说："如此穿着，如此相貌的人大概就是你所提议的人？"武子说正是。母亲说："此人才能确实出类拔萃，但门第低微，如果不能长寿，就不能施展其才能作用。看他的形貌骨相，一定不能长寿，这件婚事还是算了吧！"钟氏实际上在这里要了一个小诡计。她故意先作出"门第可以不计"的大度，并要求亲自见到兵儿，是为了给儿子王济一个面子；但最后的裁决仍然还是在门第上找到了缺口。因为门第贫寒和寿命的长短之间并没有什么必然联系。"形貌骨相不能长寿"一句完全是借故推辞。可见才能在这里终究没有能够战胜门第，门第观念仍然是骄傲的胜利者。

如果说世庶之间的婚姻还有什么松动和通融余地的话，那就是要对"娶"和"嫁"加以严格区分。一般来说，世族之子娶寒族之女，尚情有可原；但世族之女，则决不可下嫁寒族。钟氏坚持不把女儿嫁给兵儿，就是这一精神的反映。与此相对，寒族之女中的佼佼者还是有可能进入世族之家。如王湛年轻的时候没人为他提亲，就自己请求和郝普的女儿成亲。父亲王昶考虑到这个儿子比较痴呆，恐怕没人会把女儿嫁给他，也就顺着他的心意答应了。成婚后，郝氏女果然美貌又善良，后来生了儿子王承，终于成了王氏门中母亲的典范。有人问王湛当初怎么知道郝氏这么优秀。王湛说："我曾经见她到井边去打水，举止仪容不失常规，也没有什么碍眼之处，所以就知道了。"

郝普的女儿之所以能够在太原晋阳王氏家族中立住脚跟，原因并不仅仅是因为她的"举动容止不失常"，而是因为她是一个寒族之女。倘若他是一个男子，那么就只能和那位兵家子一样，绝无与世族结婚之理。而寒族女子嫁给世族人家的动力，多半不是爱情，而是改换门庭的需要。周浚任安东将军的时候，有一次外出打猎，遇上暴雨，就去探访汝南李氏。李氏家境富足，但男人都不在家。李家女儿叫络秀，听说外面有贵人来了，就和一位婢女在院子里杀猪宰羊，操办了几十人的饮食。事情办得有条有理，精密细致。周浚暗中观察，见这位女子相貌非凡，就请求娶她为妾。李氏的父亲和兄长不同意，可络秀自己说："我们家的门第衰落，一个女儿有什么舍不得的？如果能和贵族结亲，将来或许会大有好处。"家人便顺从了她。后来络秀生了周伯仁兄弟几人。她曾对伯仁兄弟说："我之所以委屈自己给你们家作妾，完全是出于门第的考虑。如果你们不认李家这门亲戚，我也就不想活了！"

这个故事，令人想起恩格斯那句名言：对于封建贵族来说，"结婚是一种政治的行为，是一种借新的联姻来扩大自己势力的机会；起决定作用的是家世的利益，而绝不是个人的意愿。在这种条件下，关于婚姻问题的最后决定权怎能属于爱情呢？"（《马克思恩格斯选集》第四卷，人民出版社 1973 年版）从欧洲中世纪文学，到若干中国古代的许多爱情故事，有许多父母因家族利益而牺牲子女爱情的悲剧。但无论如何，当事人李络秀始终处于被动和屈从的角度。这个故事尤其让人感到心灵震撼的是，当事人自己却主动承担了《莺莺传》中崔母和《红楼梦》中贾母等人的角色。李络秀对自己父兄和儿子的话题都是一个，就是为了门户的利益她可以牺牲一切。这种当事人自己的心甘情愿比起崔莺莺和林黛玉来，恐怕更加具有悲剧的震撼力量。它深刻反映出世庶有别的门第观念在当时婚姻关系中的位置已经重要到何等程度。值得注意的是，《世说新语》的编者把这样的故事置于"贤媛"一节中，显然意在肯定和张扬这种举动。尽管故事没有直接交代除了屈节为妾之外，李络秀还付出了哪些艰辛和代价，但她对儿子的殷切话语中，已经透露出这绝不是一场幸福美满的婚姻。这一点，从其他大族所娶寒族之女的故事中可以得到证实。

徐州刺史娶琅琊颜家女儿为后妻的婚礼上，当颜氏女行完交拜礼之后，王浑正要答拜，旁边观看的人都说："王侯是州将，而新娘是本州平民，恐怕没有答拜的道理。"于是王浑就没有答拜。儿子王武子认为父亲没有答拜，就没有完成婚礼，也就不能算作正式夫妻，所以也就不对继母行拜礼，只是称她为"颜妾"。颜氏认为这是耻辱，但因为王家门第高贵，始终也不敢离婚。明明是王浑的正当妻子，可是婚礼上不仅得不到丈夫的对拜，而且也不被继子认为母亲；尽管自己感到了屈辱，可是因为丈夫的世族地位而不敢离婚。这就是一个寒族女子来到世族家庭的境遇。无论是当事人还是旁观者，其歧视寒族的观念已经根深蒂固。

其次是新旧门户之间的婚姻关系。新旧门户之间由于各有所长，往往各以所长视人之短。那种互不服气的劲头实在是咄咄逼人。尚书令诸葛恢和丞相王导曾一起争论两家的家族姓氏排列顺序。王导说："为什么不说葛王，却说王葛？"诸葛恢说："就好像人们只会说驴马，不会说马驴的。难道驴子胜过马吗？"（见《世说新语·排调》）余嘉锡笺疏说："凡以二名同言者，如其字平仄不同，而非有一定之先后，如夏商、孔颜之类，则必以平声居先，仄声居后，此乃顺乎声音之自然，在未有四声之前，固已如此。故言王葛驴马，不言葛王马驴，本不以先后为胜负也。"

王导自然不会不明白这样一个基本的音韵常识，他之所以明知故问，就是要借自己家族当时的优越政治地位，将诸葛氏家族置于羞辱地位。从二族的历史来看，诸葛氏家族历史渊源较早。《太平御览》卷四七〇引《晋中兴书》："诸葛氏之先，出自葛国。汉司隶校尉诸葛丰以忠强立名，子孙代居二千石。三国之兴，蜀有丞相亮，吴有大将军瑾，魏有司空诞，名并盖海内，为天下盛族。"以至于当时有"蜀得其龙，吴得其虎，魏得其狗"之谣（见《世说新语·品藻》）。可见至三国时期，诸葛氏已经成为彪炳尘寰的巨族。而琅琊王氏的祖先最早只能追溯到曹魏时期王祥之父王融。王氏的真正显贵是从永嘉丧乱后王导协助司马睿建立东晋王朝开始。所以论家族历史悠久，要数诸葛氏；但至王导权重时诸葛氏已经日薄西山。所以王导才恃此向诸葛恢发难。而诸葛氏当然要借祖上名誉炫耀自矜。这样的观念自然要在婚姻问题上表现出来。诸葛恢的大女儿嫁给了太尉庾亮的儿子，二女儿嫁给了徐州刺史羊忱的儿子。庾亮的儿子被苏峻杀害后，大女儿又改嫁江彪。诸葛恢的儿子娶了邓攸的女儿。当时尚书谢哀为儿子向诸葛恢请娶其小女儿。诸葛恢说:"羊、邓两家和我家是世代姻亲,江家是我照顾他,庾家是他照顾我。不能再和你们谢家结亲了。"等到诸葛恢死后,两家才终于通婚。当时大书法家王羲之到谢家去看新娘,只见新娘还保留着诸葛恢所留下的礼法,行为举止端庄安详,仪表服饰华美整齐。王羲之叹息地说:"只有我活着的时候嫁女儿,才能做到这样啊!"(见《世说新语·方正》)陈郡阳夏谢氏的煊赫是在谢安秉政之后,所以在此之前谢氏在诸葛氏眼中的地位还不如琅琊临沂王氏。诸葛恢轻而易举地拒绝了谢氏的求婚。然而当诸葛恢死后,诸葛氏的地位日落西山。他的子弟为了结缘日益崛起的谢氏,所以也就违背了诸葛恢的意志,将诸葛恢小女嫁给了谢石。

可见家族社会地位的升降,是左右其子女婚姻的决定性杠杆。新旧世族子女婚姻的关联,决定于他们各自地位影响的消长。这种旧有世族在婚姻方面歧视新出门户的现象还时有发生。王坦之在桓温手下任长史的时候,有一天桓温向王坦之提出要为自己的儿子娶王坦之的女儿。王坦之说回家请示一下父亲王述(蓝田侯)。回到家中,王述先是像抱小孩一样把王坦之抱在膝盖上宠爱,可当他听完儿子所述桓温的求婚意图后,立刻勃然大怒,把儿子摔到地上,生气地说:"简直是个傻瓜!你是害怕上司吗?怎么能把女儿嫁给当兵的人家呢!"王坦之无奈,只好向桓温撒谎说女儿已经订婚。桓温立刻点破他:"我知道,这是你父亲不允许。"而后来桓温还是把女儿嫁给了王坦之的儿子。

谯国龙亢桓氏尽管渊源较久,但一直缺乏朝中显赫人物。直到桓温之父桓彝元帝时官至尚书吏部郎,嗣后桓温又大权独揽,桓氏才为世人所重。然而在太原王氏看来,这样的家族显然不够档次。据《晋书·谢奕传》,大族谢奕为桓温司马时,逼桓饮酒。桓躲避,奕遂引一老兵共饮曰:"失一老兵,得一老兵,亦何所在?"此与王述称其为"兵"正相吻合。一次桓温在大族名士刘惔睡卧时用弹弓与其嬉戏,结果刘惔勃然变色:"使君如馨地,宁可斗战求胜?"故而"桓甚有恨色"。(见《世说新语·方正》)刘惔的意思是你怎么有资格跟我开玩笑呢?南宋刘辰翁评云:"如怒,如笑。"即为此意。余嘉锡笺疏谓:"盖桓温虽为桓荣之后,桓彝之子,而彝之先世名位不昌,不在名门贵族之列,故温虽位极人臣,而当时士大夫犹鄙其地寒,不以士流处之。"而桓女之所以能够嫁给王文度的儿子,也是因为符合寒族之女何以能进入士族之家的惯例。

再次是帝王婚姻。天子婚姻在先秦时期本来被视为礼制礼仪的组成部分。《礼记·曲礼下》:"天子有后,有夫人,有世妇,有嫔,有妻,有妾。"所以天子的婚姻也要根据礼仪的规定来进行。《左传·襄公十二年》:"灵王求后于齐。齐侯问对于晏桓子,桓子对曰:'先王之礼辞有之,天子求后于诸侯,诸侯对曰:夫妇所生者若而人,妾妇之子若而人。'"除了讲求礼仪礼制之外,天子与诸侯之间没有严格的婚姻界限。《诗经·召南·野有死麕》毛传:"'何彼秾矣',美王姬也。虽则王姬,亦下嫁于诸侯。车服不系其夫,下工后一等,犹执妇道,以成肃雍之德也。"孔颖达疏:"美王姬也。以其虽则王姬,天子之女,亦下嫁于诸侯。其所乘之车,所衣之服,皆不系其夫。为尊卑下王后一等而已。其尊如是,犹能执持妇道,以成肃敬雍和之德;不以己尊而慢人。"显然,这样的美德更能从侧面反映出天子的至尊地位。正是因为天子的至尊地位才使他们的女儿下嫁诸侯被视为一种礼贤下士的恩赐。然而到了魏晋时期,情况就发生了很大的变化。

魏晋时期帝王婚姻明显受到社会上向往世族、追崇世族的社会观念的影响,帝王与世族高门联姻的情况日益增多,而且双方的联姻并不完全被视为帝王天子对世族的恩赐，而是双方互有所需。其中包括两个方面：一是帝王迎娶后妃多出世族；二是帝王公主出嫁也多为高门。一方面是帝王家族的至尊地位，另一方面又是世族高门的赫赫名声。帝王家族可以借助世族高门的贵胄影响，世族高门又可以依赖帝王家族的政治保护。二者的结合，在当时社会上被认为是最完美和最令人羡慕的婚姻关系。如晋孝武帝司马曜嘱托王珣物色女婿，并提出条件说："王敦、桓温属于有奇才异能的人，不可能再找到，而且他们自己也得意扬扬，他们还喜欢干预别人的家事，所以不是我所需要的人。只有像刘惔、王献之那样的才比较理想。"王珣便推荐了谢混。后来袁山松想把女儿嫁给谢混，王珣对他说："你最好还是知趣一些，不要去碰禁脔（别人不许染指的东西）。"（见《世说新语·排调》）本条刘孝标注引《续晋阳秋》："初，帝为晋陵公主访婿于王珣，珣举谢混云：'人才不及真长，不减子敬。'帝曰：'如此，便已足矣。'"司马曜所开列的女婿人选名单中，家族的显贵是首要条件，其次还有人不能过于剑拔弩张。王敦和桓温尽管家族条件尚可，但"喜欢干预别人家事"，实在让帝王担忧。而谢混则以文才见长，加上其家族为陈郡阳夏谢氏，位望显贵，所以为理想人选。而大族一旦与帝王联姻，自身的地位也荣加一等。从故事当中可以揣测，倘若没有谢混与晋陵公主的婚姻，袁山松似乎还有可能与谢氏联姻；而有了这场婚姻，谢氏便成了他人难以接近的"禁脔"。这种荣誉感似乎在与帝王联姻的世族中普遍存在。又如前面列举当司马道子醉后直呼王爽"小子"，遭到王爽反驳的故事中，据刘孝标注引《中兴书》，王濛的女儿王穆之为晋哀帝皇后，王蕴的女儿王法惠为晋孝武帝皇后。王爽之所以敢和孝武帝的弟弟会稽王司马道子直言相抗，是因为他背后有其太原晋阳王氏家族的显赫地位，尤其是祖父王濛执江左清谈祭酒地位的不朽经历。这样的家族正是当时帝王择偶的首选考虑。从王爽的话中可以看出，王氏家族并没有因为与帝王的联姻而有什么受宠若惊的感觉，而是一种理所当然的气势。换句话说，倘若帝王的择偶对象不是高门世族，那倒是不可思议和难以理解的了。这就反映出世族阶层的崛起给人们的婚姻观念带来多么大的变化。

前面说过的王导阻止晋元帝想舍弃司马绍而册立司马昱的故事中，从本质上说，这场较量的核心是门第的较量。首先，司马睿之所以要舍弃司马绍而册立司马昱，根本原因是二人生母的家族地位差异。司马昱的生母郑后郑阿春出身荥阳郑氏，为荥阳四大著姓之一；而司马绍的生母荀氏，为名位普通的豫章荀氏，而不是名列著姓的颍川颍阴荀氏。据北京图书馆藏《姓望氏族谱》（北图位字79号，统一编号8414号），郑州荥阳郡四姓：郑、毛、潘、阳；洪州豫章郡五姓：熊、罗、章、雷、湛。荥阳有郑姓而豫章无荀姓。所以郑阿春尽管是二婚的身份嫁给元帝，但仍然十分得宠；而荀氏虽然生了太子，却仍然还是宫人。这不能不说与二人的家族背景有关。其次，司马睿的如意算盘没有得逞，并不是因为郑氏和荀氏家族的地位发生了什么变化，而是因为比他们地位更为显赫重要的王导的作用。作为当时大姓之首的琅琊临沂王氏，不仅地位显赫，更重要的是东晋王朝的建立，王导当具头功，故有"王与马，共天下"之说。从这里也可以看出皇帝的婚配乃至决定太子这些重大问题，往往还要决定于琅琊临沂王氏这样的世家大族。这样，世族的身份地位在帝王婚姻中所起作用之大，也就绰然可见了。

第二讲

侨姓与吴姓：细说魏晋南北文化差异与隔阂

第二讲　侨姓与吴姓：细说魏晋南北文化差异与隔阂

在一个多民族国家中，国内地域和民族的文化冲突往往难免。历史上的战争和迁徙经常会造成民族内部之间的冲突。这些冲突常常不能因为其中某一方的胜利或失败而告结束。冲突裂痕不仅会对人们的社会心理产生难以治愈的创伤，而且在较长时期内对社会文化的各个方面都要产生深刻的影响和制约。中国几次民族和人口迁徙也往往产生这样的问题。其中魏晋时期南北文化差异隔阂对世族文人的生活言行就产生了很多影响。从这个意义上说，通过魏晋名士的生活言行来观察三国以来分裂局面对当时南北方文化的差异和融合所产生的影响和渗透，并从中认识和把握当时社会文化的某些深层底蕴，不啻饶有兴味而又意义重大。

从"汝邻"到"汝臣"的对抗心理

司马氏代魏以后的西晋王朝，看起来已经结束了三国鼎立的分裂局面。在三国旧属的关系中，魏与蜀的最高统治者所代表的社会阶层利益和所奉行的法制基本相同，所以灭蜀后两地之间的政治隔阂很不明显；而吴与魏的统治集团所代表的利益和实行政策却大抵不同（参见陈寅恪《述东晋王导之功业》）。因而灭吴后不仅二者的对立情绪没有消除，反而有增无减。对于西晋王朝的统治者来说，吴蜀两国虽然都已经俯首称臣，但相比之下，"蜀人服化，无携贰之心；而吴人趑雎，屡作妖寇"（见《晋书·华谭传》）。西晋统治者在政策措施上尚能明白如何处理与吴人的关系，他们一方面严格控制南人在朝廷的任职，另一方面，他们也注意对江南大族的笼络。当晋武帝问华谭吴亡后的对吴政策时，他建议"当先筹其人士，使云翔闾阎，进其贤才，待以异礼"（见《晋书·华谭传》）。毗陵内史在论江南贡举事时也认为江南刚刚归附，贡举方面还应尊重以往的惯例，甚至有丧仍然可行，说明他们主观上还是愿意搞好关系的，但在人们的潜意识中，还难以除去往日的对峙情绪。特别是北方的统治者和世家大族总以胜利者自居，居高临下，俯视吴人。而东吴人本来就不服气自己的失败，加上北人的狂傲，更让人无法忍受。三国以来，中原人把吴人骂作"貉子"，先是关羽把孙权骂作"貉子"，接着西晋时孙秀降晋后，晋武帝为了笼络他，便把自己的姨妹蒯氏嫁给了他。但这位蒯氏却十分鄙视自己的丈夫，更不能领会表兄在自己婚姻问题上的政治用意，所以就无所顾忌地骂丈夫为"貉子"。如果不是司马炎的极力回旋，这一句詈语险些使晋武帝计策失算。苻坚也称寻阳周虓为"貉子"，而孟超作为小小都督，统领万人，竟敢公然斥骂作为河北大都督全军统帅的陆机为"貉奴"。在中原大族看来，江东人犹如狐貉一类。有了这种偏见，南北隔阂怎能不日益加深？

当吴国的末代皇帝被带到洛阳，封为归命侯后，他最先受到这样的礼遇。一天，孙皓正在借酒消愁时，晋武帝不知从哪儿冒了出来，阴阳怪气地说："听说江南人好作《尔汝歌》，你能来一首吗？"这个戏弄、侮辱的玩笑说明，在司马炎的眼里，孙皓既不是往日的吴君，也不是今日的归命侯，而是自己的俘虏和阶下囚。而这位归命侯却并不是那乐不思蜀的阿斗，听了司马炎的侮辱之辞，应声答道："昔与汝为邻，今与汝为臣。上汝一杯酒，令汝寿万春。"（见《世说新语·排调》）在这首《尔汝歌》中，那种沮丧无奈且深恶痛绝的抵触情绪，

第二讲　侨姓与吴姓：细说魏晋南北文化差异与隔阂

见诸字里行间。所以尽管吴人名义上已经是晋室的臣民，但很多人怀有家国之恨，拒绝与晋室来往，诸葛靓就是其中一个。

诸葛靓的父亲诸葛诞，被晋文王司马昭所杀，所以诸葛靓对晋室怀有刻骨仇恨。入晋后他被授以大司马的官职，却拒不应召。而且因为杀父之仇，经常背向洛水而坐。小时候，他曾与晋武帝有过交往。晋武帝很想利用这点老交情来笼络诸葛靓，可是诸葛靓的态度又使司马炎很难接近。凑巧诸葛靓的姐姐是司马炎的叔母，于是就请诸葛妃喊来弟弟，司马炎跑到叔母那里去见诸葛靓。见面后，司马炎在宴席上亲热地说："还记得我们当年青梅竹马的感情吗？"诸葛靓却说："只恨我不能像豫让那样，吞炭漆身，为父报仇！"原来，战国时晋知伯为赵襄子所杀，其门客豫让漆身为厉，吞炭为哑，使自己形状模糊，欲为知伯报仇。（见《史记·刺客列传》）听了这话，晋武帝只好灰溜溜地离去了。（见《世说新语·方正》）诸葛靓的复仇意识，恐怕不能仅仅理解为孝的表现，而是含有相当的忠义成分，即吴人对北人的仇视心理。

以"莼羹"对峙"羊酪"

这种胜利者的狂傲之气不仅表现在晋武帝身上，其他中原贵族，也每每以此亵渎吴人。当吴亡后，中原大族王浑来到建邺，在酒酣之后，趾高气扬地对吴人说："值此亡国之际，诸位没有什么遗憾的吧？"这股得意忘形而又盛气凌人的狂态，足以令吴人咬牙切齿，不堪忍受。周处答道："汉末大乱以来，三国鼎立的局面也很快结束了，亡国的不仅是吴人，魏不也被晋所取代了吗？所以怀有亡国之憾的，又岂止我们吴人？"于是王浑羞愧难当。周处这几句软中带硬的回敬，也表明吴人国虽亡,而志不辱,分毫不让的对立情绪。

吴亡以后的最初几年,江南大族顾虑重重,不肯入洛,主要原因就是不肯领教中原人的白眼。陆机、陆云兄弟二人在吴亡后退居旧里近十年,闭门勤学,太康末始入洛阳。"初入洛,不推中国人士。"陆机入洛后,也自称"蕞尔小臣,邈彼荒遐"(陆机《皇太子宴玄圃宣猷堂有令赋诗》)。陆云《答张士然一首》也有"感念桑梓域,仿佛眼中人"的句子,可见其自卑情绪和桑梓之感。

当少数吴人接受亡国的事实,被迫入洛,对他们来说,是被逼向一个不可知的未来。而到了洛阳以后,他们敏感的神经,总是能清楚地感觉到中原人在言行中处处表现出来的优越感,从而使吴人感到无比的屈辱和难堪,所以也毫不客气地予以反击。

当蔡洪来到洛阳,很快就有洛阳人问他:"新政权刚刚设立,众位公卿奉命延揽人才,要从卑微低贱者中寻求才能出众者,从隐居山林者中选取才德贤明之士。先生是南方的亡国遗民,有什么特异的才能来这里参加人才竞争呢?"蔡洪毫不客气地回答说:"夜光珠不一定都出于孟津附近的黄河中,巴掌大的璧玉不一定都从昆仑山开采出来。大禹就出生于东夷,周文王则是出生于西羌。圣贤的出生地未必有固定的处所!当初武王伐纣的时候,把殷商的顽民迁徙到洛阳,各位莫非就是这些顽民的后代?"

这个故事出自《世说新语·言语》,又见载于《晋书·华谭传》和《太平御览》卷四六〇引《文士传》,均作华谭事。故刘孝标注称《世说》为穿凿。其实这正可以理解为在中原人每每可见的无礼面前,吴人当中流行的反击措辞,以塞洛中人士之口。而把洛人骂为殷之顽民,并非蔡洪、华谭所创,正是当时比较流行的谚语。据《洛阳伽蓝记》载,洛阳城东北有上高里,为殷之顽民所居处。高祖名闻义里。迁京之始朝士住其中，迭相讥刺，意皆去之。北魏时成淹和王肃在朝歌也以殷顽民的典故相互嬉笑（见《魏书·成淹传》）。这说明从西晋到北朝，殷迁顽于洛邑之事一度流传不衰。可见吴人虽然到了洛中，但南人北人间仍有很多这样能够反映双方对立情绪的口角。陆机入洛后，前去拜访王济，王济在陆机面前摆了几斛羊酪，挑衅地对陆机说："你们江东什么东西可以敌此？"陆机回答说："有千里莼羹，但未下盐豉耳！"（《世说新语·言语》）本来，羊酪和莼羹是能够代表南北饮食文化的产品，但这里已经被用来作为双方政治对立情绪的表现工具。王济的狂傲，自与王浑等人不差，而陆机的话中，既有江东人的荣誉感，又饱含对中原人目中无人的极度不满。陆机出身江南大族，又文名显溢，尚得此礼遇，他人便可想而知。

"吴牛"为何"见月而喘"？

当然，任何时候骨气与气节都需要有奴才作为补充，才能在依存和对比中相互映衬。吴人中也并非没有以失败者自居、诚惶诚恐、唯唯诺诺的奴才。如满奋很怕见风，当他在晋武帝前就座时，对着窗户直皱眉头。原来北方的窗户用琉璃为屏，因为透明，看起来很疏，像透风似的，但实际上很密。当遭到嘲笑并得知风不会吹到自己时，满奋便奴颜婢膝地说："我就像吴牛一样，见月而喘。"因为南方天热，当地水牛怕热，见到月亮便以为太阳又出来，要受酷热了，所以见月而喘（《世说新语·言语》）。这种比喻既生动形象又准确传神。

从蔡洪、陆机二人的际遇中，可以明显地看出中原人鄙夷江南人的情绪。而满奋以"吴牛"自喻，"见月而喘"，则以江东人自己"见月疑是日"这一贻笑大方的举动，证明中原人对吴人保守、落后、愚昧、无知看法的正确。在这种心理状态下，当孙吴覆亡后，去洛阳的南士中，虽然不乏蔡洪、陆机之类旧家大族子弟，但中原人对他们仍另眼看待。有时虽也会得到少数人的赞誉尊敬，如陆机、陆云兄弟到洛阳后，张华就像见到老朋友一样连称西晋征服东吴的最大收获就是得到了陆氏兄弟。但像张华那样不以南北为界的宽阔胸襟者，毕竟有限，多半是像王济（武子）那样不加掩饰的无礼。比如陆机刚入洛时，因得到张华的赏识，便向他请教该拜访哪些人，其中提到清谈大师刘惔。陆机到了刘惔家，刘惔正在守哀。一番寒暄之后，刘惔沉默无语，只问了一句："听说东吴有一种长柄葫芦，您带来它的种子了吗？"陆机兄弟非常失望，后悔来这儿受此羞辱。

当陆机一类江南大族子弟，在凭借家族地位和个人努力登上高位之后，不仅没有得到中原人的信任和尊敬，反而招来更强烈的忌恨，陆机终于与两个儿子和两个弟弟同时无罪被害。可见西晋时期虽然南北实现了统一，但二者的对立情绪仍十分紧张，并见诸表面。

为何把江南建国称为"寄人国土"？

永嘉之乱后，过江的中原士族被称为"侨姓"，东吴的旧姓，则被称为"吴姓"。此后南北对立情绪主要表现为吴姓和侨姓的对立。对侨姓来说，为了民族和家族的生存，被迫来到这块自己战败者的土地上。于是，昔日战胜者的自豪与今日丧失旧土的难堪，以及恐南人不容自己的担心等，相互融合，使他们陷入一种尴尬的境地；而吴姓对侨姓则既有恐惧、戒备，也有鄙夷、敌视以至于幸灾乐祸的态度。而二者的对立情绪，由于王导等人的努力，已经由表面化开始向潜在

第二讲 侨姓与吴姓：细说魏晋南北文化差异与隔阂

的方面转化。

包括琅琊王在内的侨姓大族，本来对过江就十分勉强，所以在行为上表现出极大的不适。如卫玠在准备渡江的时候，"形神惨悴，语左右云：'见此芒芒，不觉百端交集。苟未免有情，亦复谁能遣此！'"（见《世说新语·言语》）这种对过江极不情愿的心情，固然有不忍故国流落他人之手的因素，但如联系长期以来南北的对立情绪，就不能排除后者所带来的顾虑。从吴亡归晋到永嘉后琅琊王过江，已经三十多年。可是当司马睿过江以后，竟对吴人顾荣说"寄人国土，心常怀惭"（见《世说新语·言语》），说明南北隔阂之深远。元帝的"怀惭"，也许既有对昔日中原人过分狂妄的忏悔，也有对长期以来对双方关系和睦缺乏远见的反省。不仅晋元帝如此，当时的过江大族每至暇日，经常在新亭借酒浇愁。一次，周顗望着江南的山河说："这里的风景与北方也没什么两样，但却有山河之异的感觉。"（见《世说新语·言语》）其实，南北的风景倒是相差很大，周顗真正慨叹的潜台词是，即使这里的风景与北方完全一样，也觉着这不是自己的家乡。可见南人固然不附，不以北人为同胞，北人也同样不以吴土为国土。虽被迫迁此，终有寄人篱下之感。周顗的话，说明北人已明白表示不愿立足江东。而晋室要苟延残喘，又必须借寓江东，积蓄力量，以求一逞，这样就必须解决吴姓侨姓的关系问题。

平心而论，当琅琊王带着部属来到南方时，其安定局面的建立，困难的确很大。由于陆机兄弟子侄的被害，由于三吴旧家大族近年的际遇，以及数年来南北人们心灵上的抵牾，要在南人痛恨北人的巅峰时代与之相安，确非易事。然而，在王导"以吴制吴"和宽纵大族怀柔政策指导下，琅琊王终于解决了吴姓侨姓间的团结问题，至少是表面的团结。吴姓政治待遇和地位的改变，对二姓间的心理机制产生了复杂而又微妙的影响。对吴姓来说，王导辅政后，的确使他们在各方面得到一些既得利益，再像从前那样跟中原人对着干，于道义、于自己的生存都不利；对侨姓来说，这种让步是不得已的，是为了在南方立足，以求复国之机。为此，才不得不尽可能表现出对吴姓一视同仁的态度。应当承认，这种表面上对立情绪的缓和，对稳定东晋局势，起了重要的作用，但不能因此就认为二姓间的对立情绪已经荡然无存。因为心灵的鸿沟并不像有形的裂痕那样容易缝合，而且即使缝合了，印记总还是存在的。王导辅政时二姓间的对立和隔阂，在表面上是少多了，但仍存在。如王导过江后为了笼络吴中大族，向陆玩提出联姻，遭到严厉拒绝。王导的请婚，显然是出于政治用意，而绝未料到如此狼狈。陆玩作为王导的下属而态度如此决绝，说明在他的意识中，吴姓与侨姓通婚，竟无异于乱伦。一次陆玩去拜访王导，王导招待陆玩的食品即当年王济款待陆机的北方特产——羊酪。陆玩回家后，当天就病倒了。第二天，他写信给王导说："昨天晚上吃羊酪多了一点儿，难受了一夜。我虽然是吴人，却差点儿成了中原之鬼。"（见《世说新语·排调》）从中也可见出二姓间难以缝合的裂痕。

不过，这样公开表面化的对立在东晋时已比较少见，较多的还是潜意识中以不自觉方式流露出来的隔阂。如许璪和顾和都是吴姓，二人都在王导手下任丞相从事。表面看起来，他们已经成为东晋统治集团的成员，可以和其他侨姓官员一样，游宴集聚，略无不同。有一次在王导那里玩到半夜，仍兴致勃勃。王导见天色已晚，便让二人在自己的帐中睡觉。许璪上床便鼾声大作，而顾和却辗转反侧，久不能寐。王导心里很得意，嘴上却言外有意地说："这儿已经没有我睡觉的地方了。"（见《世说新语·雅量》）表面看来，这是何等融洽、和睦。可是顾和的辗转反侧，却使人感受到这位吴地官员在受宠若惊之后的一种局促和忐忑——这恰恰是侨姓官员所不会具有的。而王导的专招吴姓官员入己帐中和向众人表白无处睡觉，也明显具有作秀的痕迹——对侨姓官员是用不着这样的。又有一次，吴姓的谢奉被罢免吏部尚书还乡，侨姓大族谢安应公外出，与谢奉路遇，就故意停留三天，想多劝慰几句。不想谢奉每次都以别的话题岔开，竟没有机会言及罢官之事。谢安深以为憾，对同行者说："谢奉故是奇士！"其实，造成谢奉冷淡的原因，并不是奇不奇士的问题，而是二姓的隔阂问题，致使侨姓的谢安存心而无法相通。这种隔阂，在二姓内部，是没有的。如有度量而无才学的魏长齐初次外出做官时，虞存嘲笑他说："和你约法三章：谈论的人处死，写诗文的人判刑，品评人物的人治罪。"魏长齐高兴地笑着，没有一丝抵触的神色。只有在自己人中间，才能这样毫无顾忌地大开玩笑，而对方也毫不在意。如在二姓之间，这样的嘲戏无疑将是一场纠纷的导火索。因为为了顾全大局，大家可以不计宿怨，通力合作。可是在许多日常生活琐事上，由于潜在的南北隔阂在起作用，经常会出现一些虽无关大局而又明显龃龉的场面。有趣的是，这些故事中有的只能由双方在心灵上互相感应，只能意会，却无法端到桌面上来。如王导虽然十分重视团结吴姓，而他也有疏忽的时候。一次顾和去看他，正值王导倦乏，竟然当着客人的面睡着了。顾和却非常担心，对同座说："听说元帝在江东的局面全靠王丞相协助。可他身体如此，令人担心。"王导忽略了自己的病态形象可能产生的副作用。而顾和那不冷不热的话中，也使人体味出一丝淡淡的揶揄。还有一次，当江东人到王衍那里咨询问题时，也赶上王衍疲劳，则干脆打发他们到裴頠那里去了。说明像王导、王衍这样的大政治家，虽然深明二姓团结大义，但潜意识中的隔阂，仍不自觉地流露出来。

不过从趋势上看，吴姓和侨姓还是逐渐地走向相安与和睦。如吴姓张玄和侨姓王忱本不相识，后来在王忱的舅舅范宁那里相遇了。范宁让他们二人交谈，目的是使二姓能相安平和。可是两个人都不肯先放下架子，一个正襟危坐，一个盯着客人沉默不语。张玄很失望，就起身而去。范宁苦苦相留，也没留住。范宁就责备外甥说："张玄是吴士之秀，而且见遇于时，你这样对待他，真让人不能理解！"王忱笑着说："如果张玄想与我相识，就应专程来拜访。"范宁立即通知张玄，张玄便整装来访。"遂举觞对语，宾主无愧色。"（见《世说新语·方正》）与前面数事相比，这个故事在侨姓自大、吴姓自卑这一基本点上是相同的。但不同的是，这里已经有了愿为二姓团结苦心周旋的范宁。而且双方都愿意，至少是不反对和睦交往的愿望。这对于二姓的和睦，又是至关重要的条件。

南北文化背景下的学术差异

清代学者皮锡瑞说过："学术随世运为转移，亦不尽随世运为转移。"前者是指社会发展变化对学术走向的外在制约，后者则是指学术自身不能由外力改变的凝固性。魏晋时期的学术也正是在这两股力量的整合下，表现出自身的时代特色。三国以来的分立局面，不仅使各国在政治上得到独立，也使思想文化按照各自的轨迹向前发展，形成各自的特色。然而南北之间政治上的强弱，又成为学术文化上融合统一过程中倒向的决定因素。也就是说，政治和军事上的失败者，在学术文化上也被迫趋从胜利的一方，以文化的服从，完成文化的融合统一。

尽管地域的不同对文化差异所产生的影响是一个客观的事实，可是西汉时期儒家的一统天下在很大程度上掩盖了这一事实。东汉末年以后社会的动荡和思想的混乱使人们对这一问题有了比较清醒的认识。

第二讲 侨姓与吴姓：细说魏晋南北文化差异与隔阂

三国时卢毓在《冀州论》中说："冀州，天下之上国也。尚书何平叔、邓玄茂谓其土产无珍，人生质朴，上古以来，无应仁贤之例，异徐、雍、豫诸州也。"这种优越感也是后来一些文人清谈时争辩调侃的根据和材料。如永嘉后祖纳对钟雅说："君汝颍之士，利如锥；我幽冀之士，钝如槌，持我钝槌，摧君利锥，皆当摧矣。"钟雅回击道："有神锥，不可得摧。"祖纳又说："假有神锥，必有神槌。"钟雅于是无话可说（见《晋书·祖逖传附兄纳传》）。而这种地域差别对学术文化的影响，则更为明显。东汉末，在江左和河洛之间，学术的思想和道路已经有了明显的区别。这种区别的实质，实际上是新学和旧学的区别。汤用彤先生说："汉朝末年，中原大乱，上层社会的人士多有避难南来，比较偏于保守的人们大概仍留居在北方。所以'新学'最盛的地方在荆州和江东一带，至于关今、洛阳乃至燕、齐各处，仍是'旧学'占优势的地方。后来曹操一度大军南下，曾带领一部分学者北归，于是荆州名士再到洛下。但是不久，因为这般人很不满意曹氏父子的'功业'，意见不投，多被摧残。此后司马氏又存心要学曹家篡夺的故伎，名士更多有遇害的。但在这时节，北地'新学'已种下深根，因此'玄学'的发祥地实在北方，虽然再后因为政局的不宁和其他关系，名士接踵不断地南下，但也并不因此可以说北方根本没有'新学'了。要到西晋以后，'新学'乃特盛行江左。这样，晋朝末年的思想，南北新旧之分，真可算判然两途了。因此南朝北朝的名称，不仅是属于历史上政治的区别，也成为思想上的分野了。"（汤用彤《汤用彤学术论文集·魏晋思想的发展》）

汤先生在这里所指的南北界限，是以长江为界，即南北朝的界限。但唐长孺先生对此稍有异议，他认为当时南学北学的界限，在东晋时主要是指河南河北。理由是卢毓《冀州论》所说冀州与徐、豫州之对和《晋书》载祖纳与钟雅之间的汝颍与幽冀之士的争论,都是指河南河北。还有一个根据则是《世说新语》:有一次褚裒对孙盛说:"北人学问渊综广博。"孙盛回答说:"南人学问清通简要。"支道林听说之后说:"……北人看书如显处视月,南人学问如牖中窥日。"(见《世说新语·文学》)唐长孺以为褚裒为阳翟人,孙盛为太原人。东迁侨人并不放弃原来的籍贯。孙褚二人的对话只是河南河北侨人彼此推重,与《隋书·儒林传序》中"南人约简,得其英华;北学深芜,穷其枝叶"所指南北是不一致的。唐先生的用意,是想说明河南是魏晋新学的发源地。这个立论本身并不错,但南北界限问题恐怕不是那么简单。因为以郑玄、服虔为代表的汉末北学,恰恰是汉儒章句之学的继承和代表者。《世说新语·文学》记载,郑玄曾打算为《春秋传》作注,还未完成时,一次与服虔相遇于客宿。这时他们还未相识,服虔在外边车上向别人讲授自己所注《春秋传》的意思。郑玄听后,觉得与自己的注大致相同,就向服虔说明了情况,并把自己所注部分送给了服虔,所以后来就流行服虔的《春秋传注》。同书同篇又记载服虔在作《春秋传注》时,为了参考异同,曾广为搜罗诸家之注。当时传说崔烈为其门生讲解此传后,便隐姓埋名,化装成卖食品的小贩,向崔烈的门人出售食品。每当崔烈讲课时,服虔就躲在墙外偷听。当他知道崔烈不能超过自己后,便常在众门生面前对崔烈的理论说长道短。崔烈听说后,猜不出是谁,但久闻服虔大名,就疑心是他。次日一早,当服虔还没起床时,崔烈便在窗外大呼服虔的字:"子慎!子慎!"服虔不觉惊醒答应,两人于是成了朋友。郑玄和服虔对经学一丝不苟、严肃认真,以至于字斟句酌的虔诚精神,正是汉儒保守学风的具体表现,甚至连他们的奴婢也要被迫接受这种知识结构。郑玄家里的奴婢都要按照他感兴趣的方面去读书。一次一个婢女言语中没有说出书中之意,郑玄便要鞭打,婢女刚要陈述理由,郑玄更生气了,让人把她拖到泥中。一会儿,又有一个婢女过来,见此情景,便用《诗经·卫·式微》中的诗句问道:"胡为乎泥中?"那个在泥中的奴婢也马上用《诗经·柏舟》中的诗回答:"薄言往愬,逢彼之怒。"(见《世说新语·文学》)从这两个奴婢的对话中,分明可以窥见郑玄的治学路数。

这些都可以说明,当时在北方河洛地区,由于郑玄、服虔等人的经营,还保留着一块传统的章句旧学的领地。而令人瞩目的是,稍后新崛起的新学——玄学的主要代表人物,也都产生在这个地区。如王弼和嵇康都是山阳人,阮籍是陈留人,夏侯玄是谯郡人。这些新学的创立者和主力军形成了一个具有开创意义和集体精神的学术流派,对魏晋的时代精神和思想文化都产生了巨大的推动和规定作用。

正当河洛地区的学术推陈出新的时候,在它北面的河北和在它以南的江东,却仍在恪守汉儒的旧学传统抱残守缺。他们不仅自己沿袭旧学,而且还对新学时常加以指斥。太原王济本不以老庄为然,见了王弼注《易》才有所启悟。孙盛则指斥王弼的《易》注将有悖大道。至魏末时玄学业已流行,可是在河东一带仍然十分尊崇儒学。当时平原管辂的《易》学,被邓飏称之为"老生之常谈",因为他完全以阴阳五行之说结合卜筮,未脱离汉儒象数之术。可见魏时的河北学术,还停留在汉代儒家旧说未变。

与河北相似,江南的学风,也是在承袭汉代的学术项目和基本精神。汉代较有代表性的学术项目:一是《易》学,二是天体学。从《淮南子·天文训》开始,以至刘向、扬雄、桓谭、张衡、马融、王充、郑玄等,都曾有论涉及。在天体学当中,人们感兴趣的是周髀、宣夜和浑天三个方面。除以张衡为代表的浑天学成就显著外,周髀和宣夜两方面要么"绝无师法",要么"考验无状,多所违失"。这说明汉代的《易》

学和天体学是当时盛行的学术，而且在学风上比较机械和保守。

　　孙吴时期江东的学术，正是汉代这种学风的延续和继承。孙吴较多的《易》注中，其有代表性的几家都没有离开汉代孟氏《易》学的樊笼。很多材料都可以说明东吴是如何因循汉代的学术内容和学术思想的，而没有实质的变通。

　　吴亡以后，吴人对司马氏政权和北方人的抵触情绪并没有改变，但为了得到承认，为了生存，他们也不得不来到北方，或者谋职求官，或者寻道求学。尽管他们在学术上对北方的离经叛道不以为然，但如今也身不由己地要跟上时代潮流，了解和学习一下北方的新学。如陆云本来不好玄学，当二陆入洛后，停留在河南偃师时，一天晚上天气阴晦，由路旁民居里出现一位神姿端远的少年，与陆云谈了很多前所未有的《易》经玄言新解。陆云佩服得五体投地，为了酬答，也显示一下自己的学问，陆云便大侃了一番自己擅长的儒学。但这位少年却不甚欣解。天亮后陆云找到一家旅店，从老板娘的口中，才知道昨晚所经之地并无村落，只有王弼的墓冢。这时他才明白自己所遇到的原来是王弼的鬼魂。从此以后，陆云的玄学便有了很大长进（见刘敬叔《异苑》）。这个虚妄的故事已经无法考实主人公是二陆中的哪一位，但有一点却可以肯定，那就是二陆在入洛前，为了适应京洛的谈玄风气，他们要了解和学习一下京洛地区最时髦的新学，以免为人耻笑。另如当时纪瞻和顾荣在一同入洛的途中，也就王弼的"太极天地"说法展开了激烈的讨论。尽管他们不理解，也不同意王弼的观点，但王弼的学说能够引起这两位江南人士如此重视，已足以说明他们对玄学已经不可能不闻不问了。不过显而易见的是，他们过问新学，并非出于对新学的兴趣或追求真理的愿望，而是作为失败者对胜利者服从的一种表现。可见，北方人政治上军事上的胜利，很快就转化为思想文化上占统治地位的优势。

永嘉以后,江南的学术仍在新学与旧学的对抗中向前推进。一部分江南大族人士仍然沿袭旧时的家门学风,不肯越雷池一步,甚至对新学进行肆意的攻击。但另一部分人则开始被北方学术所同化。经过长期的交往和共处,随着南北二姓在政治上的逐渐融合,虽然江东学风仍没有从根本上摆脱汉代儒学的左右,但已经明显开始受到侨姓南下后中原谈玄风气的冲击。

一次,吴姓大族顾和,与诸名士一起清谈,他的两个外孙张玄之和顾敷正在床边玩耍,好像并不在意。可是晚上,两个孩子却在灯下把白天主客的清谈内容复述出来。顾和高兴得隔着桌子扯着他们的耳朵说:"没想到我们衰落的家族又有了这样的宝贝!"(见《世说新语·夙惠》)在这两个外孙中,顾和更偏爱顾敷,以致使张玄之很不高兴。一天,顾和带着二人到寺庙中,见到圆寂后的佛像,寺中和尚有的哭泣,有的不哭泣。顾和就问二人原因,张玄之回答说:"他们中与佛相亲的就哭泣,不相亲的便不哭泣。"顾敷却回答说:"不对!应当是忘情的所以不哭,不能忘情的才哭!"(见《世说新语·言语》)相比之下,顾敷的立论更具有玄学的色彩,宛然有王弼、何晏等玄学大师之风,也说明顾和偏爱的道理所在,即他更喜爱后代中能够及时接受并形成新思想和新观念的人。这连同他把能复述长辈清谈内容的外孙称之为"衰宗"的再生之宝,都在揭示着历史的一个过程,即南北二姓文化意识的价值观念,已经取得认同。不过这种认同的前提,是吴姓对侨姓文化的服从,从而形象地说明了政治统治是如何转化成为文化专制的。

这股玄风对江南的冲击,的确是愈演愈烈了,以致不能谈玄,竟能成为南人陆晔辞官的理由。既然"不能敷融玄风"可为引咎之由,那么玄风在江南之盛，则可想而知。它使人想到汉代五行学说盛行时，不能"调理阴阳"者的自卑境地。而南北学风在南人的靠拢之下，似已愈来愈近。张凭依靠自己的谈玄本事为北方上层集团核心所承认的故事，很能说明这一点。

张凭举孝廉出都时，非常自负，认为自己的才气一定会得到社会的承认。当他打算拜访刘惔时，乡里及同举的人都嘲笑他，张凭还是去了刘惔那里。当时刘惔正在盥洗，见张凭来了，就把他安排在下座，只是简单地寒暄了几句，好像心不在焉。张凭想施展一下自己的学问可又没有机会。过了一会儿，王濛等人来找刘惔清谈。当客主有疑惑不解的地方时，张凭却于末座一一点出肯綮，言约旨远，使双方都感到信服，并十分震惊。刘惔于是把他请到上座，清谈了一天，并留他过夜。第二天早上张凭告辞时，刘惔说："先生先回去，我还要专程请您去见简文帝。"张凭回到船中，同伴问他在哪儿过夜，张凭只是诡秘地笑了一下，没有回答。过了一会儿，刘惔派人到岸边，呼喊寻找张凭的船，同伴们听了，都十分惊愕。当他们来到简文帝处后，经过刘惔的推荐和司马昱本人与张凭的谈话，对他的清谈功底十分称赞，立即任命为太常博士。

在《世说新语》和当时其他文献中可以发现，那些挥麈谈玄的名士，很少有江南人。而在少数谈玄的南士中，又没有能与殷浩、刘惔、王濛等人相比者。正因为如此，刘惔开始时才对吴人张凭那么不屑一顾。但不料张凭的清谈功夫竟如此精湛，大有青出于蓝之势。这不仅使他改变了社会地位，而且也标志和证明吴人清谈玄学的努力，已经取得了相当可观的成就。这里也可以看出问题的另一方面，即过江的中原大族对吴姓的偏见正在逐渐消失。刘惔对张凭态度的转变与司马昱对张凭的任用，已可见这一点。刘惔于次日一早让张凭先回船，然后又派人去寻找张凭，显然又是要造成一种吴人已被中原人重视的舆论，而问题的核心仍是政治压力下的文化服从问题。

"洛生咏"的风靡效应

除了政治心理和学术风气之外，两晋时期南北语言的流变，也极能说明语言作为文化的一支对政治强弱的依赖关系，亦即政治优势如何决定语言定向。陈寅恪先生说："自司马氏平吴以来，中原众事，颇为孙吴遗民所崇尚，语音亦其一端。"（见陈寅恪《金明馆丛稿初编·从史实论切韵》）即指此。这包括一个问题的两个方面：一是北方洛语成为大江南北时髦的语言；二是部分中原政治家为了政治统治的需要，也不耻而为吴语。

吴人学习洛语，这是他们从政治服从到文化服从整个过程的一个组成部分。从西晋时起，一些希冀爬上上层地位的江南大族，在入洛前后，为免受中原人讥讽，与染习玄学一样，也很注意学习洛语。陆云在《与兄平原（机）书》中，提出"音楚"和"文楚"的问题。因为吴人生怕这一弱点被北方人耻笑。王敦就是因音楚而为人不齿。陆云在书中提出王敦作文时，"会结使说音"，"结使"为"给使"之误，为伺候官吏的使役，作文要他说音，不外给使为洛阳人。这里的"楚"是个形容词，它是由地名之"楚"的引申，用作"都邑"及"文雅"的对文，如同今天所说的"土"和"俗"。而这里的楚音，主要是指吴地的口音，说明二陆入洛后，努力学习洛语，以防被嘲。当支道林在江东见到王徽之兄弟后，中原人问他："诸王何如？"支道林回答道："见一群白颈鸟，但闻唤哑哑声。"在中原人听来，吴语如同鸟叫一般，鸣里哇啦。要避免别人这样的耻笑，就必须学好洛语。葛洪曾抨击这般学习洛语的风气说:"上国众事,所以胜江表者多,然亦有可否者。……余谓废已习之法,更勤苦以学中国之书,尚可不须也;况于乃有转易其声音,以效北语,既不能便良似,可耻可笑,所谓不得邯郸之步,而有匍匐之嗤者。"(见《抱朴子·讥惑》)

从葛洪的斥责中,已经分明可以感受到洛语在当时已经何等流行。不过葛洪所说学洛语不能"良似",倒是实情。《颜氏家训·书证篇》:"或问曰:'东宫旧事,何以呼"鸱尾"为"祠尾"?'答曰:'张敞者,吴人,不甚稽古,随宜记注,逐乡俗讹谬,造作书字耳。吴人呼'祠祀'为'鸱祀',故以'祠'代'鸱'字。"张敞为晋末人,这里记叙他不免随乡音而讹谬,正是吴人学洛语不能"良似"的例证。

然而,吴人学习和使用洛语的情况又不能一概而论。在东晋南朝时期,官吏对士人操用北语,对庶人则操吴语。也就是说,洛语和吴语,是当时分辨士族和庶族的最明显的标志。这种风气一直延续到南朝,如南齐时王敬则虽然富达,却不以富贵自遇,平日交接士庶概用吴语。而当时作诗多用北方洛语,所以当世祖让他当面赋诗的时候他就一筹莫展了(见《南齐书·王敬则传》)。故他作诗困难。又如张融"出为封溪令。……广越嶂岭,獠贼执融,将杀食之,融神色不动,方作洛生咏,贼异之而不害也"(见《南齐书·张融传》)。张融本为江南士族,但临危时仍能作洛生咏,这一方面说明他心神镇定,异乎常人,同时也可见他平日能习惯而流利地使用北语,否则不会如此熟练。张融和王敬则的区别,正是吴人两个阶级对待洛语的不同态度。所以北齐颜之推清楚地指出:"易服而与之谈,南方士庶,数言可辨;隔垣而听其语,北方朝野,终日难分。"(见《颜氏家训·音辞篇》)

到了晋宋时期,北语在江南的上流社会中已经十分普及了。《宋书·顾琛传》云:"先是,宋世江东贵达者,会稽孔季恭,季恭子灵符,

第二讲 侨姓与吴姓：细说魏晋南北文化差异与隔阂

吴兴丘渊之及琛，吴音不变。"陈寅恪先生以反证的方法来推断既然在江东的贵达中唯有这几位吴音不变，则其余士族，虽本吴人，并不操吴音，断可知矣。（见陈寅恪《金明馆丛稿初编·东晋南朝之吴语》）其说良是。而他们所操用的，显然又是北语。《宋书·刘道怜传》云："道怜素无才能，言音甚楚，举止施为，多诸鄙拙。"刘宋皇室的先世，本非清显，而又侨居于北来武装集团所萃聚的京口，故没有受到吴中士庶所操洛语和吴语的同化，而未改其彭城楚地的乡音。从而可以看出南朝士流对未操北语的楚音十分鄙视。

但是，在众多讲北语的人中，口音不可能完全一致。因为南北语言本来就存在着先天的差异。颜之推说："南方水土和柔，其音清举而切诣，失在浮浅，其辞多鄙俗。北方山川深厚，其音沈浊而讹钝，得其质直，其辞多古语。"（见《颜氏家训·音辞》）陆德明也说："方言差别，固自不同。河北江南，最为巨异，或失在浮清，或滞于沈浊。"（《经典释文》序录）这些天然差别的存在，使那些学习洛语的南人和其他地区的北人，难免与标准的洛语有一定距离。颜之推进一步指出他们各自的毛病是："南染吴、越，北杂夷虏，皆有深弊，不可具论。"（见《颜氏家训·音辞》）而他们找出这些弊病的参照系，或云当时标准的语音，便是当时以洛阳及近傍为代表的旧音。因为从东汉至西晋，洛阳一直是全国的政治文化中心。而过江的大族中，又多是在洛阳生活了几代的达官贵人。他们的洛阳口音，不仅是永嘉前入洛吴人的仿效楷模，也是过江后江南士族所奉的圭臬。前所叙张融临危时犹能作洛生咏事，已可见其端倪。这种洛生咏本来是指东晋以前洛阳太学生以诵读经典的雅音来讽咏诗什。这种都邑雅音不仅与时尚轻清的吴越方音相差悬殊，也与多涉重浊的燕赵方言也不尽相同。后来经谢安带有鼻音的洛生咏之后，众名流遂东施效颦，学起谢安的鼻音咏了。

当然，也有人对这种阴阳怪气的腔调不感兴趣，他们试图追踪谢安之前那种纯正的洛生吟咏。当有人问顾恺之为什么不作洛生咏时，他回答说："为什么要作那种老婢的声音？"（见《世说新语·轻诋》）顾恺之所反对的，是时流对谢安洛生咏讹变的模仿，但他并非不为洛生之咏。《晋书·顾恺之传》记载因为顾恺之刚愎自用，很多年轻人要拿他开心取乐。他们有时请顾恺之来作洛生咏，可顾恺之却以洛生咏为"老婢声"为由，不屑为之，并自称在朗诵方面自得"先贤风制"。陈寅恪先生认为，顾恺之所说的先贤风制，很可能就是指谢安以前的旧规洛生咏（见陈寅恪《金明馆丛稿初编·从史实论切韵》）。不过，谢安有时掩鼻，并不是作洛生咏，而是开玩笑时的一种姿态，故与此无关。据《世说新语·排调》记载，当初谢安在东山隐居时，他的同族兄弟中不乏富贵者。他们动辄高朋满座，车水马龙。谢安的妻子刘夫人打趣地问谢安："大丈夫不应如此吗？"谢安便幽默地捏起鼻子，

第二讲　侨姓与吴姓：细说魏晋南北文化差异与隔阂

发出怪怪的声音："恐怕将来也难免如此啊！"

如果说吴人贵族学习洛语是吴人政治服从的具体表现的话，那么部分北方政治家操用吴语，则是他们政治征服的一种手腕而已。一个盛暑之日，刘惔去找王导，王导为了凉快，把肚皮贴在弹棋棋盘上，惬意地说："多么凔（吴人谓冷曰"凔"）啊！"刘惔出来后，别人问他王导怎么样，刘惔说："除了会讲吴语外，没有任何特殊之处。"（见《世说新语·排调》）

王导作为东晋的开国丞相，为了使晋室在江南站稳脚跟，他已经使出了浑身解数，处心积虑，不遗余力。在大批吴人士族争先恐后地竞学洛语时，这位中原大族、政治核心人物竟然逆流而动，讲起大家已经十分鄙夷的吴语，这个反常的举动显然具有反常的动机。这与他过江后向陆玩请婚、实行一系列宽纵江南大族的政策均为一致，即要施行笼络江南大族之术，使之服从晋室偏安朝廷。为达此目的，他不

〔南北朝〕杨子华《北齐校书图》

仅讲吴语，有时也还来点儿胡语。当他拜扬州刺史时，一次招待宾客数百人，这些人都很高兴，只有临海一位姓任的客人和数位胡人脸色不太好看。王导见此情景，马上到姓任的身边说："您一出来，临海便没人了！"这一明显的吹嘘立即使任十分喜悦。又走到胡人面前说："兰阇！兰阇！"听到这句胡语的恭维，"群胡同笑，四坐并欢"（见《世说新语·政事》）。从此则可知王导的语言应变能力极强，且能根据政治权术的需要，对不同的对象使用不同的语言。他在胡人面前讲胡语，在吴人面前讲吴语，都不过是一时的权宜之计，并不能代表过江大族的普遍情况。就王导本人来说，也不是过江后始终使用吴语。今天流传的王导《麈尾铭》，使用的是理子俟韵，与西晋时北人如齐国左思《白发赋》、谯国曹摅《思友人诗》的用韵正相同，这与当时书面语多用北语的习惯是一致的。至于该文是否真出自王导，以及是王导过江前抑或过江后作，虽不可考，但可以肯定的是，在王导与吴人大讲吴语时，在他的书面语中，并没有吴音的痕迹，这足以说明他讲吴语的政治动机。

趋从与跟进中原文化

除了以上所叙几个方面外，魏晋时期中原人的政治胜利对其他文化形式的转化，还表现在书法、哀哭和居丧等几个方面。葛洪在《抱朴子·讥惑》篇中，曾就吴人趋从中原一事提出严厉批评。他认为对中原的文化不应盲从，因为中原文化虽然多胜江东，但也不是没有可否之处，这就更不该邯郸学步了。他说："君子行礼，不求变俗，谓违本邦之他国，不改其桑梓之法也；况于在其父母之乡，亦何为当事弃旧而强更学乎？"他列举的几个事例中，语言一项前文已叙。其余三项即为书法、哀哭和居丧。

第二讲　侨姓与吴姓：细说魏晋南北文化差异与隔阂　　　　　　　　　　57

　　关于书法，葛洪说："吴之善书，则有皇象、刘纂、岑伯然、朱季平，皆一代之绝手。如中州有钟元常、胡孔明、张芝、索靖，各一邦之妙，并用古体，俱足周事。余谓废已习之法，更勤苦以学中国之书，尚可不须也。"在葛洪看来，吴人的几位书法家完全可以与中原书法家钟繇等人平分秋色、分庭抗礼，所以大可不必妄自菲薄，弃己从人。从书法史的发展来看，葛洪的看法不免有些保守。因吴人皇象等人的书法，虽有代表性，但仍比较古朴，没有离开传统的隶篆。而北方钟繇等人所推出的行书，却是书法史的一大进步。这也能体现出南北学风的创新与保守。

　　关于哀哭，葛洪说："乃有遭丧者而学中国哭者，今忽然无复念之情。昔钟仪、庄为不忘本声，古人韪之。孔子云：'丧亲者，若婴儿之失母'，其号岂常声之有！宁令哀有余而礼不足，哭以泄哀，妍拙何在，而乃治饰其音，非痛切之谓也。"从葛洪的话中可以看出，南方人居丧哀哭，主要不是出于悲痛，而是为了模仿北人的哭法，是"治饰其音"。但因学得不伦不类，以至有"妍拙"之别。北方的哀哭，我们可以从阮籍的哭母中得窥端倪。阮籍在葬母时，蒸了一口肥猪，

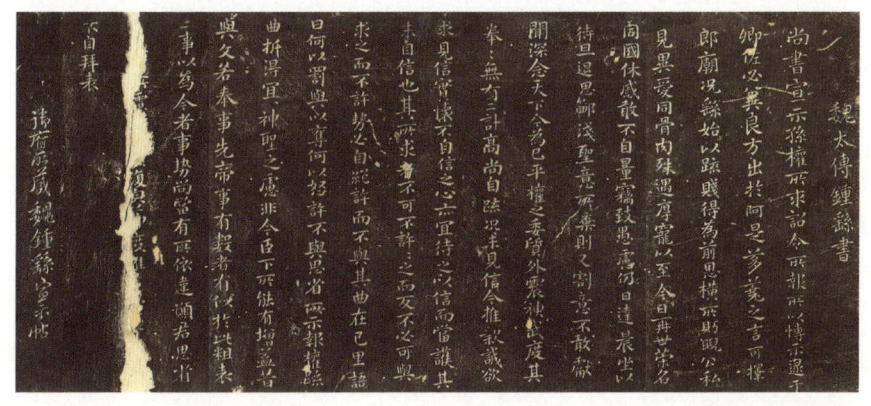

〔三国〕钟繇《宣示表》

喝了二斗酒。临诀时大叫一声"穷矣"，口吐鲜血，不省人事（见《世说新语·任诞》）。可能北人父母之丧，孝子要循例唤"穷矣"。南方人因不了解这一习惯，最终会闹出笑话。一位南方人给北方孝子吊丧，送去一斛大豆。听到孝子哭喊："奈何（怎么办）！"以为是问豆子的用途，便回答："可以做饭。"孝子又喊："穷矣（完了）！"南方人回答："刚送来就用完了，那么我再送你一斛吧。"（见《艺文类聚》卷八五引《笑林》）从这两个故事来推测，当时南人居丧时可能只是发出哭声，而洛阳一带却有泣有诉，即边哭边说话，像唱歌一样地哭。哭的时候嘴里还要喊些"穷矣""奈何"之类的话，以示悲哀。这种时髦的哭法被南方人所模仿，但又不能毕肖，所以被葛洪所讥。不过到南北朝时，这种哭法已被承认为南方的专利。颜之推说："江南丧哭，时有哀诉之言耳；山东重丧，则唯呼'苍天'，期功以下，则唯呼'痛深'，便是号而不哭。"（见《颜氏家训·风操》）颜之推已经不知道这种边哭边诉的哭法原产于北方，而认为是江南之俗，说明这时北方反而没有这种哭法了。而北朝人又从江南人那里模仿这种哭法。《酉阳杂俎》叙北朝丧仪云："哭声欲似南朝传哭，挽歌无破声，亦小异于京师焉。"（见《酉阳杂俎·尸穸类》）这往返的追踪，都是随着政治重心的转移而转移的。

关于居丧，葛洪说："又闻贵人在大哀，或有疾病，服食散以数食，宣药势以饮酒，为性命疾患危笃，不堪风冷，怖帐茵褥，任其所安。于是凡琐小人之有财力者，了不复居于丧位，常在别房，高床重褥，美食大饮，或与密客，引满投空，至于沈醉。曰：'此京洛之法也。'不亦惜哉！余之乡里先德君子，其居重难，或并在衰老，于礼唯应缞麻在身，不成丧致毁者，皆过哀啜粥，口不经甘。时人虽不肖者，莫不企及自勉。而今人乃自取如此，何其

第二讲　侨姓与吴姓：细说魏晋南北文化差异与隔阂

相去之辽缅乎!"

北方大族的居丧不守丧礼，从社会原因来看，这是他们蔑视礼法，越名教任自然做法的一部分。但还有一个更为具体的原因，就是服用寒食散的缘故。据《医心方》卷十九引皇甫谧说，服散十忌中，第二忌愁忧，第三忌哭泣，第五忌忍饥。《诸病源流》引皇甫谧说服散须要常饮酒，且要饮醇酒，不能饮薄酒等（参见余嘉锡《寒食散考》）。所以《世说新语》及《晋书》所记阮籍、阮咸、王戎等人居丧大啖酒肉的故事，都具有这双重的原因。但有些南方人士不知此内情，又未服散，只是机械地模仿饮酒食肉，且谓为"京洛之法"，则是东施效颦的又一表观。

在书法、哀哭和居丧这几个方面中仍然可以看出，尽管南北双方在各方面都存在着差异，但由于中原人在政治上的优势，迫使南人不得不在各方面亦步亦趋，以跟上时代潮流。葛洪虽然明确指出了这些不同和自己的看法，但他没有意识到这种文化追随背后的政治原因。中国历史上征服者和被征服者之间的文化整合有两种情况，当征服者在文化上落后于被征服者时，他们便提倡被征服者的先进文化，以有利于统治，如元代与清代的统治者；当征服者在文化上胜于被征服者时，他们便强迫对方接受自己的文化。魏晋时期南北文化的异同，尤能说明这一点。

第三讲

审美与竞争：细说魏晋人物品藻活动

第三讲 审美与竞争：细说魏晋人物品藻活动

在审美经验和审美鉴赏方面，中国人有自己独特的经历和心得。其中最重要的经验是，把本来用于人才选拔依据推行的人物品藻活动，逐渐上升和转化为文学艺术审美鉴赏的理念方法。对人物德行、才能、风采等诸方面进行评价和议论的人物品藻活动是汉魏六朝时期重要的文化现象。如同战国时期诸侯养士引起游说之风，明清科举制度引起八股之热，统治者的选举与用人方式在很大程度上制约和引导了广大士人的行为选择。汉魏六朝时期的荐举入仕方式是当时人物品藻风气产生的根本原因。而各个时期不同的社会思想和价值观念，又形成了相同或相似的用人方式下不同的人才价值标准；不同的价值标准，又对希望入选或希冀名声的士人言行产生不同的刺激作用。反过来说，通过士人的言行来考察当时的人物品藻风气，会得到更为真切而生动的感受，也能让人看到一幅活灵活现的历史画卷。

趋之若鹜的"扬名养誉"心理

人物品藻在东汉前已经广泛流行，但一直是在自发朦胧和非制度化的状态下进行的，而且距离社会的政治生活较远，谈不上什么实用价值。到了汉代，由于社会的政治需要，它才受到了普遍的关注和重视，步入制度化的轨道。自公元前196年刘邦下"求贤诏"后，两汉的很多帝王都照此办理，要求各地方荐举"贤良方正"之人。其具体的方法有"察举"和"征辟"两种。察举是由地方通过对人物的考察评议，自下而上地推荐人才；征辟则由中央和地方政府自上而下地发现和任用人才。二者方法不同，但都要以对人物品行的考察评议为依据。这就使人物品评与社会的实际需要结合起来，从而大大增强了人物品藻的社会意义，并且也对社会政治生活和知识分子的行为方式产生直接的制约和影响。

　　陈寅恪先生认为，人伦识鉴作为一种专门之学，是从东汉郭泰开始的（见《金明馆丛稿二编·逍遥游向郭义及支遁义探源》）。这种看法是成立的，但并不能因此而简单地认为，郭泰一人平地而起，瞬间骤变。在郭泰之前，人物品藻之风已经很盛，并且已经有了这方面的专家。当时晋文经和紫子艾二人在洛阳窃取了品藻专家的美称，但这两个江湖骗子又没有什么真本事，只好以装病谢客的办法沽名钓誉。不想这一手更为奏效，广大士人急切探视而不得见，倒更抬高了二人的声望。政府选拔人才都要经过他俩的品评。后来，经过另一位品藻专家符融的考察，终于识破了二人的庐山真面目。符融和李膺一致认为二人是"小道破义，空誉进实"。于是二人名声大跌，逃出京城。（见《后汉书·符融传》）郭泰就是由符融发现，介绍给李膺，并由此成名的。郭泰的贡献在于，他摈弃和汰除了传统观人术中的卜相成分，而开始对人的才性高下、善恶与否进行评论，从而把人物品评从传统命相之术中分离出来。传统的相术只强调命运而忽视后天的努力，既然命里注定，则非人力所及。郭泰则将王充的命性骨法说加以具体运用，注重对人的德行评价，这就给人们的后天社会努力和自我表现打开了光明之门。

　　郭泰的同乡贾淑是个公认的恶棍。郭泰的母亲病逝，贾淑来吊丧，郭泰接见了他。接着孙威直前来吊丧时听说郭泰居然接受贾淑的吊丧，便拂袖而去。郭泰赶忙追上解释道："贾某虽然凶恶，却愿意洗心向善。孔子对这样的人也并不排斥。"贾淑因此受到感动，后来成为仁义之人。（见《后汉书·郭泰传》）又有一次，当时的名流陈纪遭父丧时，完全按礼仪的要求去哭去做了。他的母亲心疼儿子，便在他打瞌睡时给他盖上锦被。正巧被前来吊丧的郭泰看到，便指责他违背了孔夫子的教诲，声称"吾不取也"，便愤衣而去。竟使陈纪府上几个月没人登门。（见《世说新语·规箴》）可见郭泰的人物品评，已经不是未卜先知的性命贵贱、祸福之谈，而是依据儒家的道德伦理观念，结合人物的行为本身进行评价。《郭泰传》记载他对黄先、谢甄和王柔等人的品评，也都是从其才性出发。从此，正式拉开了人物品鉴的帷幕，并出现了符融、许邵、许靖等一批品藻人物专家。

既然郭泰等品评权威注重的是人的后天努力，那么人们自然会清醒地认识到：要想做官，必先成名；要想成名，必示品行。于是，注重名分成为东汉以来士人的时髦风尚。清人赵翼说："驯至东汉，其风益盛，盖当时荐举征辟，必采名誉，故凡可以得名者必全力以赴之。"（见《廿二史劄记》卷五"东汉尚名节"）

曹操年轻时"自以本非岩穴知名之士，恐为海内人之所见凡愚，欲为一郡守，好作政教，以建立名誉，使世士明知之"（见《三国志·魏·志武帝纪》裴松之注引《魏武故事》）。曹操早年名声不好，乔玄对他寄有厚望，让他去争取品评专家许邵的评价。可许邵讨厌曹操，不肯品评。经过曹操送礼和死皮赖脸的恳求，许邵终于对他作出了"清平之奸贼，乱世之英雄"的评价；由此便大大提高了他的知名度，也成为他爬上高位的起点（见《三国志·魏志·武帝纪》裴松之注引郭颁《世语》及《魏书》）。很明显，曹操求名的目的是为了做官，但好名之风一旦兴起以后，名誉本身便具有了一定的独立价值，不一定为求仕的手段了。东汉时范滂的母亲对他说："汝今得与李、杜齐名，死亦何恨？既有令名，复求寿考，可兼得乎？"（见《后汉书·范滂传》）从范母的话中可以看出，他们把名誉看得高于生死，是人生的至高目的了。而且一旦拥有高名后，还可以把隐逸不仕作为进一步邀名的筹码。葛元逊认为郭泰"隐不修遁，出不益时，实欲扬名养誉而已"（见《抱朴子·正郭》）。

当然，在那些趋之若鹜的求名者中，也难免有鱼目混珠、名实不符，甚至是欺世盗名之徒。如戴封外出遇到强盗，财物多被抢劫，只剩下七匹缣。强盗走后，戴封又带着七匹缣追上强盗说："我知道诸位很穷，剩下的这些算我送给你们了。"强盗惊呼："真是大贤人啊！"遂把抢去的财物全部还给了戴封。戴氏由此名声大振，被举为"孝廉"。又如许武被举为"孝廉"后，为让两个弟弟出名，就把家产不公平地分成三份，自己要了最好的一份，把较差的两份分给弟弟。乡间舆论认为两个弟弟有谦让之风，而许武贪婪，就选拔弟弟入仕。不久，许武召开宗族大会，泣不成声地宣布了自己的目的，并把增值的财产全部送给弟弟，于是名声大振，当了更大的官。再如陈蕃当乐安太守时，郡中有个叫赵宣的人，埋葬双亲后不封闭墓道，住在里边守孝达二十余年，是远近闻名的大孝子。有人把他介绍给陈蕃，陈蕃经过与他谈话，发现他的五个孩子都是在服丧期间生的。陈蕃大怒，就逮捕了这个假孝子。对于这种恶劣的社会风气，范晔感慨地说："汉世之所谓名士者，其风流可知矣。虽弛张趣舍，时有未纯，于刻情修容，依倚道艺，以就其声价，非所能通物方，弘时务也。及征樊英、杨厚，朝廷若待神明，至竟无它异。英名最高，毁最甚。李固、朱穆等以为处士纯盗虚名，无益于用，故其所以然也。然而后进希之以成名，世主礼之以得众，原其无用，亦所以为用，则其有用或归于无用矣。"（见《后汉书·方术传》）

从个人求名到社会参与

荐举与征辟工作的另一社会影响是东汉的"清议"运动。在东汉宦官与外戚的斗争中，宦官逐渐占据了较大的优势。他们在政治上的重要手法便是结党营私，任人唯亲，用手中的权力来左右从中央到地方的察举工作。如灵帝时最有权势的宦官叫张让。他掌握着各级官员的任免权。京城有个叫孟伦的财主，倾竭家财来交结张让的奴仆。奴仆为了报答他，便表示要为他的升迁效劳。当时，登门求见张让的官僚富豪太多，以至于经常在张府门前排起几百辆马车的长队。一天，孟伦姗姗来迟，在车队后面排队。这时张府奴仆打开大门，径直走到孟伦面前敬礼，然后将他的马车拥入张府。因为当时孟伦没有资格和财力去晋见张让，便在府中溜了一圈儿出来了。外面排队的各级官员以为孟伦是张让的亲信，便纷纷争先恐后地向孟伦行贿。孟伦将这笔意外之财来了个借花献佛，送给张让。张让大喜，委任孟伦为凉州刺史。（见《后汉书·张让传》）历史上著名的西园卖官，便是这种行贿之风发展到极端的产物。宦官在察举工作和其他活动中的卑劣行径，引起了广大"爱国知识"分子的极度愤慨，他们自觉地团结起来，以人物品题为武器，向宦官及其所代表的皇权展开了猛烈的舆论战。这些活动主要表现在以下两个方面。

—— "浮华交会"

"浮华交会"也就是广泛结社。按照封建皇权和传统道德的设计，知识分子最好是隐身书斋，埋头章句，修身行义，听凭社会的安排。但在选举制度黑暗，名不符实，欺世盗名者遍地都是的情况下，人们意识到以前那种道路只能是越走越窄。可是文人仍需要社会的承认，也需要出名。于是，他们便本能地发现在相互结交中相互吹捧是引起社会注意的极好途径。当时的"太学"，是士族知识分子的大本营。校园里的三万名太学生，很少有人安心读书，而是广泛交游结社，抨击时政。当时有个叫仇览的迂夫子，刚到太学时一心苦读经书，不为环境所动。他的隔壁便住着著名品藻大师、学生领袖符融。符融那里经常高朋满座，高谈阔论。仇览不仅不为所动，而且在符融劝他交结朋友，不必死守经书时竟翻脸离去。可是随着时光的侵染，经符融和郭泰的多次谈话，终于使他改变了观念，成为太学生集体中的真正一员。（见《后汉书·仇览传》）

　　这样的氛围，形成了一个政治色彩极强的社团联盟，并涌现出联盟中的核心领袖人物。这些领袖人物在广大太学生中威信极高，其能量超过当今的任何一位大牌明星。一次下雨，郭泰没带雨具，便用一块方巾折在头上遮雨，别人看见后，便竞相模仿，称为"林宗巾"。被李膺接见的人都被誉为"登龙门"，名气大增。当时的易学家荀爽曾有幸为李膺驾过一次车，回来后竟欣喜若狂地奔走相告。郭泰和李膺在洛阳的历史性会见，标志着一个政治联盟的结成。后来郭泰回归故里，衣冠诸儒到河边送行，云集了数千辆车，李膺和郭泰同在船中渡河，崇拜者们竟像朝圣一样顶礼膜拜。（见《后汉书·郭泰传》）这次盛况空前的送行，也显示了清议反对派联合起来的巨大力量。

——"风谣品题"

　　"风谣品题"就是通过品题人物来控制舆论。其具体形式为民间自发清议活动中的风谣。风谣又称童谣，多为韵语，便于朗诵，容易广泛流行，形成舆论。汉顺帝时梁冀专权，诛杀清官李固、杜乔，原封胡广等人，京都童谣说："直如弦，死道边；曲如钩，反封侯。"清议运动中充分利用了这种舆论形式，揭露宦官，歌颂士族领袖。如"天下模楷李元礼（膺），不畏强御陈仲举（蕃），天下俊秀王叔茂（畅）"（见

《后汉书·党锢列传》)。一位打击宦官势力的官员朱震,被誉为"车如鸡栖马如狗,疾恶如风朱伯厚"。桓帝时又出现憎恨宦官左悺、徐璜、具瑗、唐衡四人势焰灼天的民谣:"左四天,具独坐,徐卧虎,唐两堕。"党锢之祸发生后,又出现希望变天的民谣:"侯非侯,王非王,千乘万骑上北芒。"对于这场运动,《后汉书·党锢列传》记载:

> 逮桓灵之间,主荒政缪,国命委于阉寺,士子羞与为伍,故匹夫抗愤,处士横议,遂乃激扬名声,互相题拂,品核公卿,裁量执政,婞直之风,于斯行矣。……因此流言,转入太学,诸生三万余人,郭林宗、贾伟节为其冠,并与李膺、陈蕃、王畅更相褒重……又渤海公族进阶、扶风魏齐卿,并危言深论,不隐豪强。自公卿以下莫不畏其贬议,屣履到门。

这场清议运动的目的,是要扼制宦官及其党羽任人唯亲的状况,使人才的选拔,按照公众舆论的品评来决定。这样,就使"清议"成为干预朝政的重大政治活动,人物品藻也随之具备了广泛而重要的意义。清议运动虽因领导人遭政治迫害而告失败,但其对社会政治生活的影响,却无法消灭。在"清议"的压力下,政府对官吏的任用往往要征询名士的意见,士人的升迁也经常取决于某些著名人物的评论品题。这项工作还形成了某种制度,"每月辄更其品题,故汝南俗有'月旦评'焉"(见《后汉书·许邵传》)。正如汤用彤先生指出:"溯自汉代取士大别为地方察举,公府征辟。人物品鉴遂极重要。有名者入青云,无闻者委沟壑。朝廷以名治(顾亭林语),士风亦竟以名相高;声名出于乡里之臧否,故民间清议乃隐操士人进退之权。于是月旦人物,流为俗尚,讲目成名(《人物志》语),具有定格,乃成社会中不成文之

法度。"（见《汤用彤学术论文集·魏晋玄学论稿》）

纵览东汉时期的人物品藻活动，我们发现，东汉人从理论到实践，都脱离了传统人物品评的方法和目的，使人物识鉴成为一项与社会生活极为密切的实践活动。这项社会活动为人类观照自身，肯定与审视自我，开创了前所未有的热烈氛围，提供了一系列切实可行的具体方法。但同时又必须痛心地承认，由于东汉人物品藻与士人的切身利益关系过于紧密，致使广大士人为求得名誉而去虚伪地表演自己，从而使人物品藻这一人类自我发现的形式变成与其目的相悖的异化物。它仍完全成为名声的奴隶，为名所累。这也是封建政治统治与道德人伦观念相结合后控制知识分子的成功作品。也正是在这一点上，成为魏晋士人在人物品藻活动中可以傲视东汉人的理由。

从社会实用评价到人物审美评价

在迫切希望得到社会承认这一点上，魏晋文人并不亚于东汉人，甚至有过之而无不及。比如东晋温峤自认为在过江大族中，是第一流人品，但舆论却认为他是第二流中的高者。一次在名流们谈论第一流人物快要结束时，温峤竟骤然失色。还有一次，桓温问刘惔："听说会稽王司马昱的谈话（指清谈）很有长进，是真的吗？"刘惔说："是很有长进，不过他仍然是二流中人。"桓温问："那么谁是第一流呢？"答道："正是我辈耳！"当晋简文帝问殷浩比裴颜如何时，回答是："故当胜耳！"当时社会舆论对殷浩和桓温的评价差不多，认为二人齐名。但他们二人却互不服气，桓温问殷浩："卿何如我？"回答是："我与我周旋久，宁作我。"而桓温又对别人说："少时与渊源（殷浩字）共骑竹马，我弃去，已辄取之，故当出我下。"

可是，并不能因此而认为东汉和魏晋的人物品藻中人们的希冀和追求完全可以同日而语。从上面几个故事中，我们可以明显地感受到一种强烈的自我肯定和自我表现欲，这与东汉人的虚假做作和欺世盗名是大相径庭的。而社会政治文化背景的不同，又是产生并影响不同时期人物品藻精神差异的根本原因。

经过汉末的动乱，人口流离严重，原先的州郡"察举"或"清议"程序和机构也随之破坏，难以承担以往品评推荐人才的工作。至曹氏统一北方后，其任人方式便改用"九品中正制"。"州郡皆置中正，以定其选，择州郡之贤有鉴识（识鉴）者为之，区别人物，第其高下。"（见《通典·选举典》）这种方法在形式上是官办与乡里评议相结合，但在评选原则上却已经发生质的变化。东汉人物品评受时代思想的约束，其首要标准是德行。而"九品中正制"的推行，却完全体现了曹操"唯才是举"的思想。这种思想，对汉代以德之共性为美，束缚个性的思想是一个大胆的冲击。而对"才"的强调，实质上是对人的个性的尊重和承认，它为人们在思想上尊重个性开启了大门。集中体现曹操这一思想的理论著作是刘劭的《人物志》。他认为："夫圣贤之所美，莫美于聪明"，"智者，德之帅也"（见《人物志·八观》）。其基本思想就是从儒家对"德"的强调，转向对"智"的青睐。由此出发，刘劭注意对个体的气质、心理、个性及其外在表现，以及它们与社会需要的关系等，都进行了深入细致的探索。这些不仅是汉末以来人们品藻风尚的理论总结，也为魏晋人物品藻的审美化，做了价值标准和方法论上的充分准备。

魏晋时期的很多人物品藻实际上是刘劭所归纳总结的品藻方法与途径的具体运用。如根据外形来评价人物的方法，虽然脱胎于相术，但这时的人物品评更加注意人物的外形所显示的内在精神。刘劭认为："征神见貌，则情发于目"，又说："能知精神，则穷理尽性。"刘

第三讲 审美与竞争:细说魏晋人物品藻活动

〔唐〕孙位《高逸图》(竹林七贤残卷)

劭用五行说中的金、土、水、木、火与人体的骨、筋、气、肌、血相比附，并又区分出仪、容、声、色、神等五个方面，最后提出包括神、精、筋、骨、气、色、仪、容、言在内的所谓"九征"。也就是要运用这些理论去进行人物品评。如《世说新语·容止》载："刘伶身长六尺，貌甚丑悴，而悠悠忽忽，土木形骸。"《嵇康别传》也说嵇康"长七尺八寸，伟容色，土木形骸，不加饰厉，而龙章凤姿，天质自然"。这就是说，刘伶和嵇康的体质是以土气和木气为主。而当时任嘏在《道论》中认为，木气之人勇敢，土气之人智慧而宽容（《太平御览》卷三百六十引）。二者的结合，就是在二人的体态中，表现出一种既有对自我命运的主宰和自信，又不过于外露的含蓄之美。所以人们认为刘伶"悠悠忽忽"，嵇康则被目为"傀俄若玉山之将崩"。又如刘惔从仪表入手，看出孙权、司马懿和桓温三位开创帝业的英雄人物在容貌上的相似之处：鬓毛像刺猬皮，眉毛像紫石棱，体态魁伟。潘滔在王敦年少时便从他目如马蜂、音如豺狼中看出其野心家的本质。王浑的妻子钟夫人在为女儿择婿时，从形体和骨相中，看出此人虽有才干，但寿命不长，故不能嫁女，都是这种方法的具体运用。

另一种方法是通过交谈来认识和评价人物。刘劭认为，依言知人也是人物品藻的重要途径。他说："夫国体之人，兼有三材，故谈不三日，不足以尽之。一以论道德，二以论法制，三以论策术。然后乃能竭其所长，而举之不疑。"在玄学兴起，清谈盛行的年代，一个人的言语谈锋就显得更为重要了。一次，王衍问阮修孔子重名教和老庄崇尚自然的思想的异同何在，阮修用三个字回答："将无同。"王衍很喜欢这种玄妙的应对，立刻辟阮修为掾（幕僚）。社会舆论称阮修为"三语掾"。当庾亮问孙齐庄的名字含义，为什么"不慕仲尼而慕庄周时"，孙齐庄答道："圣人生知，故难企慕。"于是受到庾亮的特别喜爱。

第三讲 审美与竞争：细说魏晋人物品藻活动

至于《世说新语·文学》所记吴人张凭访刘惔时，先受冷遇，继以清谈获重誉，不仅使刘惔、王濛等清谈者震惊，而且连晋简文帝经过亲自谈话后，也称之"勃窣为理窟"，且用为太常博士的故事，尤能说明依言知人，因言获显的情况。

还有一种途径是根据人物行为本身去考察或评价人物。由于汉末以来名实不符、欺世盗名的伪名士大有人在，玄学家们都注意到名实，以名实相符来评价人物。刘劭有感于相人之难，言语形容均有伪似，故提出必检之行为，他说："故必待居止，然后识之。故居视其所安，达视其所举，富视其所与，穷视其所为，贫视其所取，然后乃能知贤否。此又已试，非始相也。"（见《人物志·八观》）华歆与王朗的名声本来差不多，一次他们一同乘船避难，有一人想搭船，华歆面有难色。王朗不假思索地说："还有地方，为什么不行呢？"就带上了这个人。后来强盗追得越来越近，王朗便想以抛弃他人的办法来使船加快速度。华歆却表示，自己开始犹豫，正是为此。现在既然已经带上人家，就不应抛弃人家。于是继续一同逃难。社会上便以此确定二人的优劣。另如华歆与管宁在锄菜和读书时逢乘轩者的不同表现，桓温欲诛谢安、王坦之时二人的截然不同神态，都表现出人们如何根据人物行为本身进行品评。这样的方式所得出的结论，是令人信服的。

不过，魏晋人物品藻活动中人们的最精彩的表现，还是把人物品藻由社会的实际政治需要转入一种审美的活动，从而体现鲜明的时代色彩。

汉末以降，社会统治阶级及其集团间力量对比发生变化。中央政府的集权力量大大削弱，曹魏政权在政治、经济上不得不依靠门阀世族的支持。因为分散的、地区性的世族地主庄园经济，是当时社会上举足轻重的力量。因此，魏初推行的九品中正制，很快被门阀世族阶层所把持和垄断。《晋书·刘毅传》所说"上品无寒门，下品无士族"

的状况，说明当时大族已经牢牢操纵了人物品评和官吏任用的大权。在这种情况下，九品中正制不过是门阀世族结党营私的美丽装饰和例行程序，而人物品藻也就失去了它对社会政治生活所具有的重大意义。这一变化，迫使人们把对人物品藻的目光由实用功利转向包含在政治品藻中的对人物的个性、智慧、才能的高度重视和观察批评，从而使魏晋两代的人物品藻，更多地带有超功利的审美色彩。从郭泰开始，东汉人物品藻已经注意到人的才能与品德，并形成一股追求与众不同的"异操"的时髦潮流。（参见《汤用彤学术论文集·魏晋玄学论稿》）这些本可以直接演变为注重个性的审美品藻，但遗憾的是，这种对才能与异操的追求仍然是为了接受统治者的选择，没有也不可能甩开奴役自己的绳索。而相比之下，魏晋人的人物品藻则显得潇洒和自由，使人们在对自身的审美中得到超脱的愉悦。

——个性的才情之美

东汉"清议"前后对人物的品评是重德行的政治性人物品藻，汉末魏初在曹操"唯才是举"原则指导下的九品中正制是重政治之才的人物品藻，正始以后的人物品藻则把与人的主体个性及其相关的情感和才能放在首位，并且十分注意从美的观念出发，对人的个性、情感和才能加以品评。对个性和自我的强调，使人们的人生价值观念发生了根本性的变化。汉代把个性从属以至于牺牲于名教的传统观念已经为士人所不齿。王坦之与支遁的关系不好，王坦之攻击支遁只会耍嘴皮子，没有真本事。支遁反驳道："难道穿着布单衣，戴上油腻帽子，夹着一本《左传》，跟在郑玄车后，这才算有本事吗？这种垃圾袋（尘垢囊）我才不稀罕呢！"（见《世说新语·轻诋》）在儒家一统天下的汉代，无论是道德观念或

第三讲 审美与竞争：细说魏晋人物品藻活动

支遁

政治制度，都要求人们服从社会，听任其安排。作为文化士人，就要皓首穷经，不仅学术思想不能有异端奇想，连自己的生命本身，也必须奉献给奴役自己的社会。一代儒学大师郑玄，便是这种人格的规范。然而到了魏晋，追随郑玄的人竟被骂作"尘垢囊"，那么郑玄这种人格规范及其所代表的汉代士人的人生价值观念，自然也就完全倒塌，分文不值了。取而代之的，便是充分体现人物个性的才能和情感。

《世说新语·赏誉》中记述了一个风恬月朗的美好夜晚，许询在晋简文帝府中大逞才学，以清婉之辞，作襟怀之咏，竟使简文帝"尤相咨嗟。不觉造膝，共叉手语，达于将旦"。既而又发出"玄度才情，故未易多有许"的赞叹。可见重"高情"和爱"才藻"，是魏晋人在人物品藻中追求个性的重要表现。汉代礼法统治束缚人的思想和个性，扼杀人的真挚情感，把人变成虚伪矫情的玩偶。魏晋人的"高情"，说明了这种取向的更新。尽管这种才情中也还包含着伦理和道德之情，但主要还是对发自内心的真挚情感的追求。

荀粲与妻子感情至深，一次冬天，妻子发烧，荀粲便到院中冻冷自己的身子，回来用身体给妻子降温。妻子死后，荀粲也很快就死了，因此遭到舆论的讥讽（见《世说新语·惑溺》）。当时的医学，绝不至于没有治疗发烧的办法。荀粲采用这种近于原始的治疗方法，完全是出于对妻子的休戚与共的深挚痴情。从这位为情而死的情种身上，我们似乎看到了李贽追崇的"童心"和杜丽娘为情而死的先兆。

晋人认为："情之所钟，正在我辈。"（见《世说新语·伤逝》）就是不同流俗，尽其所哀，尽其所乐。庾亮死，何扬州临葬云："埋玉树著土中，使人情何能已已！"伤逝中渗透着对美的破灭的哀婉和热爱。桓伊每当听到情歌，便陶醉其中，连叹"奈何"。谢安听说后便评论道："子野(桓伊字)可谓一往有深情。"王濛登上茅山，大声恸哭道："琅琊王伯舆(王濛，字伯舆)，终当为情死。"则向人们展示了他们的深挚之情。

宗白华说："深于情者，不仅对宇宙人生体会到至深的无名的哀感，扩而充之，可以成为耶稣、释迦的悲天悯人；就是快乐的体验也是深入肺腑，惊心动魄；浅俗薄情的人，不仅不能深哀，且不知所谓真乐。"（见宗白华《美学散步·论〈世说新语〉和晋人的美》）这话说得畅快，而晋人则是做得畅快。"羲之既去官，与东土人士尽山水之游，弋钓为娱。……穷诸名山，泛沧海，叹曰：'我卒当以乐死。'"（见《晋书·王羲之传》）喜怒哀乐本是人类的专利，但汉代礼法却把它封闭、窒息起来。晋人返璞归真，痛快做人，不啻是对人性异化的反拨，也不枉为人一世。

晋人所崇尚的"才藻"，也包含着曹操所要求的政治之才，但更重要的，却是能够充分表现人的真情实感的文学艺术和日常琐事中所表现出来的种种智慧才能。《世说新语·豪爽》记载："桓宣武平蜀，集参僚置酒于李势殿，巴蜀缙绅，莫不来萃。桓既素有雄情爽气，加尔日音调英发，叙古今成败由人，存亡系才。其状磊落，一坐叹赏。"桓温所谈论的"古今成败由人，存亡系才"的内容，即与政治军事相关，但最后的落点在"人""才"二字,本身已经说明对人之才能的注重。况且人们所感兴趣的,主要还在于桓温那磊落之状,雄情爽气,以至于使"一座叹赏"。很显然,这里美的取向更胜于实用的政治评论。

——玄味的气质之美

由个性、情感、才藻所构成的气质,便是当时人物品藻的重要审美标准。而他们所崇尚的,就是与玄学的人生态度相关的"玄味"的气质。孙绰曾在为王濛所作诔文中说:"余与夫子交非势利,心犹澄水,同此玄味。"对于"玄味"的含义,孙绰本人有过解释。一次,晋简文帝让他对刘惔、王濛、桓温、谢尚、阮裕、袁乔等大名士进行品藻,然后问他自谓如何,孙绰的回答是,在才能和审时度势方面,自己可能不如那些人,"然以不才,时复托怀玄胜,远咏老庄,萧条高寄,不与时务经怀,自谓此心无所与让也"(见《世说新语·品藻》)。作为一代名流,人们既然能"爱孙才藻而无取于许",说明孙绰并非没有才能,审时度势在当时又是过时的货色。孙绰放弃人们所推重自己的才能而以"托怀玄胜"自许,说明他对以玄味为基调的人格气质的高度重视,也是这种时代风尚的具体表现。这种人格气质,实质上是老庄所提倡的超功利的审美人生态度的表现,它体现了追求个体精神自由的审美性质。其具体表现,即魏晋文人在放达和闲逸生活中所表现出来的洒脱飘逸的气韵风度。这是人物品藻中的一条重要审美标准。谢安于风起浪涌、众人躁动时的悠然自得,在桓温所设鸿门宴上的镇定自若,当得到淝水之战捷报时的不动声色,都表现出这样的玄味气质。

又如王戎对"妙于谈玄"的王衍评论说:"太尉神姿高彻,如瑶林琼树,自然是风尘外物。"对于山涛,王衍认为用不着读老庄的著作,只要听听山涛的吟咏，便会体会到老庄的旨味。裴楷目山涛："如登山临下，幽然深远。"这种"玄味"的人物，在美的自然事物中得到了贴切的比喻，显示出"玄味"之美的人格基础和内在实质的深邃和玄虚。

玄味的气质是一种心灵的美，哲学的美，神韵的美。它是"事外有远致"，不黏滞于物的自由精神。王羲之《兰亭》诗"仰视碧天际，俯瞰渌水滨。寥阒无涯观，寓目理自陈。大哉造化工，万殊莫不均。群籁虽参差，适我无非新"，此之谓也。这种自由精神的最终归宿，是超越时空的永恒，即在有限、有形的生命中去追求无限的人格力量。庾道季说："廉颇、蔺相如虽千载上死人，懔懔恒如有生气；曹蜍、李志虽见在，厌厌如九泉下人。人皆如此，便可结绳而治，但恐狐狸貒貉啖尽。"（见《世说新语·品藻》）人称王羲之的书法字势雄逸，如龙跳天门，虎卧凤阙。谢安的风度气质风靡大江南北，都是这种玄味气质的力量。连对女子的品评，也颇受此风波及。《世说新语·贤媛》载："谢遏绝重其姊，张玄常称其妹，欲以敌之。有济尼者并游张谢二家，人问其优劣，答曰：'王夫人神情散朗，故有林下风气；顾家妇清心玉映，自是闺房之秀。'"从字面看，"清心玉映""闺房之秀"并没有什么不好，但如果能够领略晋人对玄味气质的追崇，便不难发现，这实际是一种贬义的恭维，无异于人们现在所说的"小家碧玉"。而能与竹林名士等量齐观的谢道韫，才是当时人们所赞美和崇尚的气质标准。"林下风致"作为成语，已是千百年来形容女子脱俗气质的最佳用语。

——超人的仪容之美

儒家对仪容的讲究，只局限在正统伦理道德和政治礼法所能允许的范围之内，并作为其从属物来予以承认的。反之，则被认为是近淫而大逆不道了。这是儒家美感的伦理性的体现。东汉时期，随着人物品评活动的广泛兴起，讲究容貌是士大夫为得到较高评价的重要手段之一。在《后汉书》中，有很多关于名士美好容貌的记载。如马融"为人美辞貌，有俊才"，郭泰"身长八尺，容貌魁伟"，荀悦"性沉静，美姿容"，赵壹"体貌魁梧，身长九尺，美须豪肩，望之甚伟"。比起儒家的限制，他们对容貌的讲求已经有了进步。不过他们的目的还是为了求名或求仕，也就是为了实用。这在曹操追杀匈奴使的故事中表现得最为明显：

> 魏武将见匈奴使，自以形陋，不足雄远国，使崔季珪代，帝自捉刀立床头。既毕，令间谍问曰："魏王何如？"匈奴使答曰："魏王雅望非常，然床头捉刀人，此乃英雄也。"魏武闻之，追杀此使。（见《世说新语·容止》）

曹操把容貌看成是国家间政治斗争的手段之一，所以他先以自己容貌不能胜任，使人代替。而这套把戏被看破后，便又杀人灭口。不过在曹操以后，人们对容貌的讲究，已有抛开实用，单纯审美的趋向。著名的玄学大师何晏，非常英俊，皮肤极白，以至魏文帝竟以为他脸上搽了粉。当时正是夏天，便给何晏一碗热汤饼，想让汗水冲掉脸粉。可是吃完后，何晏挥汗如雨，用红色衣袖擦汗，脸色还是那么洁白。

此风流及晋代，人物品藻则抛开礼法的约束，赋予人的仪容美以独立的意义。荀粲就公然宣称："妇人德不足称，当以色为主。"裴颁也深以为然，说："此乃是兴到之事，非盛德言。"在晋人看来，"德"与"容"并非从属，至少是互不相干的并列关系。所以在《世说新语》中以《容止》一门与孔门四科的德行、言语、政事、文学并驾齐驱。彼可言德才，此则专记人物容貌之美。人们赞叹裴楷"如玉山上行，光映照人"，见到卫玠，辄叹："珠玉在侧，觉我形秽"，视王羲之"飘如游云，矫若惊龙"，叹王恭"濯濯如春月柳"，甚至注意到王凝手臂与其手中所持麈尾的白玉柄"都无分别"。

人们一旦摆脱礼法道德的束缚，纯然以审美的目光来把玩那些光彩照人的容貌时，便如同发现了珍贵的宝藏，徜徉其中，如痴如醉了。潘岳是个著名的美男子，年轻时他在洛阳马路上行走时，总是被姑娘们手拉手地围在圆心中。左思是个很有才华的文学家，但相貌极丑，看到潘岳的艳遇，非常羡慕，便也像潘岳那样出去溜马路，不料得到的不是姑娘们的青睐，而是她们愤怒而鄙夷的唾沫，只好狼狈逃回。这里没有男女大防之设，没有虚伪的礼仪，也没有淫邪之念——只有审美的愉悦。连对左思的惩罚，也是这种爱美之心的转移。以至于那位被目为"珠玉"的卫玠，终于忍受不了那群潮水般涌来，竞相希望早些见到自己姿容的疯狂女子们长时间的观赏，竟被看杀而死。他的死，是美的价值实现后的代价。

在当时，一副美好的仪容，尽管本人在主观上不想让它发挥什么作用，但它却足以使人身价倍增，令人望而畏却三分。庾统与诸弟入吴后，想到一个亭中过夜留宿。弟弟们先到亭中，见一些无名之辈挤满了屋子，没有躲避的意思，只好返回。庾统说："让我来试试吧。"便拄着拐杖，领着一个孩子，走进门，那些人看到庾统的神俊姿容，便立即四散而去。又如当苏峻作乱时，朝廷一片混乱。温峤和庾亮一起投奔陶侃求救。但陶侃认为苏峻作乱的原因，是庾氏兄弟支持怂恿的结果，就是杀了庾家兄弟，也不足以谢天下。当时庾亮正在温峤船后，听到这个消息后，惶恐无计。过了几天，温峤劝庾亮去见陶侃，庾亮犹豫不决。温峤说："放心吧！陶侃那家伙我知道，你只管去见他，肯定没事儿！"当陶侃见到庾亮的风姿神貌后，立刻改变了看法，竟整天陪着庾亮喝酒吃饭，谈笑风生，爱不忍释。在这个故事中，政治上

第三讲 审美与竞争：细说魏晋人物品藻活动

的敌对情绪，竟被对手的美好容貌所融化，这在任何国家的任何时候，都是难以想象的。美好的仪容不仅令人企羡，甚至具有征服恶人的力量。当桓温妻子得知丈夫娶李氏女为妾，另房专宠后，拔刃前往欲杀之。但见到李氏"在窗梳头，姿貌端丽，徐徐结发，敛手向主，神色闲正，辞甚凄婉"后，桓妻竟"于是掷刀，前抱之曰：'阿子，我见汝亦怜，何况老奴！'遂喜之"。美容征服了女人的痼疾——妒忌。这些都足以说明，晋人对容貌美的追求，已经到了唯美主义的程度。美的价值胜过一切，一切都要服从于美——这就是他们对容貌和其他美的坚定信念。

从魏晋文人在人物品藻中的所作所为可以发现，魏晋人物品藻是历史上人类对自身的一次比较充分和彻底的认识、分析和反省，也是一次抛开封建社会桎梏的自由行为。它在这些方面所产生和将要产生的影响，是无论怎样估计都不会过分的。东汉的人物品藻本来已经在与宦官的斗争中发挥了重大作用，并在求名与修异操的行为中已经隐含着个性与自由的因素，但因为他们没有最终摆脱社会功利的诱惑，才使这种很有希望的努力半途而废。当然，门阀大族的经济、政治实力由东汉的形成到魏晋的强盛，也是这种对比的内在决定因素，从这里也可以看到，在封建社会中，没有经济、政治上的实力，没有与封建统治者控制的彻底决裂，就没有封建社会知识分子真正的自我意识和精神自由。

除此之外，魏晋人物品藻注重对人的审美评价，这对中国历史上的审美观念和审美鉴赏所产生的刺激和影响，也是至关重要的。宗白华先生说："中国美学竟是出发于'人物品藻'之美学。美的概念、范畴、形容词，发源于人格美的评赏。"（见宗白华《美学散步·论〈世说新语〉和晋人的美》）这虽然为人物品藻的始作俑者所始料未及，但它在中国美学史上的重要作用，却足以使他仍暗自庆幸。（参见李泽厚、刘纲纪主编《中国美学史》第二章）

第四讲

个性与真情：细说魏晋士人群体个性精神

第四讲　个性与真情：细说魏晋士人群体个性精神

在中西文化比较的研讨中，很多学者得出了中国知识分子缺乏独立人格的论断。这个看法对于反思知识分子自身的劣根性，唤起知识分子多年压在心底的个性愿望，自然意义重大。但是，任何偏激和过头都会使真理走向极端，甚至成为谬误。我们不能为了强调某一观点而无视所有的事实，这样做也使观点失去了稳固的基础。而谈到历史问题时对历史事实如果缺乏全面的考察，则尤其容易使结论失于片面。一提起规律，尤其是历史规律，人们总是肃然起敬。对规律与生俱来的局限和过失，却从不敢问津。规律的最大弊端，是使人懒惰。好像了解了历史规律，就等于掌握了全部历史。岂不知许多宝贵的内容并没有被总结在规律之内，忘记这些内容，对于人们全面了解历史，该是多么大的损失！从某种意义上讲，中国知识分子缺乏独立人格的看法是可以成立的，但同时也必须看到，有许多社会现象并不能完全用这个观点来解释。因为在漫长的历史长河中，各代都有一些不能被严格认为没有自己个性的知识分子，况且对于魏晋时期这个中国历史上的特殊时代来说，个性不是知识分子的个别现象，而是较为普遍的群体性格。这里欲通过对《世说新语》中文人个性的分析阐述，来说明中国历史上知识分子在规律之外的关于个性、人格方面值得骄傲的一页。

"道统""势统"天平的失衡

缺乏独立人格论者的一个强有力的根据，是他们强调了儒家思想在中国历史上的重要地位及其对于历代知识分子人生观的决定作用。这个结论的基调没有错，从哲学思想和人生观的关系来谈这个问题也是合理的。可是，中国历史上传统的统治思想并非儒家一家，因而就不可能只决定出一种人生观来。儒家和道家是中国传统思想的两大支柱，中国历代知识分子的人生观、人格观也莫不导源于兹。儒家积极入世，道家则出世无为，表面看来，两者相悖而对立，而事实上却统一在历代知识分子身上。李泽厚关于"儒道互补"的见解，似能说明这个问题。他认为不仅在政治思想、哲学思想，包括在人生观和人格观上，儒家和道家也是相互对立而又互为补充的。"孔子对氏族成员个体人格的尊重（'三军可夺帅也，匹夫不可夺志也'），一方面发展为孟子的伟大人格思想（'富贵不能淫，贫贱不能移，威武不能屈'）另一方面也演化为庄子的遗世绝俗的独立人格理想（'彷徨乎尘垢之外，逍遥乎无为之业'）。"（李泽厚《美的历程》，中国社会科学出版社1984年版）他又认为："不但'兼济天下'与'独善其身'经常是后世士大夫的互补人生路途，而且悲歌慷慨与愤世嫉俗，'身在江湖'而'心存魏阙'，也成为中国历代知识分子的常规心理以及艺术信念。"（李泽厚《美的历程》，中国社会科学出版社1984年版）然而这毕竟又是相异的。同是尊重个体人格，其各自内涵是不同的，"儒家是从人际关系中来确定个体的价值，庄学则从摆脱人际关系中来寻求个体的价值"（李泽厚《庄玄禅宗漫述》，载《中国古代思想史论》，人民出版社1985年版）。儒家的个性观，给人们安排了一个统一的、秩序井然的等级和角色位置。每个人必须对号入座，才能得到社会的尊重和承认。因此，儒家的个性是属于社会的，从根本上说，它是反个性。一旦社会秩序和角色位置发生混乱，儒家的座席号作废时，它对个性的束缚也不再那么有效，人们往往要释放出个性的潜能，应付其变化的环境,这也就是老庄道家人生观的作用。所谓"儒道互补",在人生观上的表现即在于此。

这种"儒道互补"的人生观在历代知识分子身上表现得更为集中和突出。作为时代的精英,知识分子经常会超越历史,去观照和反思人类的普遍利益,人们通常称之为"忧患意识"。它与"儒道互补"的人生观的撞击,就形成历代知识分子对现实世界既介入又超然的两种基本心态。陶渊明诗:"采菊东篱下,悠然见南山。"看来是超凡脱俗了,可是"刑天舞干戚,猛志固常在"的诗句,却显示他内心仍有入世的一面。一位美国社会学家说:"对于历代知识分子来说,超然和介入的冲突,一直是一个令人烦恼的问题,有时甚至成为痛苦的根源。这一冲突的性质决定了它任何时候都不可能得到完全解决。"([美]Irving Howe《知识分子的定义和作用》,载《文摘》1985年第9期)这种超然和介入时起伏的波浪运动,构成了历代知识分子心态流程的历史。

那么这种起伏的根源何在?或者说"儒道"何以需要"互补"?为什么要"忧患"而不去付诸行动?其根本原因,就在于历代知识分子与统治政权之间,即"道统"与"势统"之间既密不可分,又龃龉离隙的微妙关系。

春秋战国时期诸侯割据、百家争鸣局面的出现,不仅结束了西周政权的统治,也彻底打破了学在官府的文化架构。"士"作为普通的自由人,承担了以前的王官之学,并以"道"的承载者自居,张扬一种以道自任的精神。孔子反复宣扬士要"笃信善学,守死善道。危邦不入,乱邦不居。天下有道则见,无道则隐。邦有道贫且贱焉,耻也;邦无道,富而贵焉,耻也"(《论语·泰伯》),又说:"士志于道,而耻恶衣恶食者,未足与议也。"(《论语·里仁》)"君子谋道不谋食。

耕也，馁在其中矣；学也，禄在其中矣。君子忧道不忧贫。"(《论语·卫灵公》)孟子则进一步明确提出："天下有道，以道殉身；天下无道，以身殉道。未闻以道殉乎人者也。"(《孟子·尽心上》)

从世界文明发展来看，它与古希腊、古印度、古阿拉伯文化的发展有相似之处，都是一次充分体现人类理性精神的"哲学的突破"(philosophic breakthrough)(参见余英时《士与中国文化·古代知识阶层的兴起与发展》，上海人民出版社1988年版)。所不同的是，西方经过这场变革，社会和教会成为各司其职的两个社会机构，而教会代表了与世俗王权分庭抗礼甚至凌驾其上的精神权威，并具有绝对独立自主的力量。教会作为宗教性的"道"的正式组织，自有其庄严的真实意义，不只是一种政治上的点缀和装饰。而中国的"道"开始就是一个玄虚之物，没有组织的形式，它的庄严性只有通过知识分子的言论和行动及其所体现的人格本身来显示。这种人格形象表现在内外两个方面，对外，要"以天下安危为己任""天下兴亡，匹夫有责"；对内，要实现人格的自省与完成，合在一起，就是"修身齐家治国平天下"。对内虽并非易事，但毕竟可以自己把握。而对外，就不能以自己的意志为转移。因为中国古代的"势"并不像西方政府服从教会那样服从"道"，尽管古代知识分子以道自尊，并设计了许多道优于势的具体方式与途径，如"为王者师"，至少是成为王者的朋友和臣民。费惠公说："吾于子思，则师之矣；吾于颜般，则友之矣；王顺、长息，则事我者也。"郭隗答燕昭王，引当时成语："帝者与师处，王者与友处，霸者与臣处，亡国与役处。"(《战国策·燕策》)孟胜也说："吾于阳成君，非师则友也，非友则臣也。"(《吕氏春秋·上德》)作为王者的"势"也的确需要"道"的支持，即从意识形态方面使其政权的合法性和权威性得到证明。这种合作在春秋战国时期那些养士之君那里显示了一定的成功。不过，中国的王者一开始就有一个非常明确的前提，即要想与我合作，就必须承认和服从我的至高无上的统治；否则，不仅当不了师友臣，反而会成为刀下之鬼（中国王者是最通晓杀人养势道理的君主）。所以，中国古代知识分子只能在这有限的空间里去实现自己"道"的梦幻。（参见余英时《士与中国文化·道德与正统之间》）不过，他们的治国平天下的愿望常常因为与王者意见的抵牾而不能实现，剩下来的，便只有以完善的人格去证明"道"的存在了。

东汉党锢之祸中清议运动的失败，宣告了当时"道"与"势"合作关系的彻底破裂；也彻底枪毙了以道自尊的文人过问国家政治问题的愿望要求。于是，文人们便转向自省，转向个体人格的追求，这就是魏晋文人的个性行为。不过，他们的个性行为，没有像儒家设计的那样循规蹈矩和温文尔雅，而是充分体现了老庄对个体人格的绝对自由的追求。

魏晋文人个性的形成，还有一个重要的社会原因，这就是汉末以来随着儒家思想的削弱和老庄思想的兴起，社会各种矛盾得不到合理解决和圆满解释而产生的名教与自然的矛盾与危机。

关于名教与自然这一对概念的内涵，学术界还稍有歧说。"自然"指老庄崇尚人性自然之旨，这一点是没有疑义而容易理解的。至于"名教"所指，陈寅恪先生认为是指"入世求仕者所宜奉行者也"，即一种政治观点和行为的选择（参见陈寅恪《陶渊明之思想与清谈之关系》，载《金明馆丛稿初编》）。而美国学者余英时则认为名教应当是包括政治关系在内的整个人伦秩序，其中君臣和父子两伦被看作是全部秩序的基础（参见余英时《士与中国文化·名教思想与魏晋士风的演变》）。从这对矛盾产生发展中所包含的实际内容看，余氏的说法似更全面一些。

　　名教的危机首先表现在君权思想和君臣关系的淡漠上。周代以来"普天之下，莫非王土。率土之滨，莫非王臣"之说演变为西汉大一统政权下所建立起来的普遍性的君臣观念。可是这种观念至汉魏间已经为以门第为社会基础的察举制及其"门生故吏"观念所取代。因为这时的知识分子在被征辟或察举之前，只是地方长官或举主（其实主要是大族首领）的臣下，而不是"天子之臣"。皇帝对他们的领导和统治，需要经过大族首领们才能实现。而大族在各方面又逐渐形成与君权抗衡的力量，所以君权对未仕知识分子的约束，更是微乎其微了。即使在受命于朝廷之后，按照当时的道德观念，他们仍然要忠于故主（参见杜佑《通典》卷六十八、卷九十九）。所以一般士人与皇帝间实际是一种间接的君臣观念，而并无实质的内容。公孙渊叛魏自立为燕王，令部署郭昕、柳浦等七百八十九人上书明帝，表示只效忠公孙一家（参见《三国志·魏志·公孙度传》裴注引《魏书》）。这样的观念必然导致对君权的怀疑。

　　《后汉书·逸民传》载："汉阴老夫者，不知何许人也。桓帝延熹中幸竟陵，过云梦，临沔水，百姓莫不观者。有老夫独耕不辍。尚书郎南阳张温异之，使问曰：'人皆来观，老父独不辍，何邪？'老父笑而不对。温下道百步自与言。老父曰：'我野人耳，不达斯语。请问天下乱而立天子邪？理而立天子邪？役天下以奉天子邪？昔胜王宰世，茅茨采椽，而万人以宁。今子之君，劳人自纵，逸游无忌。吾为子羞之，子何忍欲人观之乎？'温大惭，问其姓名，不告而去。"在这位老者的眼里，桓帝已经是别人的"君"，自己俨然是局外之人了。嵇康在《答难养生论》中，也对那些"劝百姓之尊己，割天下以自私，以富贵为崇高，心欲之而不已"的丑恶君王表示了深恶痛绝（载《嵇康集校注》，人民文学出版社1962年版）。

对君权的怀疑，又会引出无君论的思想。阮籍明确提出："盖无君而庶物定，无臣而万事理。……君立而虐兴，臣设而贼生。坐制礼法，束缚下民。……竭天地万物之至，以奉声色无穷之欲，此非所以养百姓也。"（《阮籍集校注·大人先生传》，中华书局1987年版）对君权从怀疑走向否定，其主要根据，便是天子的"劳人自纵，逸游无忌"和"竭天地万物之至，以奉声色无穷之欲"的无道之举。但二者的根本区别在于，怀疑论者仍然相信历史上曾有过"圣王宰世"的局面，只要换个好皇帝，便可恢复这种局面。而在否定论者看来，"圣王宰世"本身就是骗人的鬼话，曹氏代汉和司马氏代魏，不过是舜禹禅让的再版。所以至魏晋间，名教中君臣一伦已经彻底动摇了。

与君臣危机相关的是家族伦理的危机。其中主要是指在家族伦理的基础上发展起来的一整套繁文缛节所受到的严重挑战。儒家所提倡的名教或礼法至东汉后期变得更加虚伪和高度形式化。随着"累世同居"在察举制度推动下的进一步发展，许多人为晋身而博"孝"，不惜从事不近人情的伪饰，以致把儒家的礼法推向了与其原意相反的境地。前文所叙陈蕃任青州乐安太守时杀死于服亲丧中生五子的伪孝子赵宣，足能说明此点。孔融在北海任相间，也杀死了一位遭父丧时"哭泣墓侧，色无憔悴"的伪孝子，都可见当时伪礼教的盛行，也可见对伪礼教深恶痛绝的新派人物已经逐渐形成一种与礼教及其追随者相抗衡的社会势力。他们首先对父子间人伦关系的传统看法提出大胆的否定，孔融对祢衡信口便说："父之于子，尝有何亲？论其本意，实为情欲发耳。子之于母，亦复奚为？譬如寄物瓶中，出则离矣。"从而彻底摧毁了礼教行孝的价值基础。其实新派人物所根本反对的并不是"孝"本身及其体现的父子之情，而是要揭露虚伪礼教对真正父子之情的侮辱和戕害，提倡一种合乎人的自然本性，没有任何功利目的和虚伪做作的真正父子之情。孔融本人"十三丧父，哀悴过毁，伏而后起，州里归其孝"，足能说明这一点。戴良在母丧中的言行，又清楚表达了新派人物在这一问题上对礼教与自然关系的看法：

> 及母卒，兄伯鸾居庐啜粥，非礼不行。良独食肉饮酒，哀至乃哭，而二人俱有毁容。或问良曰："子之居丧，礼乎？"良曰："然。礼所以制情佚也，情苟不佚，和礼之论？夫食旨不甘，故致毁容之实，苦味不存口，食之可也。"论者不能夺之。（《后汉书·戴良传》）

这就是说，只要有了一份真正自然的情感，礼的有无是无关紧要的。兄弟二人的不同行为，正是名教与自然的尖锐对立。又如：

> 阮步兵丧母，裴令公往吊之。阮方醉，散发坐床，箕踞不哭。裴至，下席于地，哭吊喭毕，便去。或问裴："凡吊，主人哭，客乃为礼。阮既不哭，君何为哭？"裴曰："阮方外之人，故不崇礼制；我辈俗中人，故以仪轨自居。"时人叹为两得其中。（《世说新语·任诞》）

"两得其中"说明自然和名教还处于势均力敌和各得其所的均衡状态中，然而这种状态终究被打破，自然终于战胜了名教：

> 王戎、和峤同时遭大丧，俱以孝称。王鸡骨支床，和哭泣备礼。武帝谓刘仲雄曰："卿数省王、和不？闻和哀苦过礼，使人忧之。"

第四讲 个性与真情：细说魏晋士人群体个性精神

> 仲雄曰："和峤虽备礼，神气不损；王戎虽不备礼，而哀毁骨立。臣以和峤生孝，王戎死孝。陛下不应忧峤，而应忧戎。"（《世说新语·德行》）

和峤的"哭泣备礼"，是做给人看的，所以神气并不见损。王戎则完全抛开礼法，沉湎于自然之情，所以伤痛见骨，因而成为推崇的对象。

随着自然之情对礼法的取代，整个人伦之中的各种关系都发生了根本性的变化。除了在丧葬中摒弃虚伪礼仪，注重真情实感外，在父子关系中，尊卑之别已被打破。儿子与父亲，不再是贾政和宝玉之间那种猫和老鼠的关系，而是体现了自然之情的平等关系。《晋书·胡毋辅之传》载："谦之字子光。才学不及父，而傲纵过之。至酣醉，常呼其父字，辅之亦不以介意，谈者以为狂。辅之正酣饮，谦之窥而厉声曰：'彦国（按：辅之字）年老，不得为尔！将令我尻背东壁。'辅之欢笑，忽如与共饮。"又如《世说新语·伤逝》篇中所记王戎、郗愔临子之殡，王子猷奔弟子敬之丧时的深切悲恸，显然不符合儒家的礼法，而流露出自然的至情至性。

这在夫妇关系中表现得更为明显，亲密的情感代替了严峻的礼法，成为夫妇关系中的主导，著名的例子有荀粲以冷身熨热之法，为发烧的妻子降温，并于妇亡后并卒的故事。又如：

> 王安丰妇常卿安丰。安丰曰："妇人卿婿，于礼为不敬，后勿复尔。"妇曰："爱卿爱卿，是以卿卿；我不卿卿，谁当卿卿？"遂恒听之。（《世说新语·惑溺》）

这种卿卿我我的空气，虽然不无爱情至上的意味，但其背叛礼教的初衷,却可称道。这样极为亲密的夫妻关系必然带来排他的心理,于是,这一时期的文献中有很多妒妇的记载。

宋明帝曾令虞通之撰成《妒妇记》一书(见《宋书·后妃传》),在《世说新语》的刘注中,还存有若干佚文。这一时期的妒妇行为在很大程度上是夫妻亲密关系及其愿望的畸形与反面的表现。可见当时无论父子关系和夫妇关系,自然的亲密之情已经取代了礼法的地位,儒家的名教观念已经日薄西山,不为人所重了。这正如西晋束晳所向往的逸民生活那样:"妇皆卿夫,子呼父字。"(束晳《近游赋》,载《全晋文》卷八七)

综上所述,可见汉末魏初时包括君权思想和人伦关系的名教思想已经全面崩溃,从而摘掉了众人头上限制其个性自由的紧箍咒。而道统与势统关系的破裂,不仅使广大士人重新认识到以人格为道之载体的现实意义,而且也使儒道互补的天平再次向道家的崇尚自然一边发生倾斜。总之,上帝死了,它给人们留下的,是一片适合个性生长的肥沃土地。

强烈的自我意识

在社会心理学中,一般把个性分为自我意识、活动和交往三个领域(参见[苏]安德烈耶娃《社会心理学》,南开大学出版社1984年版)。这里也拟从这三方面展开。

自我意识是个性的基本出发点,"一般属于这种因素的是有关自己的质量和本质的表象,对自己情感的评价以及自尊心"(安德烈耶娃《社会心理学》)。笛卡尔认为自我问题首先是自我认识问题,洛克不仅承认"自我"取决于意识,而且看到人的意识在人的行为变化中所保持的继承性和统一性。康德则把人能拥有自己的表象和自我意识在各种变化情况下的统一性看成是人与动物区别的显著标志。作为时代的精英，善于以道自任、长于思索的社会阶层，中国历代知识分子更能自觉地在表象中意识到自己的存在，并把对自己的意识与对世界的忧患与责任联系在一起。

一部《离骚》，真切地表述了一位作为个人知识分子对君王无限忠诚却不为其理解的苦衷。那个令杨国忠捧砚、使高力士脱靴的李太白，或者"仰天大笑出门去，我辈岂是蓬蒿人"，以求仕进；或者"大道如青天，我独不得出"，发出失意后的愤懑。关汉卿则公开宣布："我是个蒸不烂、煮不熟、捶不扁、炒不爆，响当当一粒铜豌豆！"他们都时刻担心世人忘却自己的存在，低估自己的价值，于是便采用各种方式，向世人剖白自己的心灵，求得在世人的灵魂中找到自己的位置。我们当然不应否认这些内容中的个性意识，所以一概否认中国历代知识分子具有个性因素的说法并不全面。

不过仔细分析，他们与魏晋文人的自我意识还有些不同。首先，从前面的分析中我们可以看出，在封建社会中实现个性的重要条件，是道统与势统的分离和自然对名教的战胜。而在中国历史上，除了魏晋和元代前期以外，从大范围来看，几乎不具备这种条件。科举制度牢牢地把士人与君王联系在一起，理学的牢固地位又几乎遏止了自然的滋生。所以历代具有这种自我意识的知识分子只表现在个别人的某个生活阶段。而魏晋时期则具备了这样的条件，因而他们的自我意识完全是一股时代的巨流。其次，历代个别文人的自我意识往往只停留在意识及其对文字表述状态，很少付诸社会行动，而魏晋文人的自我意识则与个性活动密不可分。再次，从思想渊源上看，他们的自我意识带有较强的儒家入世色彩，是儒家的个性观，是在被封建道统统一

〔明〕周文靖《雪夜访戴图》

后发出的牢骚。在对自己的本质做出表象后,他们自认为有资格成为封建秩序中的一员,然而却未能入选。好比一个演技颇高的演员,竟未被导演选中上戏。像演员热爱事业一样,他们过于热恋那个抛弃自己的封建秩序,因而不平于自己的命运。"长恨此身非我有,何时忘却营营!"苏轼这句话概括了他们的矛盾心理状态。生命既属于自己,又属于功名利禄;既想做自由人,又舍不得那诱人的绳索;一生都在为事业而献身,又在为牺牲自我而忏悔。

同是以个体人格来体现"道",但目的截然不同,儒家的信徒们即使在与势统分离后所表现的个体人格,仍是在证明其与势统相处的合理性,以期再度合作。道家则完全从无君论出发,抛开势统而追求自己的个体人格。魏晋文人更多地受老庄思想影响,他们从根本上鄙弃屈原、李白等人所热衷的那个社会秩序。他们本来十分热爱生活,可是生活却被那些自称维护社会秩序的人搞得不像样子,他们对生活的热爱不得已以相反的面貌出现。他们痛恨那些人为地改变世界本来面目,破坏自然的不合乎"道"的行为。他们反对"人为物役",认为这是人生的最大悲剧。他们主张以审美的、游戏的态度去观照和玩味生活,并思索和寻求作为自由人的个性价值。

在王子猷雪夜访戴的故事中,使人看到,人的行为本为目的所驱使,一般人雪夜饮酒吟诗,或因遇喜事夜不能寐,故流连于雪中山色;或因烦恼萦绕心头不得入睡,因于诗酒雪景中排忧遣愁;别人雪夜中棹舟访友,如不是有要事相告,也定然寒暄客套,表示我来看过你,然后离去。这些在王徽之看来,都是为物所役,都是把自己交给了外界无形的绳索。他的行为目的,就是行为本身,就是某一时间内自我的充分实现与满足。所以他"乘兴而行,兴尽而返,何必见戴?"这种自觉的自我主体意识使他们对生活的感受带有强烈的主观色彩,好像生活的妙谛只是由于他们的感受才得以显示。如:

> 简文入华林园,顾谓左右曰:"会心处不必在远,翳然林水,便自有濠濮间想也,觉鸟兽禽鱼自来亲人。"(《世说新语·言语》)

翻开汉代大赋,迎面扑来的,往往是一股浓烈的宫廷帝王气息,在那

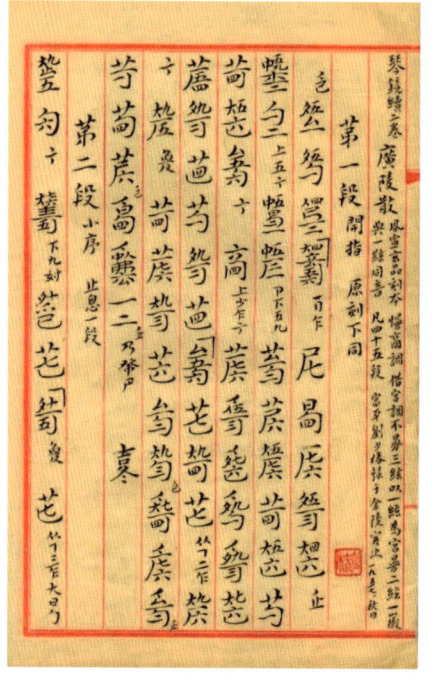

《广陵散》

些巍峨的宫殿和壮观的气势中,唯独见不到作家自己的影子。原来,他们早已被社会所融化,甘心趋从那个主宰自己的君王,做一个社会的顺民或奴仆。而魏晋文人则相反,在他们的心目中,不要说君王和社会,连世界都是渺小的,是自我的奴隶。不是我去服从世界,而是世界"自来亲人",如孟子所说,是"万物皆备于我"。这正是魏晋文人自我意识的充分觉醒,有了这个觉醒,"人就会兼有最丰满的生存和最高度的独立和自由,他就不但不致使自己迷失在世界里,而且把世界以及它的全部现象的无限性都纳入自身里,使世界服从他的理性的统一"(席勒《审美教育书简》"第十三封信",北京大学出版社1985年版)。

在生老病死这一人类无法回避的问题上,魏晋文人也在与以前儒家的悖论中表现出强烈的自我意识。孔子担心这一问题会影响人们对命运及其责任的疑惑,于是便以"未知生,焉知死"的不可知论搪塞过去。汉代人则听从董仲舒"天命"观的宣传,认为这一切是天经地义、不可违抗的,所以只能低头服从天命。魏晋文人也清醒地看到死亡是不可避免的,但他们在强烈的自我意识的作用中,不甘心服从这个命运。一代枭雄桓温面对十年前自己所种之树感慨:"木犹如此,人何以堪?"清谈大师王濛临死前转动着多年伴他清谈的塵尾,哀鸣道："如此人曾不得四十！"对于把个人交给君王和社会的人来说，生命的意义只在于奉献。他们对于生命的感受，不外乎两点：一是为奉献之多而自豪；二是为奉献之少而遗憾。而对于把自我视为世界主宰的人来说，生命则是实现自我的先决条件和第一要义。没有生命，就没有自我，没有自我，也就没有世界。所以他们对生命的珍惜，超过了一切。而他们的种种宣泄个性的放达行为，实际上是在认识到生命的无常后以增加生命密度的方式来抗拒命运、抗拒死亡的积极措施。至于因政治原因遇害者，则更为失去宝贵的生命而愤愤不平：

> 嵇中散临刑东市，神气不变。索琴弹之，奏《广陵散》。曲终，曰："袁孝尼尝请学此散，吾靳固不与。《广陵散》于今绝矣！"（《世说新语·雅量》）

一曲《广陵散》，正是嵇康人格的化身。他并不仅仅是在惋惜一首曲谱的绝迹，而是痛惜自己这样自我意识强烈的文人难有继往开来者。他临终前制造的这个美的毁灭的故事，既是对残害他人格的司马氏政权的控诉，也是对自我本质的准确表象。可见对生命的留恋，对死亡的恐惧，与魏晋文人的自我意识是紧密相连的。以上这些正如美籍华人学者余英时所说："名教危机下的魏晋士风是最近于个人主义的一种类型，这在中国社会史上是个仅见的例外，其中所表现的'称情直往'，以亲密来突破传统伦理形式的精神，自有其深刻的心理根源，即士的个体自觉。"（余英时《士与中国文化·名教思想与魏晋士风的演变》）

绚烂多彩的文人个性活动

在历代知识分子心中，儒与道，介入与超然的比重并不均衡。因此魏晋文人与前后时代相比，不仅在自我意识上存在差异，而且在个性活动上也表现出自己的卓然之处。一般说来，魏晋之前后知识分子的介入精神，要远远超过超然精神。这当然由儒道二家左右摇摆中儒家渐占上风所致，而其根本的社会原因，则是因为他们在事业方面的成功在相当程度上束缚了其个性活动的发展。所以他们的有限个性往往只能停留在自己的意识状态，而不能，或很少能见诸行动。所谓事业的成功，说到底就是在忠君思想和正统观念的作用下，历代文人以牺牲个性为代价，与统治阶级合作，共同维护那个封建秩序，也就是宏观角度的道统与势统的亲密与和谐。

西方浪漫主义的个人主义理论认为："人的一切社会成功都意味着他作为个人的失败，而表面看来是失败的东西其反面却是成功。"（参见[苏]伊·谢·科恩《自我论》，三联书店1986年版）汉代司马相如、东方朔这样的文人，或者为皇帝写点歌功颂德的词赋，或者为君王编点笑话故事取乐，以换来社会，尤其是统治者的青睐和承认。可是他们微弱的自我意识却被其社会活动覆盖，痕迹已经很不清晰。唐太宗望着潮水般涌入科举考场的青年士子喜出望外地说："天下英雄尽入吾彀中矣！"他的意思再明白不过，那就是你们总算落入我的圈套了。可是多少年来，士大夫们总是自作多情地对此引以为荣，以为那是文人的知遇时代。他们没有想到，正是科举制度把文人的目光引向仕途，从而造成文人的官僚化，道统与势统再度握手言和。这样他们对君主负责的责任感也就取代了要求自我个性实现的愿望，其自我意识与个性活动也就理所当然地出现了脱节。当然也应当看到，唐以后的知识分子多为中小地主，他们在政治、经济上都无力与无权抗衡，而只能以科举来改变自己的政治和经济地位。而作为世家大族的大部分魏晋文人，其社会地位是世袭的。他们对君权的依赖比起君权对他们的依赖，要低得多。道统与势统的分裂，把他们的君权思想淡化到极低的限度。自然对于名教的胜利，更使他们把外界的无形绳索抛到九霄云外。在对社会一无所求之后，便轻松而潇洒地"越名教而任自然"，在反抗旧礼教中发展自己的个性。他们不仅在意识中复现自我，而且把自我作为对象加以塑造，这就是他们绚烂多彩的个性活动。

狂放的举止是魏晋文人个性活动的表现之一。在魏晋之前，历史上也不乏"狂士"，不过他们多半是以狂态为进谏的手段，达到沟通道统与势统的目的。孔子所说："固之狂也肆。"就是指他们的肆意直言。如传说中的箕子向纣王进谏不从，而披发佯狂，方降为奴隶，免于一死。那位以"谲谏"著称的东方朔，也有"狂人"之称（见《史记·滑稽列传》）。所以光武君引秦汉之际的成语，即有"狂夫之言，圣人择焉"。说明当时的"狂"与直言是密不可分的。而魏晋文人的狂则完全是脱离功利约束的自由之狂。他们在对现实失望和抛弃社会责任感以后，便以狂放的行为来表现他们对环境的否定和自我解脱：

> 刘伶恒纵酒放达，或脱衣裸行在屋中，人见讥之，伶曰："我以天地为栋宇，屋室为裈衣，诸君何为入我裈中！"《世说新语·任诞》）

礼教要求人们循规蹈矩，温文尔雅，刘伶却非按相反的标准来塑造自己。因为那些被汉儒奉为至圣的礼教，在魏晋文人眼里不过是一堆粪土和"尘垢囊"。他们也很清楚，统治者关心礼教的真正目的，是其政治统治的一种需要。因此他们的个性对礼教的冲击在开始时带有较重的政治色彩。因为魏晋的统治者往往借维护礼教之名来屠杀异己，孔融和嵇康均以违反礼教的罪名获罪致死。其余的文人既不愿掉脑袋，也不肯违心地趋从统治者及其所维护的旧礼教。在一个不承认不容纳个性的社会环境中，一个人的个性活动只能保持在社会所能允许的范围内，否则就只能像孔融和嵇康那样。这本就是对个性的亵渎，也是魏晋文人精神上极度痛苦的根源。他们为受到自己政治上的藐视对象的限制而痛苦，但人们承受痛苦的能力也是有限的。为了不超出痛苦的极限，他们便以饮酒来麻醉自己。甚至可以说，这些人饮酒的程度，与其痛苦以及个性显现的程度三者是成正比的。他们愈是痛苦，就愈是以酒浇愁，从而愈能显示出个性：

> 刘伶病酒，渴甚，从妇求酒。妇捐酒毁器，涕泣谏曰："君饮太过，非摄生之道，必宜断之！"伶曰："甚善。我不能自禁，唯当祝鬼神自誓断之耳。便可具酒肉。"妇曰："敬闻命。"供酒肉于神前，请伶祝誓。伶跪而祝曰："天生刘伶，以酒为名，一饮一斛，五斗解酲。妇人之言，慎不可听！"便引酒进肉，隗然已醉矣。（《世说新语·任诞》）

刘伶对酒的迷恋，已经到了非醉不可的程度，其背后显然有着难言之隐，这就是政治上与司马氏政权的不同见解。这一点史传中虽未明言，但从他一旦与阮籍、嵇康相识后便"欣然神解，携手入林，初不以家产有无介意"的记载中，足可以证明这一猜测。况且他在干了几天健威参军后终于因宣扬无为无用思想而被罢免一事,也都与此说相映成章。政治上的绝望,把他带入醉的境界;而酒精的刺激,又使他把自己视为世界的异己,使他"肆意放荡,以宇宙为狭"。并"常乘鹿车,携一壶酒,使人荷锸随之,云:'死便掘地以埋。'土木形骸,遨游一世"。他那篇著名的传世文章《酒德颂》,更是集中表现了他的傲岸绝俗的个性精神。

另一位竹林名士阮籍,其狂放和醉态也近于刘伶,然而其个性的社会批判意义更加突出。《礼记·曲礼》规定叔嫂不能通问,他却偏偏和嫂子聊天儿,并公开宣称:"礼岂为我辈设也!"按常礼母丧不食荤,可他在母丧期间却大啖酒肉,神色自若。礼教规定男女授受不亲,阮籍却总愿意和邻妇饮酒,并醉卧其侧,"夫始殊疑之,伺察,终无他意"。——痛苦与个性也并不亚于刘伶,乃至于为酒而去求官:步兵校尉缺,厨中有贮酒数百斛,阮籍乃求为步兵校尉。

他这样嗜酒如命,也同样说明内心的痛苦程度和个性色彩的强烈。当王恭问王忱阮籍何如司马相如时,王忱没从正面回答,却说:"阮籍胸中垒块,故须酒浇之。"所谓"垒块",就是因个性不得充分实现而否定世界,但为保全生命又不能像嵇康那样和盘托出,以此在内心产生的郁结之气。就连司马昭也承认:"阮嗣宗至慎,每与之交,言皆玄远,未尝臧否人物。"如果留心,可以发现,这些文人的个性表现在反礼教的同时,很注意不因之致祸。可以设想,这种"至慎",需要多少酒精的麻醉,是以多少痛苦为代价所做出的忍耐,这对他们的个性,又是何等严酷的戕害!可是,尽管他们的个性没能够尽情抒发,但这对于他们所处的环境和他们本人的能量来说,已经够了。

宗白华先生说:"魏晋人以狂狷来反抗这乡原的社会,反抗这桎梏性灵的礼教和士大夫阶层的庸俗,向自己的真性情、真血性里发掘人生的真意义、真道德。他们不惜拿自己的生命、地位、名誉来冒犯统治阶级的奸雄，假借礼教以维权位的恶势力。……这是真性情、真血性和这虚伪的礼法社会不肯妥协的悲壮剧。这是一班在文化衰堕时期替人类冒险争取真实人生真实道德的殉道者。"（宗白华《美学散步·论〈世说新语〉和晋人的美》）

如果说正始时期文人以反抗礼教来表现个性，其目的主要是揭穿司马氏以礼教维护统治，借以表现其政治上的不合作甚至是反对态度的话，那么进入西晋后，随着司马氏政权和世家大族关系的逐步改善，自然与政治名教的冲突已经逐渐转变为家族伦理关系中自然与繁文缛节的冲突。因为像阮瞻、王澄、胡毋辅之、谢鲲这些元康名士对嵇康的"非汤武而薄周礼"已经不大感兴趣，他们继承和发展了阮籍、刘伶等人任情废礼的精神，于是便形成一种任情而为、肆无忌惮的风气：

> 王平子、胡毋彦国诸人，皆以任放为达，或有裸体者。（刘注引王隐《晋书》："魏末，阮籍嗜酒荒放，露头散发，裸袒箕踞。其后贵游子弟阮瞻、王澄、胡毋辅之之徒，皆祖述于籍，谓得大道之本。故去巾帻，脱衣服，露丑恶，同禽兽。甚者名之为通，次者名之为达也。"）乐广笑曰："名教中自有乐地，何为乃尔也？"（《世说新语·德行》）

在元康名士的放达行为中，并没有多少政治用意可言。他们所追求的，只是要纠正和恢复被礼教所禁止的人的情感和行为的自由，达到人的自然本性的复归。以至为此不惜矫枉过正，兴起裸袒之风。据《晋书·光逸传》载：

> 寻以世难，（逸）避乱渡江，复依（胡毋）辅之。初至，属辅之与谢鲲、阮放、毕卓、羊曼、桓彝、阮孚散发裸裎，闭室酣饮已累日。逸将排户入，守者不听，逸便于户外脱衣露头于狗窦中窥之而大叫。辅之惊曰："他人绝不能尔，必我孟祖（按：逸字）也。"遽呼入，遂与饮，不舍昼夜。时人谓之"八达"。

可见这股放诞之风一直到渡江后仍有增无减。不过需要指出的是，染上这股风气的，并不止是"贵游子弟"，而且也包括朝廷大臣：

> 有人讥周仆射与亲友言戏，秽杂无检节。（刘注引邓粲《晋纪》："王导与周顗及朝士诣尚书纪瞻观伎，瞻有爱妾能为新声，顗于众中欲通其妾，露其丑秽，颜无怍色。有司奏免顗官，诏特原之。"）周曰："吾若万里长江，何能不千里一曲！"（《世说新语·任诞》）

元康以后的这股放诞中的个性在历史上屡遭指责。东晋戴逵以为正始之放为"有疾而为颦者"；元康之放为"无德而折巾也"。而葛洪等人则干脆把西晋之亡，归咎于这股风气。《晋书·五行志》："晋帝元康中，贵游子弟相与为散发裸身之饮，对弄婢妾，逆之者伤好，非之者负讥，希世之士耻不与焉。盖貌之不恭，胡狄侵中国之萌也。其后遂有二胡之乱，此又失在狂也。"《抱朴子·刺骄》："余观怀愍之世，俗尚骄亵，夷房自遇。其后羌胡猾夏，侵掠上京，及悟斯事乃先著之妖怪也。"从周顗的情况看，此说似还可商榷。周顗是一位极负众望，"风德雅重"的人物，官至尚书左仆射。他死于王敦谋逆之乱，自谓"备位大臣，朝廷衰败，宁可复草间求活，外投胡越邪！"临刑前还大骂王敦，"收人以戟伤其口，血流至踵，颜色不变，容止自若"。

〔明〕陈洪绶《羲之笼鹅图》

从他的政治气节中，绝对看不出他以丑行来亡国的动机。合理的解释只能是，以极端的方式来破坏和摧毁礼法，并充分展现自己的个性，追求人性的自由。当然，这些丑陋行为本身是毫无肯定价值的，但是，倘若从其背后能发现其破坏礼法的一丝积极用意的话，则庶几不应把脏水和婴儿一起泼掉。

与狂放举止相关的是魏晋文人的怪癖和奇异个性。这两种行为都与"人为物役"相对，这个"物"就是以君权为代表的社会对个人的约束。由于它的作用，汉代以来人们中间共同性的东西太多了，而个别的行为则少得可怜。从东汉后期开始，在人伦识鉴的活动中，人们为了得到外界的较高评价，便努力以修异行来邀高名。但终因"无奇谟深策"之异，谈者以为失望，遂僚毁谤布流。（见《后汉书·樊英传》）故汤用彤先生说："后汉书袁奉高不修异操，而致名当世。则知当世修异操医药声誉者多也。"这种风气必然滋长个性意识作用下的怪异举动，这在魏晋文人那里得到了发扬光大。所不同的是，魏晋人的怪异举动，目的已不是为了邀取名声，而是揶揄礼教和表现个性。如：

> 王仲宣好驴鸣，既葬，文帝临其丧，顾语同游曰："王好驴鸣，可各作一声以送之。"赴客皆一作驴鸣。（《世说新语·伤逝》）

本条刘注云："按戴叔鸾母好驴鸣，叔鸾每为驴鸣以说其母。人之所好，倘亦同之。"如果说戴良驴鸣悦母是想得到"孝"的美名的话，这里人们以驴鸣的方式吊唁，则表现了对死者这一怪癖的理解与尊重。又如：

> 孙子荆以有才，少所推服，唯雅敬王武子。武子丧时，名士无不至者。子荆后来，临尸恸哭，宾客莫不垂涕。哭毕，向灵床曰："卿常好我作驴鸣，今我为卿作。"体似真声，宾客皆笑。孙举头曰："使君辈存，令此人死！"（《世说新语·伤逝》）

在众人于丧乱时的哄堂大笑中，已足可见出孙楚这种怪异独特的悼念方式所达到的抒发个性的效果。当时人们的另一癖好是长啸：

> 阮步兵啸，闻数百步。苏门山中，忽有真人，樵伐者咸共传说。阮籍往观，见其人拥膝岩侧，籍登岭就之，箕踞相对。籍商略终古，上陈黄、农玄寂之道，下考三代盛德之美以问之，仡然不应。复叙有为之教、栖神道气之术以观之，彼犹如前，凝瞩不转。籍因对之长啸。良久，乃笑曰："可更作。"籍复啸。意尽，退，还半岭许，闻上口嗷然有声，如数部鼓吹，林谷传响，顾看，乃向人啸也。（《世说新语·栖逸》）

据本条刘注引《魏氏春秋》和《竹林七贤论》，阮籍在真人的啸声中悟出了人生的真谛，并写下《大人先生传》以表达思想的飞跃。从此以后，"啸"这种以口哨吹奏曲调的形式便成为士人心性自由的时髦象征。他们以呼哨之声，来宣泄内心各种复杂而不可名状的情感。谢安出海泛游，面对巨浪长啸，王徽之见到自己喜爱的竹园，也要"讽啸良久"。元康名士谢鲲因挑逗邻女，被人家用织梭打掉两颗门牙。人们编了两句歌谣取笑他："任达不已，幼舆（谢鲲字）折齿。"谢鲲听后，"傲然长啸曰：'犹不废我啸歌'"。竟使歌啸具有了相当的欣赏和审美价值：

> 刘道真少时，常鱼草泽，善歌啸，闻者莫不留连。有一老姬，识其非常人，甚乐其歌啸，乃杀豚进之，道真食豚尽，了不谢。姬见不饱，又进一豚。食半余半，乃还之。（《世说新语·任诞》）

这些近乎变态和可笑的怪癖，其实正可透视出当时环境的令人窒息和魏晋文人对个性的执着。人们深知在那种环境中，不同程度的个性表现，会给自己的人身安全带来不同程度的影响。几声驴叫、几声长啸总不会至于杀头，但却可以达到与众不同、表现个性的目的。他们就是这样利用一切可能利用的缝隙去表露自己的个性。当然，不能说他们这些狂放和怪癖的个性是积极的。可是，用历史的眼光来看，那个世界给人们留下的个性天地实在是过于狭窄了。在这样的天地中仍然没有放弃争取个性，这不应否定，而应首肯。

魏晋文人的个性活动还表现在率真的行为上，这也是魏晋文人值得骄傲的一章。由于儒家学说在西汉大走红运，统治者把孔孟等人对礼的种种规定和对人的道德修养的种种限制变为一种外在的社会命令，要求人们绝对服从。你要想得到社会的承认，就必须戴上假面具生活。甚至可以说，谁的面具假得最重，谁就会得到社会的最好评价。在那些孝子贤孙、忠臣义士、节妇烈女的事迹中，无一不可证明这一点。这种对人的自然本性的摧残正如马克思所说："专制制度唯一的原则就是轻视人类，使人不成其为人。"而到了东汉时期，随着察举制度的推行，人们为了做官求名，假面具的行情也就更加看好。所以刘劭在《人物志》中，再三提醒人们，要想真正准确地认识人物，就必须通过人们的言行，去认识人物假面具后的真面目。因为这些尤虚之人，硕言瑰姿，内实乖反。以致使人们对因名选士的办法产生怀疑。魏明帝就说："选举莫取有名，名如画地作饼，不可啖也。"吏部尚书卢毓为了纠正真伪混杂的情况，便建议明帝恢复考绩之法。而在崇尚自然的魏晋文人看来，每个人应按照他本来具有的个性去生活。不管是急躁还是平和，是慷慨还是鄙啬，只要是他自己个性的自然流露，不是虚伪的面具，便应肯定。阮籍对那些为了"上欲图三公，下不失九州牧"而"唯法是修，唯礼是克"的伪君子深恶痛绝，把他们骂作裤裆里的虱子。也就是说，人不能摆出一副与内心两样的架势去伪装自己，教训别人，而应当喜怒哀乐，尽其所欲。在这方面，王述给人印象最深：

　　王蓝田性急。尝食鸡子，以箸刺之，不得，便大怒，举以掷地。鸡子于地圆转未止，仍下地以屐齿碾之，又不得，瞋甚，复于地取内口中，啮破即吐之。王右军闻而大笑曰："使安期有此性，犹当无一豪可论，况蓝田邪！"（《世说新语·忿狷》）

这里可以见出王述做人求真的痛快淋漓，而王羲之的否定，说明这样的率真之举并不能为多数人所理解和承认。王述早年的名誉不是很高（王羲之这句话的言外之意，是说王述的名声远不如其父，已见端倪。又如《世说新语·仇隙》："蓝田晚年论誉转重，右军尤不平。"可证此说），与他的率真恐怕有着直接关系。在追求风度气质和"雅量"的一部分名士看来，人要善于控制情感，喜怒不形于色。谢安闻谢玄淝水大捷，不动声色，继续与人弈棋；顾雍中年丧子，闻讯后虽"以爪掐掌，血流沾褥"，但仍然神色自若。（均见《世说新语·雅量》）与此相比，人们故而不取王述的率真举动。王述却不想为别人的舆论活着，他就是要以其率真表现出与众不同的个性：

第四讲 个性与真情:细说魏晋士人群体个性精神

王述转尚书令,事行便拜。文度曰:"故应让杜许。"蓝田云:"汝谓我堪此不?"文度曰:"何为不堪?但克让自是美事,恐不可阙。"蓝田慨然曰:"既云堪,何为复让?人言汝胜我,定不如我。"(《世说新语·方正》)

对世俗那种虚假的客套,王述十分讨厌。本条刘注引《王述别传》:"述常以为人之处世,当先量己而后动,义无虚让,事以应辞便当固执。其贞正不逾皆此类。"对于人物品评活动中被品评者的虚假做作和品评者的言过其实,王述都嫉之如仇。一次士人聚会,众人以王导位高,每当王导发言,皆竞相吹捧。唯独王述大唱反调:"主非尧舜,何得事事皆是?"连王导本人也感觉到众人的肉麻,所以对王述的话"甚相叹赏"。刘孝标认为王导的叹赏"意讥赞述之徒"。

在那片容许个性生长的土地上,王述的率真并非空谷绝音。不要说荀粲等人对妻子的真情,王戎等人在丧子后的哀痛,均为真情的流露,就连一些人的本身并不可取的极端行为,也可见出自然本性:

王戎俭吝,其从子婚,与一单衣,后更责之。

司徒王戎,既贵且富,区宅、童牧、膏田、水碓之属,洛下无比。契疏鞅掌,每与夫人烛下散筹算计。

王戎有好李,卖之,恐人得其种,恒钻其核。

王戎女适裴颜,贷钱数万。女归,戎色不说,女遽还钱,乃释然。

(均见《世说新语·俭啬》)

虽然吝啬并不值得夸耀,但这里却是王戎真性的流露,也不失为名士的个性。

王述这样的率真个性不但在魏晋文人中属凤毛麟角，而且在整个中国历史上也是屈指可数的。直到明末李贽提出"童心"说，人们才突然意识到，赤子之心对于一个属于自己的人是多么重要。可是为了追求名声利禄——为物所役，文人们已将它忘却了上千年。人们在追寻失去的童心时，不应忘记嵇康、王述那样以童心冒犯世俗权贵的先驱。

人际社会交往活动中的个性展示

魏晋文人的个性还表现在他们的交往活动中。正如人的个性不仅是作为非个性的社会角色的扮演者，也是独一无二的人的个性一样，人们的相互作用关系也不仅是社会关系的载体，而且也是一种独特的私人关系。马克思说："正是个人相互间的这种私人的个人的关系，他们作为个人的相互关系，创立了——并且每天都在重新创立着——现存的关系。"人们一般把这相互作用的关系分为和谐与冲突两种对立的形式。说这种关系是私人的，并不意味着它不具备社会色彩，实际上在这种关系中，仍可反映出他们作为社会阶层的心态痕迹。

由于道统与势统的紧密结合，由于名教观念的束缚，由于以上二者所造就的社会责任感和义务感的左右，历代文人之间的相互关系中和谐要多于冲突。"士为知己者死""舍生取义""四海之内皆兄弟也"这些格言是他们较多采用和谐的人际关系的潜在规定力量。管仲与鲍叔牙之交被后世传为美谈，在后代小说戏曲中也反复出现一些知识分子与他人及相互之间以友情为重、和睦相处的题材。如吴保安弃家赎友的故事，首见于唐代牛肃《纪闻》，又为明代冯梦龙收入《古今小说》

第四讲 个性与真情：细说魏晋士人群体个性精神

〔清〕华嵒《金谷园图》

中。描写范巨卿为如期赴约而自刎，以阴魂赴会的故事，则是小说戏曲反复出现过的《范张鸡黍》本事。人们不厌其烦地唠叨这些故事，其中很重要的因素，就是要以之为楷模，凡事互相照应，共同去完成自己的社会角色。

魏晋文人也并非没有和谐的交往，恰恰相反，他们在和谐气氛中的以文会友、对酒当歌的机会活动，不仅是这个时期文学艺术发展的重要动因，而且也是后代文人集会活动的滥觞。曹丕《与吴质书》为人们勾画了建安时期他和徐干、陈琳、应玚、刘桢等人在邺宫西园以诗会友的图画。西晋时期贾谧等二十四友经常在石崇的金谷园中举行集会活动，这些金谷士人送往迎来，赋诗抒怀，其中以苏绍最为杰出：

> 谢公云："金谷中苏绍最胜。"绍是石崇姊夫，苏则孙，愉子也。（《世说新语·品藻》）

到了东晋时期，与西晋金谷之会可相媲美的，便是著名的兰亭盛会：

> 王右军得人以《兰亭集序》方《金谷诗序》，又以己敌石崇，甚有欣色。（《世说新语·企羡》）

有关这几次集会的有关背景及详细情况，已在"文学艺术"一章中详细论述。这里仅以这些文人集会，说明他们和谐交往的一种方式。不过作为世家大族和思想上获得自由与解放的群体，他们绝不会仅仅满足于这种和谐的交往。与势统和名教分离后的超然精神，使他们对外界无所企求，对世界的好坏漠不关心。这种对社会生活实用价值和功利目的的超越，使他们能对周围世界、人物持以审美的目光,既把自我和他人相互对照,同时也在与别人的冲突中表现出自己的个性。这样,他们在和谐与冲突两种关系形式中,均能保持住自己的个性。

人物品评活动集中体现了魏晋文人之间和谐交往关系中的个性。在汉末察举工作月旦评基础上发展起来的人物品评活动,到了魏初又成为执行九品中正制的有力措施。这本来是社会需要的产物,可是随着士林文人心态和社会政治背景的变化,人物品评的内容已经不再以德行、操守、儒学等为标准,而是转向人的内在的气质、格调、性情等。它是对人的个性的审美注意,从而在一定程度上离开了社会的需要。如"时人目王右军飘如游云,矫若惊龙""嵇叔夜之为人也,岩岩若孤松之独立;其醉也,傀俄若玉山之将崩",像"双眸闪闪若岩下电""濯濯谡谡如劲松下风""朗朗如日月之怀""若登山临下,幽然深远"。这些夸张而抽象的形容,是从外形与内质的结合上对人物作出的审美鉴赏。如果据此来选录人才治理国家或带兵打仗,恐不可靠,因为这些品评已经超越了社会实用目的。

表面看来,这些对他人个性的发现和描绘与描绘者本人的资质无关。其实不然,他们对别人的表象,是以自己为参照系的。由于人总是作为个性参加交往,因而他也是作为个性被交往的对象所了解。而对别人个性表象程度与对自我个性的把握有关,所以在一定意义上说,对别人个性揭示的全面和深刻程度,决定于对自己个性把握的全面和深刻程度,反之亦然。马克思说:"人起初是以别人来反映自己的。名叫彼得的人把自己当作人,只是由于他把名叫保罗的人看作是和自己相同的。"清谈大师王濛说:"刘尹知我,胜我自知。"道出其中肯綮。在对别人的品评中,人们往往不自觉地从自己的个性出发,因而有意无意间掺杂着对自身的认识和个性因素。如:

> 冀州刺史杨淮二子乔与髦，俱总角为成器。淮与裴𬱟、乐广友善，遣见之。𬱟性弘方，爱乔之有高韵，谓淮曰："乔当及卿，髦小减也。"广性清淳，爱髦之有神检，谓淮曰："乔自及卿，然髦尤精出。"淮笑曰："我二儿之优劣，乃裴、乐之优劣。"（《世说新语·品藻》）

正如马克思所指出的那样，裴𬱟和乐广在别人身上，看到了自己个性的影子。与其说他俩在品评别人，不如说他们在显示自己的个性，被杨淮一语道破。又如一次桓温向刘惔征求对司马昱的看法，刘惔在肯定的同时又加上一句："然故是第二流中人耳！"桓曰："第一流复是谁？"刘曰："正是我辈耳！"历代文人的和谐交往，往往牺牲自己的个性和利益取悦对方，以换来友谊。而魏晋文人在品评别人的同时，并没有把自己置身局外，而是以主体的身份加入其中，直接以自己的个性作为品评别人的参照系，品评别人与表现自我同步进行。

至于魏晋文人在交往中的冲突，其个性特征就更为明显了。这些世家大族的庄园经济和社会地位，是他们可与君权之势保持对峙的资本，他们可不依赖人际关系而生存于世。加上道统与势统关系的紧张，名教思想的衰歇，使得他们看不惯周围的环境，所以这些人的脾气大都不好，经常相互翻脸，发泄无名之火。阮籍以青白眼对待自己好恶不同之人，"谢无奕性粗强，以事不相得，自往数王蓝田，肆言极骂"（《世说新语·忿狷》），"桓宣武与袁彦道樗蒲。袁彦道齿不合，遂厉色掷去五木"（《世说新语·忿狷》）。甚至朋友间言谈饮酒时，也随时可能因抵牾而动手打架，以至动起干戈：

第四讲 个性与真情：细说魏晋士人群体个性精神

> 王司州尝乘雪往王螭许。司州言气少有忤逆于螭，便作色不夷。司州觉恶，便舆床就之，持其臂曰："汝讵复足与老兄计！"螭拨其手曰："冷如鬼手馨，强来捉人臂！"（《世说新语·忿狷》）
>
> 王大、王恭尝俱在何仆射坐。恭时为丹阳尹，大始拜荆州。讫将乖之际，大劝恭酒，恭不为饮，大逼强之转苦。便各以裾带绕手。恭府近千人，悉呼入斋；大左右虽少，亦命前，意便欲相杀。何仆射无计，因起排坐二人之间，方得分散。所谓势利之交，古人羞之。（《世说新语·忿狷》）

从这些个性的碰撞中可以看出，魏晋文人的共同特点是我行我素，不愿趋从别人，坚持个人的意念，不肯为势利之交而牺牲个性。他们强烈地要求别人服从自己，而对方也同样固执，那就必然造成相互的冲突，双方的个性色彩也就在对比中愈加浓烈。

当然，对他们冲突中的个性也应当具体分析。有些私人间的冲突，实际是某些社会关系冲突的投影。魏晋时期门阀观念严重，这对门第之间的私人关系影响很大。有的个人冲突，实际是门第间的冲突。如王、谢虽均为当时大族，但谢门显在王氏之后，故王族在较长时间内并没有把谢族看重。一次谢安与谢万路过吴郡，谢万提出去王恬那里聚会。谢安深知自己的门第不如王族，但又羞于明说，就借他故固辞不往。而谢万坚持只身前往，"坐少时，王便入门内，谢殊有欣色，以为厚待己。良久，乃沐头散发而出，亦不坐。仍据胡床，在中庭晒头，神气傲迈，了无相酬意"。这时，谢万才领会谢安为什么阻挡自己见王恬。另外王述坚决不许把孙女嫁给桓温的儿子，表面看来似乎是不肯攀附权贵,其实正相反,他是嫌桓温的门第太低。"兵,那可嫁女与之?"按当时惯例,寒族之女,可适名门,而名门之女,必不可下嫁寒族(参见本书第一章关于门第问题的内容)。

还有一种情况是由于各种社会矛盾的激化,造成不同社会势力及其追随者之间带有政治色彩的个人冲突:

> 钟士季精有才理,先不识嵇康。钟要于时贤俊者之士,俱往寻康。康方大树下锻,向子期为佐鼓排。康扬槌不辍,旁若无人,移时不交一言。钟起去,康曰:"何所闻而来?何所见而去?"钟曰:"闻所闻而来,见所见而去。"(《世说新语·简傲》)

嵇康一身傲骨,蔑视权贵,对钟会这样攀附司马氏政权以进身,又沽名钓誉,以名士自居的文人嫉之如仇,势同水火,所以用极不礼貌的方式来接待这位不速之客。而钟会既要当名士,就要表现出个性。他很清楚嵇康对自己态度的原因,他自知没趣而去和对嵇康那样的回答,既可避开人家戳穿自己的假面,又可表现出他作为文人的个性。不过介入政治生活而带来的依附性,会使人感到他这做作个性的虚假。

这番对魏晋文人个性的匆匆巡礼,目的并不是要推翻中国历代知识分子缺乏独立人格这个规律,恰恰相反,它是从另一角度向这个规律投来一束光线,使其轮廓更加清晰。如果不能在认识魏晋文人个性的基础上,深入地研究形成这些个性的主客观条件,如道统与势统、名教与自然之间矛盾而又依存的关系,不仅不能在对比中充分了解历代文人何以不能像魏晋文人那样发展个性的原因,而且对于在今天要复归知识分子个性这一令人向往的目标来说,也是一句空话。

第五讲
"贵无"与"崇有":细说魏晋士人的玄学人生态度

第五讲 "贵无"与"崇有":细说魏晋士人的玄学人生态度

经过春秋战国时期"百家争鸣"局面后,中国思想界进入阐释和融会先秦百家学说的时代。汉代思想核心在于重新阐释儒家思想,而魏晋玄学则意在融会儒道两家思想。玄学是魏晋时期一种崇尚老庄的思潮,其语源来自《老子》"玄之又玄,众妙之门"一语。扬雄在《太玄·玄摛》中说:"玄者,幽摛万类,不见形者也。"王弼《老子指略》也说:"玄,谓之深者也。"所以《简明不列颠百科全书》(中文版)将"玄学"一词译为"Darklearning"。可见后人将其理解为幽深玄远的学问。这很容易使人产生一种误解,好像玄学完全是脱离社会人生的形而上的抽象理论。事实并非如此。无论是就其产生的根源,还是就其产生后的实际社会效应,玄学都与士族文人的政治命运和人生态度有着极为密切的关联。这里把玄学的理论基石"有""无"这一对范畴与魏晋士族文人"名教"与"自然"这一对处世原则的对应关系简单梳理一下。

"贵无":玄学的政治主题

众所周知,玄学的理论基石经历了从"贵无"到"崇有",再回归到"虚无"的否定之否定过程。这一过程的转变,实际上就是玄学家从为政治改革寻找出路,转向为士族文人自身寻找人生精神归宿的过程转变。值得注意的是,玄学"有无"之说的探索演变过程,正是士人对于"名教"和"自然"两种人生态度进行比较遴选的过程。从根本上说,士族文人关于"名教"和"自然"的选择,正是玄学关于

"有""无"的政治哲学在士人政治生活选择中的投影。

魏晋时期,人们第一次将"自然"和"名教"作为一组对应的范畴加以使用。袁宏《三国名臣序赞》对夏侯玄评曰:"君亲自然,匪由名教。"理由是夏侯玄曾经说过:"天地以自然运,圣人以自然用。自然者,道也。"这说明从三国魏时的夏侯玄开始,人们已经将"自然"和"名教"视为一组相反对应的范畴。尽管夏侯玄尚未用"有无"的观点来解释"自然"与"名教"的关系,但既然"自然者,道也","自然"又是"名教"的对立物,而"道"又是"无",那么,他的思想中实际上已经包含了"自然"等于"无","名教"等于"有"的意识,只不过没有明确说出来罢了。何晏和王弼则对此作了更明确的表述。

玄学产生的标志是何晏、王弼率先提出的"贵无"论。何晏的"贵无"学说是从论证圣人有名无名问题开始的。他在《无名论》中说:"为民所誉,则有名者也。无誉,无名者也。若夫圣人,名无名,誉无誉,谓无名为道,无誉为大。则夫无名者,可以言有名矣;无誉者,可以言有誉矣。然与夫可誉可名者,岂同用哉!此比于无所有,故皆有所有矣。而于有所有之中,当与无所有相从,而与夫有所有者不同。"他又引述夏侯玄的话说:"天地以自然运,圣人以自然用。自然者,道也。道本无名,故老氏曰:强为之名。仲尼称尧荡荡无能名焉,下云巍巍成功,则强为之名,取世所知而称耳!岂有名而更当云无能名焉者邪?夫唯无名,故可得遍以天下之名名之,然岂其名也哉?"这就是说,圣人之所以高于凡人,就在于他无名无誉。因为他体现的是道(自然)的精神,而道恰恰是无名的;然而正是因为圣人所体用的"道"是无名的,所以也就可以用天下万物之名来称呼它。那么它也就可以统驭天下万物。在《道论》中,何晏还表示了同样的意思:"有之为有,恃无以生;事而为事,由无以成。夫道之而无语,名之而无名,视之而无形,听之而无声,则道之全焉。"

不难看出,何晏的"贵无"理论来自两个方面:一是道家鼻祖老子的崇无说;二是汉魏时期名家关于君王应具备"平淡无味"的"中庸之德"的政治人才说。老子说:"天地万物生于有,有生于无","无名天地之始,有名万物之母"。但老子的崇无主要是要为世界的本源寻找一个根据,而何晏则是为了用来给名家政治人才的"中庸之德"说提供一个理论依据。刘劭《人物志》称:"凡人质量,中和最贵矣。中和之质,必平淡无味,故能调成五材,变化应节。"又说:"偏至之人,皆一味之美。故长于办一官而短于为一国。何者?夫一官之任,以一味协五味;一国之政,以无味和五味。"显然,刘劭是用老子思想来解释儒家"中庸"之说,并将其作为自己政治人才学的基本纲领。何晏则进一步继承了这一思路,将统治者个人的理想人格视为玄学这一时代哲学问题的核心所在。他在《奏请大臣侍从游幸》中说:"善为国者,必先治其身;治其身者,顺其所习。所习正,则其身正,身正则不令而行;所习不正,则其身不正,其身不正,则虽令不从。是故为人君者,所与游,必择正人;所观察,必察正象。放郑声而勿听,远佞人而弗近。然后邪心不生,即正道可容也。"

刘劭和何晏的生活年代大体相同。二人同时注意到政治统治者的人格问题,说明这是当时社会上普遍比较关心的话题。"平淡无味"的"中庸之德"成为很多士人共同肯定的君王人格标准,也有其内在的社会原因。一方面,连年不断的军阀混战,造就了一大批偏嗜"一味之美"的"偏至之人"的统治者;然而这种偏嗜的受害者之一,又是在乱世中得以发展壮大的士族文人阶层。所以,作为士族文人的代言人,要求君主以"中和之质"来调和众口,"以无味和五味",以使自己和广大士族阶层的利益得到保护,得到认可和尊重,应当是玄学家的现实动因之一。不过何晏等玄学家并没有完全以局外人的立场来审视和谈论这个问题，相反他们大多是当时政治舞台的重要角色。像何晏在《奏请大臣侍从游幸》中所提到的"人君""正人""佞人"等话语，都是有具体所指的。尽管玄学的产生是否正始改制的产物，学界还有不同看法，但玄学的产生与当时的现实政治问题有关，则是无法否认的事实。这就使得他们的理论目标和个人的现实处境之际出现了矛盾。正是由于这个矛盾，使得他们从自己为理想君王设想的"平淡无味"的人格方式上，看到了自己应当恪守的处世原则。

这一点，我们从《世说新语》的有关故事中可以得到印证。何晏七岁的时候，非常聪明，曹操特别喜爱他。由于何晏从小在曹操府第中长大，所以曹操想认他做儿子。何晏便在地上画了一个方块，自己站在当中。别人问他为什么这样做，他回答说："这是何家的房屋。"曹操听说这件事情，随即把何晏送回了家。《何晏别传》有与此类似的记载，说的是何晏小时候曹操很喜欢他，打算认为儿子。每次带孩子们出去游览时，总是让何晏和自己儿子们在一起按长幼排序。后来何晏感觉到了，便自己另外找一个座位坐下，行动的时候也往往自己独来独往。有人问他为什么这么做？何晏回答说："按照礼仪，异族是不能坐在一起的。"这两个故事尽管在细节上不尽相同，但传达的主题却是一样的，那就是虽然幼年的何晏受到曹操的极大宠爱，但仍然有意识地与曹氏家族保持距离。

当然，说一个七岁的孩子就有了明确的政治意识是不合情理的。倘若何晏真的如此所为，其主要原因恐怕还是在于世人容易理解的何晏对于继父及其家族的血缘排斥上。但是，记载和收录这些故事的人的用心却未必如此。倘若何晏的继父不是曹操而是别人，那么人们是否还会对这样的故事如此津津乐道，恐怕是值得怀疑的。正文故事中何晏与曹氏家族的距离感，似乎无形间就具有了体认自然，疏离政治的意味。读者从中领会和意会的，是何晏虽然受到曹操宠爱，但对曹家仍然深有顾忌，不敢卷入其中。这正是何晏本人所提倡的圣人应当以无名无誉自处的玄学精神。这说明何晏的思想是以推崇"平淡无味"的"无为而治"为起始，并将其引申为士人自身的处世原则。这已经从行动上将自然与无为、名教与有为分别取得了对应，因而体现出抑名教（黜有）而扬自然（尚无）的思想。但何晏毕竟没有从正面直接论述"无为"与"自然"是怎样的对应关系。这个任务在王弼那里得到了完成。

由于王弼英年早逝，加上他与时政没有什么瓜葛，所以他的"贵无"学说基本上没有涉及时政，但他的理论仍然是一种政治哲学。任继愈主编《中国哲学发展史》认为，王弼的政治哲学的主题就是"名教"和"自然"的关系："在他的体系中，名教与自然的关系问题是真正的主题。他关于有无关系的一系列的论述，其实都是为了解答这个真正的主题服务的。"

王弼从两个方面丰富和发展了何晏的"贵无"思想。一是强调"崇本息末"。在有限和无限的关系上，他认为无限高于有限；只有抓住无限，才能更好地把握住有限。在此基础上，他把"无限"视为"本"和"母"，将"有限"视为"末"和"子"，提出只有抓住"本"，才能取得"末"；只有忽略"末"，才能更好地抓住"本"。值得注意的是，王弼还进一步将这一思想运用于社会政治领域，以自然为本，以名教为末。认为天能化生万有，"万有皆始于天"；自然可以统驭名教，名教本于自然。这正是不久之后嵇康、阮籍"越名教而任自然"思想的先导。二是强调"体用如一""本末不二"。在王弼看来，"无"又是"体"，"有"又是"用"。"无"又是通过"有"的外在载体形式呈现出来的。不需要离开具体的事物而另外去寻找什么"无",因为"无"就存在于每件具体事物之中。这又为裴𬱟到郭象等人的"崇有"学说和主张入世求仕的"名教"选择提供了依据。王弼这两个方面的理论尽管没有具体涉及时政及人格问题,但却为后来玄学从政治哲学向人生态度的转变,奠定了理论基础。正始和元康时期重"名教"和重"自然"两种截然不同的人生态度,其根源均在王弼。

"自然":玄学的人生主题

正始十年(249)高平陵事件之后,随着何晏、王弼、夏侯玄、邓飏等第一代玄学元老的先后谢世,司马氏统治权威的确立形成,玄学的政治主题宣告结束。这个事实告诉人们,无论是让统治者按照玄学家所设计的那样,以"平淡无味"的"中庸之德"来进行统治,还是玄学家自己以"平淡无味"的态度面对社会政治问题,都是行不通的。对于嵇康、阮籍等正始文人来说,讨论政治问题不但危险,甚至有些奢侈。因为这时最为重要的问题,已经不是宇宙的本源和理想的人格问题,而是士族文人的生存问题和他们的精神寄托问题。他们拿起了王弼哲学中"崇本息末"的理论武器,用来作为自己人生态度的归依和根据。在他们看来,此时最重要的"本"不是别的,只有士族文人自身的精神支柱,一个只能存在于纯粹意识世界的自我;而此时的"末"则包括所有那些现实世界的利益和枷锁,即所谓"名"。于是,王弼"崇本息末"的理论就被嵇康、阮籍等人明确而正式地改造和理解成为"越名教而任自然"的口号。玄学的政治主题也就自觉地演化为人生主题了。

标志正始文人玄学人生主题确立的是阮籍、嵇康等人作为文人个体精神寄托的无限自由的自我精神人格,这个人格就是阮籍在《大人先生传》中着力描绘的大人先生形象。他说："夫大人者，乃与造物同体。"这实际上是说理想的自由人格就是完全离弃人世的神仙。这种理想的人格精神境界永远是可望而不可即的。在《清思赋》中，阮籍将自己的理想境界虚拟为一位美妙无比的"河女"（织女）。他"登昆仑而临西海"，"超遥茫渺"，"游平圃"，"沐消渊"，希望去寻找那位美丽的神女。但神女如同初升之云霞，"彩色杂以成文兮，忽离散而不留"，"若将言之未发兮，又气变而飘浮"，"目流眄而自别兮，心欲来而貌辽"，一副可望而不可即的超人形象。这就是世间凡人对于这种超凡人格境界的仰视角度；而处在大人先生的境界，就如同刘伶在《酒德颂》中所描绘的那样，"静听不闻雷霆之声，熟视不见泰山之形。不觉寒暑之切肌，利欲之感情。俯观万物之扰扰，如江汉之载浮萍"。这些都是王弼"崇本息末"这一哲学命题在正始文人玄学人生态度中的应用。

据说阮籍的这一思想形成，受到了当时的著名隐者苏门山人的启示。据《世说新语·栖逸》，阮籍吹口哨的声音能传出几百步远。有一次，砍柴伐木的人们都传说苏门山中来了一位得道真人。阮籍听说后就去拜访这位真人，只见那人抱膝坐在岩石边上，两人见面后伸开双腿对面而坐。阮籍先和他谈论古来圣贤的丰功伟绩和淳厚美德，那人抬头仰视若无所闻；阮籍又和他说起儒道两家的学说道理，那人还是照旧没有反应。阮籍于是就对他长长地吹了一声口哨。过了许久，那人终于开口说道："不妨再吹一声。"阮籍又吹了一声，等到兴致已尽，阮籍就退下山来。大约走到半山腰处，只听上面发出轰然巨响，像是几支乐队在演奏，树林山谷都传出回音。阮籍回头望去，原来就是苏门山人在吹口哨。据《竹林七贤论》，阮籍就是由于从苏门山人的口哨乐曲声中得到了感悟，回去便写出了《大人先生传》。从以上两条材料来看，阮籍应当是从苏门山人响彻山谷的口哨声中感受和领悟到人生自由境界的所在。他笔下大人先生的超脱之姿和自由之境，正是受苏门山人口哨境界启发而激发的人生玄想。

嵇康以自然超脱为生命之本，以名教入世为生命之末的思想与阮籍一致。他在《答难养生论》中说："故顺天和以自然，以道德为师友，玩阴阳之变化，得长生之永久，任自然以托身，并天地而不朽者，孰享之哉？"其《兄秀才公穆入军赠诗十九首》第十四首又将此境界描绘为："息徒兰圃，秣马华山。流磻平皋，垂纶长川。目送归鸿，手挥五弦。俯仰自得，游心太玄。嘉彼钓叟，得鱼忘筌。郢人逝矣，谁可尽言？"从《世说新语》其他文人对于嵇康人格精神的评价中，可以得到这种精神气质的印象：

> 嵇康身长七尺八寸，风姿特秀。（刘注：《康别传》曰："康长七尺八寸，伟容色，土木形骸，不加饰厉，而龙章凤姿，天质自然。正尔在群形之中，便自知非常之器。"）见者叹曰："萧萧肃肃，爽朗清举。"或云："肃肃如松下风，高而徐引。"山公曰："嵇叔夜之为人也，岩岩若孤松之独立；其醉也，傀俄若玉山之将崩。"（《世说新语·容止》）

有人对王戎称赞嵇康的儿子嵇绍说："嵇延祖卓卓如野鹤之在鸡群。"王戎回答说："君未见其父耳。"显然，在众人的心目中，嵇康的形象气质和精神境界与他本人及阮籍等人所虚幻和描绘的摆脱现实世界束缚，进入无限自由状态表现出的"崇本息末"哲学内涵的人生境界是完全吻合的。以嵇康、阮籍、刘伶等人为代表的正始文人不仅以其理论文字，更重要的是以其人生实践宣布玄学的理论根基"无"的概念从政治人格建构变而为人生态度这一历史性转变的完成。而这种人生态度的外化表现就是他们从对名教（有）的依恋，终于转变为彻底地放弃名教（有），代之以自然（无）的人生选择。

正始名士的玄学思想和人生态度的转变，其核心在于以超然的人生态度取代热衷政治的强烈欲望，其外在表现形式则是以放诞不羁的生活行为取代蝇营狗苟的政治角逐。简而言之，崇尚自然取代了追逐名教。这种转变固然为何晏、王弼等人政治人格设计的失落寻找到一个与广大士人的切身命运相关的支点，但正是因为如此，这种人生态度在经过夸张和放大的实践之后，立刻因暴露与士族的利益追求相忤之处而受到质疑。

阮籍、嵇康等人倡导的人生态度在西晋元康时期得到了极度的发扬和蹈励：

> 王平子、胡毋彦国诸人，皆以任放为达，或有裸体者。（刘注：王隐《晋书》曰："魏末，阮籍嗜酒荒放，露头散发，裸袒箕踞。其后贵游子弟阮瞻、王澄、谢鲲、胡毋辅之之徒，皆祖述于籍，谓得大道之本。故去巾帻，脱衣服，露丑恶，同禽兽。甚者名之为通，次者名之为达也。"）乐广笑曰："名教中自有乐地，何为乃尔也？"（《世说新语·德行》）

显然，王澄等元康名士在放诞的人生态度方面与阮籍等人一脉相承。也就是说，在把"贵无"学说和"崇本息末"理论理解为一种生活态度方面，他们与嵇康、阮籍等正始名士是一致的。但在关于什么是"无"和"本"的理解上，元康与正始名士却有着较大差异。阮籍等人是将摆脱外在的社会政治约束和内在的个人政治欲望之后的自由和恬淡境界作为"无"的内涵和人生大道之本；而元康名士虽然也对政治角逐没有太大兴趣，但他们更为热衷的是物质的享乐和感官的刺激。所以他们继承的实际上只是正始名士的皮毛，是正始名士为张扬其无限自由的精神世界的外在放诞举动。元康名士将这些放诞举动理解为"贵无"的全部，并将其无限夸张和放大。于是不仅暴露出这种人生态度的弊端，而且也使自己在人生的道路上接连碰壁。事实是他们在生活的现实中却逐渐发现，作为士族阶层，离开了那些被"息"掉的"末"，困难似乎还是不少。如胡毋辅之在与王澄、王敦、庾顗等人醉生梦死，"崇本息末"了许多日子，并屡次辞去王衍辟官后，发现已经无法度日，只好节酒自厉，并自求为繁昌令，以至"甚有能名"。这简直就是"崇末息本"，与先前的生活态度完全背道而驰了。王澄虽然官居荆州刺史，领南蛮校尉，但终因纵酒废事，被王敦所杀。这又从反面说明失掉了"末"，"本"也就无从谈起了。也就是说，丢掉了与他们切身利益相关的"名教"，"自然"也就失去了必要的基础和保障。

"崇有"：务实的人生态度

元康名士夸张和放大竹林名士放诞举动的结果，不但使自己在生活中碰壁受挫，更重要的是这种完全与政治现实脱节的人生态度与正处于上升势头的士族阶层利益不相吻合，所以它遭到其他士族的反对也是理所当然的。因为到西晋时期为止，士族阶层在政治上尚未取得主宰的地位，门阀政治的局面尚未形成；士族文人要想继续发展自己的实力，就必须依赖王权，依赖政治。从这个意义上说，把实现政治抱负和人格楷模理想（求名教）的快感排除在人生内容之外，也是许多与时政有着密切瓜葛的士族文人所不能接受的。

山涛和向秀对于人生道路的选择就与嵇康、阮籍很不相同。据《世说新语·言语》，嵇康被杀后，向秀拿着本郡的各种文书簿册来到洛阳朝廷，司马昭问他："听说你有隐居的志向，为什么又来到这里呢？"向秀回答说："巢父、许由这些拘谨自守的人是不值得效法称羡的。"司马昭听了，大为赞赏。从字面上看，向秀入洛求官与嵇康被杀二者之间似乎是一种因果关系。但实际上这也未尝不是向秀和许多士族文人内心的一种愿望和需求。王昶在其家诫中说："夫人为子之道，莫大于宝身全行，以显父母。……欲使尔曹立身行己，遵儒者之教，履道家之言，故以玄默冲虚为名。欲使汝曹顾名思义，不敢违越也。……若夫山林之士，夷、叔之伦，甘长饥于首阳，安赴火于绵山，虽可以激贪励俗，然圣人不可为，吾亦不愿也。今汝先人，世有冠冕，惟仁义为名，守慎为称。"可见入世求官，追逐名教亦为时人所热衷。

　　山涛更是一位以勤勉为政著称的官员。《世说新语·政事》记载山涛由于德高望重，虽然年过七十，仍然主持当时的重任。当时显贵人家子弟如和峤、裴楷、王济等都景仰并称颂他。于是有人在官署的柱子上题写了歌谣："阁东有大牛，和峤鞅，裴楷鞦，王济剔嬲不得休。"尽管歌谣的作者是谁还有些疑问，但歌谣所讽刺的山涛与和峤、裴楷、王济四套马车为政事不遗余力的情态，却应当是当时实际情况的写照。这就说明，尽管许多世族文人在"贵无"理论的怂恿下提倡以"崇本息末"的态度面对人生，但现实的官爵利禄诱惑仍然使许多士族文人流连忘返。那么，究竟应当如何理解和处理"名教"（有）与"自然"（无）的关系？在谈玄风气盛行的魏晋时期，这种现实的社会需要实际上在客观上对于哲学思想提出了给予解释的要求。

裴頠《崇有论》和郭象"独化"说的出现就完全代表了这样的社会思潮。如果说嵇康、阮籍等人所继承的是王弼学说中"崇本息末"一面的话，那么从裴頠到郭象所继承的则是王弼哲学中"体用如一"的思想。这种思想在人生态度方面的认识，就是力图协调嵇康、阮籍等人认为根本对立的个人与社会、名教与自然的矛盾，给以求官入世为人生支撑点的士族寻找一个冠冕堂皇的理由根据。裴頠认为"名教"存在的根据不在现实社会生活之外，而在现实社会生活之中。郭象则进一步认为"名教"和"自然"二者同为一物，"山林之中"就在"庙堂之上"，"外王"则必然"内圣"：

> 阮宣子有令闻。太尉王夷甫见而问曰："老庄与圣教同异？"对曰："将无同？"太尉善其言，辟之为掾。世谓"三语掾"。（《世说新语·文学》）

既然老庄和孔孟没有什么区别，那么也就用不着抛开现实的利益和责任，到自己虚幻的世外桃源中去安顿人生。山涛、向秀的勤勉为政也就是放达逍遥。这些人生的认识很大程度上来自玄学家本人的人生实践的切身感受。

裴頠本人的社会关系和个人经历，决定了他必然是当时政治旋涡的核心人物。裴頠为政治而生，为政治而死的经历，说明他是将士族的政治生命视为人生的首要内容的，所以他的"崇有"学说可以说是为现实人生的呐喊。据《晋诸公赞》，裴頠痛感世俗所崇尚的虚无学说的无理，于是作《崇有》二论来分析陈述自己的观点。《惠帝起居注》也说："頠著二论以规虚诞之弊。文辞精当，为世名论。"从以上材料可见裴頠的"崇有"论在当时具有很大的影响，已不待言。问题是裴氏此论究竟因何而起，进而是何属性。以往学者们或过于执着裴𬱖学说中的唯物、唯心之归属，或简单将其定位为儒家卫道士和道家思想的对立面。窃以为均有机械之嫌。实际上裴氏之学虽为阮籍、嵇康人生玄学的对立面，并且是从政治入手，但其自身仍然还是一种人生哲学。从人生态度的角度来把握裴𬱖（包括郭象）的玄学思想，可能更能得其神髓。

既然阮籍、嵇康等人是从人生态度的角度提出超越现实的"贵无"思想，而且这种思想在现实中又遇到一些障碍，那么裴𬱖首先就要针锋相对，以人生态度对人生态度。你说人生是虚无的，因而执着于"自然"，我偏说人生是实有的，因而要将"自然"归于"名教"。上文刘注引《晋诸公赞》所谓"𬱖疾世俗尚虚无之理，故著《崇有》二论以析之"，已经点明了此点。对此，《晋书·裴𬱖传》也有详说："𬱖深患时俗放荡，不尊儒术，何晏、阮籍素有高名于世，口谈浮虚，不遵礼法，尸禄耽宠，仕不事事；至王衍之徒，声誉太盛，位高势重，不以物务自婴，遂相仿效，风教陵迟，乃著崇有之论以释其蔽。"可见裴𬱖提出崇有学说的根本目的，就是为了纠正阮籍、嵇康等人以"贵无"学说统率和规定人生态度，并被后人愈演愈烈的趋势，并且给山涛、向秀等人热衷入仕从政的人生态度一个圆满的哲学解释。

一方面，裴𬱖分析了正常欲望存在的合理性和节制欲望的必要性。"是以贤人君子，知欲不可绝。"但他同时又指出，如果让欲望毫无节制地泛滥，就会对国家政治和个人修养造成极大危害。"若乃淫抗陵肆，则危害萌矣。故欲衍则速患，情佚则怨博，擅恣则兴攻，专利则延寇。""贱有则必外形，外形则必遗制，遗制则必忽防，忽防则必忘礼。礼制弗存，则无以为政矣。""放者因斯，或悖吉凶之礼，而忽容止之表，渎弃长幼之序，混漫贵贱之级。其甚者至于裸裎，言笑忘宜，以不惜为弘，士行又亏矣。"所以有必要对欲望加以节制和限制。于是，像阮籍、嵇康、刘伶，乃至于王澄、胡毋辅之等元康名士放弃政治声名的放诞行为就被视为欲望的泛滥而应受到限制，其理论根基"贵无"论也受到质疑和攻击。另一方面，他又从正面阐述了"崇有"的道理何在。所谓"有"，据汤用彤先生理解，其意义有二：一从形上讲，以"有"为真实（reality）；一从人事上讲，以身处名教政治之中为逍遥。裴颜认为，人生必资于"有"，没有"有"就没有"生"，所以他说："生以有为己分，则虚无是有之所谓遗者也。"亦即有是虚无的消失状态。既然如此，那么"有"和"无"的关系就是决定与被决定，"本"与"末"的关系。所以从阮籍到王澄等人的放诞举动就是脱离现实世界和不切实际的空幻。裴颜之所以如此强调"有"对于"无"的规定决定意义，是因为他充分意识到现实生活中一些实际事物是难以超脱和不可忽视的。"人之既生，以保生为全；全之所阶，以顺感为务。"既然没有"有"，也就没有"无"，那么没有生命的存在，又何谈那些潇洒放诞之举？而生命的存在又要以社会秩序的正常运转为前提。从尊重生命和向往美好生活未来的角度说，入仕从政，追求名教也未尝不是保证生命和正常生活的有效途径。如有一次王濛、刘惔和支遁一起去看当时任骠骑将军的何充，何充正在看公文，没有搭理他们。王濛对何充说："今天我们特地同林公（支遁）来看望你，你最好能丢开政务，和我们一起谈论玄学，怎么还在那里办公呢？"何充说："我不看这些东西，你们这些人怎么能生活下去！"人们都认为何充说得非常好。何充的话，正是裴颜注重现实人事和郭象以名教为自然的思想表现。尽管此事在东晋间，却说明"崇有"的思想至东晋已非空谷足音，而且具有很大的人生态度的指导意义。按照裴頠和郭象的理论，向秀、山涛的入仕之举不仅是正当和可取的，而且还是积极的。

"仕隐兼修"：兼容"名教""自然"的双重人生态度

然而无论是向秀、山涛的实践，还是裴頠、郭象的理论，都没有能够挽救西晋王朝灭亡的结局。这对于这些以现实政治利益和责任为人生追求目标的"崇有"一派来说，无疑是一个巨大的讽刺。同时也必然引起东晋士族文人对于自己的人生态度及其理论依据作一番反思，重新确定其人生态度的立脚点。张湛的"至虚"理论又代表了东晋时期士人人生态度的潮流走向。

在东晋士族文人看来，以"贵无"学说为理论基础的放诞士族的人生态度，放弃了自己的责任，也就等于放弃了自己的利益。这样虽然在精神上得到了某种安顿和满足，但是它与日益呈上升趋势的士族阶层的根本政治利益是矛盾的；而以"崇有"学说为理论基础的热衷入仕为政者的人生态度则又不够潇洒。尤其是他们在千方百计地论证官位利禄的合理性的时候，却忽略了作为士族阶层最本质属性的精神家园的建设。这同样是不符合士族阶层的价值观念和利益范围的。所以东晋士族主张，既要有隐逸山林，超然物外的放达精神（自然），又不能失去对自己和家族利益至关重要的官爵和名誉（名教）。张湛在其《列子·杨朱》题注中说："好逸恶劳，物之常性。故当生之所乐者，厚味、美服、好色、音乐而已耳。而复不能肆性情之所安，耳目之所娱，以仁义为关键，用礼教为衿带，自枯槁于当年，求余名于后世者，是不达乎生生之趣也。"这显然是"贵无"派放诞人生者的看法；可是另一方面，张湛也不放弃安邦治国和遵从名教。他不同意《列子·仲尼》原意中任自然而忘名教的观点,张湛说:"唯弃礼乐之失,不弃礼乐之用,礼乐故不可弃。"那么怎样掌握出世和入世二者的分寸呢?张湛又说:"若欲捐诗书、易治术者,岂救弊之道?即而不去,为而不恃,物自全矣。"所谓"即而不去,为而不恃",就是说既要讲求服从礼教,又不能让它把自己约束得太死。这也就是张湛倡导的融会二者的折中思想:"苟得其中,则智动者不以权力乱其素分,矜名者不以矫抑亏其形生。"

这种仕隐兼顾、身名双修的人生态度正是东晋时期门阀士族在取得垄断的政治地位之后普遍崇尚的人生态度。他们既要享受荣华富贵、声色犬马,追求精神的高雅脱俗;又要以朝纲为重,稳定东晋局势,争取北上复国。王导作为东晋开国元勋,不仅协助元帝采用怀柔江东大族的政策,稳定东晋局势,并不时提醒众人"勠力王室,克服神州",同时却又经常与过江士族挥麈谈玄,"止道《声无哀乐》《养生》《言尽意》三理而已。然宛转关生,无所不入"。

再看周𫖮的两个故事。第一个是他一向德行庄重,深深了解国家的危乱。可是过江南下之后,常常放量饮酒,曾经连续三天不醒,而且屡次因醉酒出现过失。人称"三日仆射"。庾亮说周𫖮末年"可谓风德之衰也"。第二个是一次王导和周𫖮去尚书纪瞻那里观看歌伎表演。纪瞻有一位爱妾能唱新曲。周𫖮听得兴奋,亢奋之下,竟然公然露出生殖器,要和人家发生性关系。脸上一点羞愧的颜色都没有。有人上奏朝廷罢免他,也有人指责周𫖮和亲友谈论说笑,总是粗野杂乱,毫无节制。周𫖮说:"我就好像万里长江,哪能流泻千里而没有一点弯曲呢!"后人难以理解的是,为什么"德行庄重"和那些污秽不堪的行为竟然能够统一到一个人身上?实际上这正是东晋人的双重人生态度。所以庾亮所谓周𫖮晚年德衰之说并不准确,因为周𫖮的双重人生态度几乎贯穿在他生命的各个时期。如果片面说他晚年"风德之衰",那么就很难理解他在王敦之乱时能够挺身而出,痛骂国贼,"语未终,收人以戟伤其口,血流至踵,颜色不变",并因此遇害。因为他是将身名俱泰、仕隐兼修这种东晋玄学潮流作为自己的双重人生目标的。当王导问他"卿欲希嵇、阮邪?"时,周顗立刻明确地回答:"何敢近舍明公,远希嵇、阮!"指的就是他不能因为仰慕嵇康、阮籍的"贵无"人生态度(自然)而抛弃王导等人倡导的双重人生价值。这样的双重选择使他的社会声誉获得了极大成功,以至他的弟弟周嵩感到疑惑不解,"君才不及弟,而横得重名"。而实践这种双重人生目标最为成功的人实际上并不是周顗,而是谢安。

谢安是东晋时期仕隐兼通的典型个案,《世说新语》对这方面的描写也较为充分。在升平四年(360)应征西大将军桓温召为征西司马之前,谢安可以说是演足了一场坚隐不出的高雅自然戏。他先后几次拒绝了朝廷及地方政府的高官征辟,甚至政府采用"禁锢终身"的办法相逼,也未能奏效。此时的谢安或者与王羲之等人"共登冶城","悠然远想,有高世之志";或者与孙绰等人泛海为戏,"貌闲意说,犹去不止"。而且每次出游,必携家养伎女。一副超凡绝俗,放任自然的样子。一时间,他几乎成了高洁隐士的象征。但这一切躲不过明眼人的眼睛。谢安早年在东山隐居养伎,简文帝司马昱说:"谢安一定会出山。他既然能与人同乐,也不能不与人同忧。"其实,连谢安自己也偶尔在玩笑中透露出将来未必不出仕的意思。当初谢安在东山隐居的时候,当年还是平民的兄弟有的已经富贵起来,经常是高朋满座,权贵接踵。妻子和谢安开玩笑说:"大丈夫难道不应当如此吗?"谢安捏着鼻子笑着说:"恐怕也免不了吧!"这里的"免不了",除了自己未必不出仕的意思外,主要还有惮于时势,不得不出的意思。不

〔清〕郭诩《东山携伎图》

过此时谢安之所以不想出仕的真正奥秘并不在于他想不想出,而在于谢氏家族中"兄弟已有富贵者"。家族中已经有了足以支撑门面的官宦,谢安就可以放心地高卧东山,尽享潇洒之乐。然而到了穆帝升平年间,谢尚和谢奕先后谢世,谢万受命北伐,兵溃单骑逃归,废为"庶人"。此时陈郡谢氏家族的社会地位受到威胁,如果再无人出世,则有"门户中衰"之危。而以谢安之名声出世,又最为合适。所以谢安肩负家族重托,终于出山。果然,在一代枭雄桓温的压力下,他出任桓温手下司马。

更有甚者,当谢安改变隐居形象,就任桓温司马后,当时有人送给桓温一些草药,其中有一味药叫作"远志"。桓温就把"远志"拿来问谢安:"这种药又名叫'小草',为什么同一种东西却有两个名字呢?"谢安没有马上回答,旁边有个叫郝隆的应声答道:"这很好解释。隐处山中就是'远志',出了山中就是'小草'。"谢安听了深感惭愧。桓温看着谢安笑着说:"郝参军的解释的确不坏,也意味深长啊!"这种草药的根部称为"远志",是主要的药用所在,叶部称"小草"。根埋在土中为处,叶生在地上为出,这正象征着谢安先隐后出的所为。郝隆的话语义双关,击中谢安要害,所以令其面有愧色。

尽管由于各种原因,仕隐兼通、身名双修的人生态度在东晋已经为许多士族文人所奉行,但多数人似乎还没有从理论上清楚地意识到它的意义和道理所在。所以谢安出世一事连谢安自己也不能把道理说得十分明白。从单向的人生态度角度看,隐逸和出仕二者是非此即彼、水火不容的。桓温的明知故问,郝隆的语义双关,乃至谢安本人的"甚有愧色",事实上都是以非此即彼的单向人生态度作为既定前提的。这不仅意味着对其隐居生活的否定,也招来了很多士人的讽刺、挖苦和揶揄。据《世说新语·排调》,谢安当初在东山隐居时,朝廷屡次要他出世，都被他拒绝。后来出任桓温手下的司马，上任前要从新亭出发，朝廷官员都来送行。当时有个叫高灵的中丞也来送行，他喝了些酒后就趁着醉态对谢安开玩笑说："你屡次违抗朝廷命令，高卧东山。大家都经常议论说谢安不肯出来做官，将如何面对百姓？如今百姓又该怎么面对你呢？"谢安笑着不回答。有意思的是"谢笑而不答"五个字，《晋书》本传作"安甚有愧色"。几个字的差异，实际上反映出谢安本人对于自己的人生道路选择的评价和态度。"甚有愧色"言其心虚和内疚，"笑而不答"则写其自信和肯定。具体来说，"笑而不答"中包含对自己过去的隐居和现今的出世所有人生选择的肯定。该条刘孝标注所引《妇人集》桓玄与谢道韫的问答，为谢安此举作了圆满的双重解释：

> 桓玄问王凝之妻曰："太傅东山二十余年，遂复不终，其理云何？"谢答曰："亡叔太傅先正以无用为心，显隐为优劣，始末正当动静之异耳。"

谢道韫答语令人费解。从全句语意蠡测，"显隐为优劣"似为"显隐无优劣"之讹。倘若如此，则全句文意畅通。所谓"以无用为心"，就是张湛所讲的"以无为心"，"不居知能之地，而无恶无好，无彼无此，则以无为心者也"。张湛还说："泛然无心者，无东西之非己。"这就是说，人生的真谛和乐趣不在于现实世界的具体存在本身的差异，而在于对现实世界的种种存在（甚至是矛盾对立的存在）有一种自觉圆满的理解和适应，使精神获得最大的解脱和满足。"都无所乐，都无所知，则能乐天下之乐，知天下之乐，而我无心者也。"从这个观点出发，谢安的显（出仕）与隐（隐居）并无优劣之分；其前隐后仕不过是一种性质事物的动与静的变化而已。这样,谢安的前隐后仕就不再是令人不可思议的矛盾现象,而是同一性质事物的两种表现形态而已。张湛的双重人生态度思想在这里也得到了圆通的诠释。

东晋士人的双重人生态度之所以能够得以产生和实践,有两个基本的前提和动因。其一,从现实的社会地位和利益拥有程度来看,东晋时期的门阀士族已经在政治上取得了足以控制和掣肘王权的统治地位,形成了王导、庾亮、桓温、谢安、桓玄等几个门阀士族控制朝政的连续局面。这使得士族阶层有力量、有可能体认和品味既追求高官厚禄、声名美誉,又放浪形骸、放任自然的双重人生追求。其二,从社会的思想潮流来看,受佛教等思想的影响,东晋士人对社会和人生的认识在很大程度上有了超越和审美的取向。张湛认为:"群有以至虚为宗,万品以终灭为验。"这个"至虚"境界,就是张湛及东晋士人所虚构和向往的人生最终归宿。首先,张湛认为芸芸万千的现实世界都是暂时和相对的,只有超现实的"至虚"才是永恒和绝对的存在,所以生生灭灭的"群有"从根本上说都要回到"至虚",即所谓"反本","出无入有,散有反无"。其次,"群有"是有始有终、有生有灭、有聚有散的,而"至虚"则没有这些。"生于此者或死于彼,死于彼者或生于此,而形生之生,未尝暂无。是以圣人知生不常存,死不永灭,一气之变,所适万形。万形万化而不化者,存归于不化。"这就是说,具体的事物都是暂时的,而"至虚"之本体则是永恒的。如果能够认识到这一点,那么就可以超出生死的限制,达到解脱的境界,即所谓"俱涉变化之途,则予生而彼死,推之至极之域,则理既无生,亦又无死也"。圣人能明白生死的来龙去脉,因而对于生死既无欢愉,也无悲戚。而凡人不明此理,过分执着于生死或悲戚之一隅,这就是"私其身"。人们之所以迷惑烦恼,盖因"私其身"所致。一旦抛弃背离"私其身",

认识到"神惠以凝寂常全，想念以著物自丧"，就可以超越生死，得到解脱了。再次，谁能得到解脱，谁就是"乘理而无心"的圣人和至人。因为他放弃了对生死悲欢的执着，就可以"无东西而非己"，"常与万物游"。"至于至人，心与元气玄合，体与阴阳冥谐；方圆不当于一象，温凉不值于一器，神定气和，所乘皆顺，则五物不能逆，寒暑不能伤。谓含德之厚，和之至也，故常无死地，岂用心去就而复全哉？踏水火，乘云雾，履高危，入甲兵，未足怪也。"张湛所描绘的至人境界，恰好是佛教所倡导的虚无境界；它也正是谢安等人所积极向往和努力实践的泯灭入仕（名教）与隐逸（自然）二者矛盾对立的双重人生态度。

从以上内容可以看出，王弼、何晏的"贵无"思想先是被嵇康、阮籍等竹林名士运用于人生态度领域，成为他们放达人生态度的理论基石；嗣后元康名士又将竹林放达之风推演到极致，产生许多社会问题，从而暴露出"贵无"思想在人生态度领域一旦被推崇至过分地步后所产生的弊端。裴頠和郭象的"崇有"论正是纠正扭转这一弊端的产物。其在人生态度方面的表现便是向秀、山涛等人的强调入世和入仕的人生选择；然而他们在强调入仕入世精神的同时，却又忽略了作为士族文人根本属性的个体精神的超越问题，所以东晋时期的士族文人试图将入世与逍遥统一与融合起来，于是便有了张湛协调融会二者的"贵虚"理论和王导、谢安等人仕隐兼通、身名双修的人生态度。这个过程充分说明，尽管玄学关于"有""无"问题的讨论是以形而上的抽象玄理作为探究追求的终极目标，但这些形而上的抽象玄理始终与士族文人的人生态度密切相关。它既是士族文人人生体验的理论总结，又反转过来给予士族文人的人生实践以强大的精神推动力量。从《世说新语》的内容来看，魏晋士族文人在人生态度上从追求自然到重视名教，再转入和上升到融合自然与名教，超越现实人生的过程，恰好是玄学关于"有""无"思想观点的作用产物和形象演示。同时，这个过程也是玄学从一种政治哲学变而为士人人生态度的转化过程。它标志着玄学的"有""无"政治论从理想君王的设计转而为士人自身的人生态度选择。

第六讲
「得意」与「忘象」：细说魏晋名士的审美人生态度

第六讲 "得意"与"忘象":细说魏晋名士的审美人生态度

从《世说新语》及相关材料的分析可以看到,魏晋士族文人立身处世的行为之中,受到玄学名理之辨的启示,并受到"得意忘言"的思想方法的影响,表现出注重生活和人生的真实意蕴,忽略生活末节,进而将人生上升到审美观照层次的审美人生态度和人生观念。

言意、名理之辨从何而来?

先秦以来的名理之辨和有关言意关系的探讨,为魏晋玄学的言意之辨在许多方面都提供了直接或间接的启示。其基本走向就是由认识论引申至方法论,从政治论引入人性论和人生论。

春秋后期,随着社会政治、经济和文化的急剧动荡,作为新旧社会交替时期意识形态落后于社会现实的反映,许多原有的事物现象与指代它们的称谓之间出现了互不吻合的矛盾。这种"名实相怨"的现象引起了许多人的关注并试图加以解决。孔子的"正名"理论从政治论的角度强调君臣、父子名实相符的重要。稷下学派则从认识论的角度入手,强调先有事物的形体,后有事物的名称,名称要与事物相符合。并指出正确的认识应当是"循名而督实,接实而定名;名实相生,反相为情",并将认识的社会效果归结为"名实当则治,不当则乱"。显然,这与孔子从政治角度探讨名实关系的初衷是一致的。后来名家学派的代表人物惠施和公孙龙则将名实的探讨引入纯粹概念的游戏中,使名实之辨暂时脱离了与社会政治相关的轨道。

汉代儒家思想的盛行，造成了人们为"名教"而牺牲"自然"，以至于为求名而不惜一切的情况。这就使得由此作为选拔人才依据的选举制度出现了严重的名实不符。针对这种弊端，汉末以来的清议活动提出了人物品评活动中考核名实的必要性。这就使人对这样名实脱节的选举办法产生怀疑。魏明帝就说："选举莫取有名，名如画地作饼，不可啖也。"所以吏部尚书卢毓便建议明帝恢复考绩之法。所以名理家刘劭《人物志》反复提醒人们，要想真正准确地识鉴人物，就必须通过人们的言行，去认识人物表面现象后面的真实面目。因为这些"尤虚之人，硕言瑰姿，内实乖反"。作为曹操"唯才是举"思想的代言人，刘劭的观点当然带有相当的政治色彩。不过他以认识人的内在精神世界为目的提出的一系列以形征神、以外知内的认识过程，却作为一种有效的认识方法在人物品评活动中得到了广泛的应用。《抱朴子·清鉴》："区别臧否，瞻形得神。存乎其人，不可力为。自非明并日月，听闻无音者，愿加清澄，以渐进用，不可顿任。"今人汤用彤也在《言意之辨》一文中说："圣人识鉴要在瞻外形而得其神理，视之而会于无形，听之而闻于无音，然后评量人物，百无一失。"

作为中国哲学史上的重要范畴，"言"能否尽"意"的问题很早就受到了古代哲人的注意。先秦时期尽管有人肯定了"言"在一定程度上是可以"尽意"的，但多数人还是认为"言不尽意"。其中对于魏晋玄学言意之辨的讨论具有直接影响的是老庄道家哲学和《易传》中的有关论述。《易传·系辞上》："子曰：'书不尽言，言不尽意。'然则圣人之意,其不可见乎？子曰：'圣人立象以尽意,设卦以尽情伪。'"这就是说，虽然"言"不能"尽意"，但圣人通过"立象"这种办法，使"言"和"意"之间有了一个上承下接的中间环节。"立象"的具体作用是，一方面它使只可意会、不可言传的"意"有了一个形象化的演示，使之有形可感；另一方面，它又使"言"的表述有了描述和形容的形象依据。可见《易传》的作者在"言"和"意"之间又增加了一个"象"的概念，希望二者得到协调。从大的前提下说，庄子认为语言虽然可以在一定程度上表达义理，但从根本上说是言不尽意的。从这个前提出发，庄子强调的是得意忘言。《庄子·外物》中说："筌者所以在鱼，得鱼而忘筌；蹄者所以在兔，得兔而忘蹄；言者所以在意，得意而忘言。"这种观点到了秦汉时期又被进一步阐明。

很多哲学史论著都提到"言意之辨"起于人物识鉴，但没有具体说明二者的内在关联。唯有汤用彤《言意之辨》简略地谈到人物识鉴"可以意会，不能言宣（此所谓言不尽意）。故言意之辨盖起于识鉴。"实际上，"以形征神"的认识方法要用外形可见的形体或举动来解释或演绎其内在精神，而同一形体或举动在不同人的感觉中很可能会形成不同的认识，所以也就产生了依据形体或举动对人物内在精神世界的解释是否准确和穷尽的问题，即"言"是否能够"尽象"，"象"又能否"尽意"的问题。于是由此也就出现了"言意之辨"的理论探讨。到了汉魏六朝时期，人们又根据人物识鉴的具体需要和玄学的本体建构对于"言""意"之间这种复杂关系进行了进一步的深入探讨。先秦以来有关"名"与"实"，"言"与"意"关系的各种说法在六朝时期得到了会合，并有了一定的继承和发展。

王弼的"得意忘象"说

就"言意"关系而言，魏晋玄学大体上分为"言尽意"和"言不尽意"两派，但"言不尽意"仍然是其主导方面。王弼的"得意忘象"说为其代表。王弼一方面肯定和继承了《易传·系辞》中"圣人立象以尽意"的观点,同时又吸收了《庄子·外物》中"得意忘言"的观点:"意以象尽,象以言著。故言者所以明象,得象而忘言;象者所以存意,得意而忘象。犹蹄者所以在兔,得兔而忘蹄;筌者所以在鱼,得鱼而忘筌者也。"(《周易略例》)表面看来,王弼似乎是要在对儒道二家关于言意之见进行调和的基础上为玄学寻找理论的出路。然而联系到魏晋时期的社会文化背景和玄学的时代意义,就不难发现他的"得意忘象"学说与此前的"言不尽意"说和汉代的易学有着重要区别。

应当承认,王弼的基本观点与庄子的得意忘言说是一致的。但不同的是,庄子由于强调"得意忘言"而完全否定"言"的作用,而王弼却借用《易传·系辞》中"尽象莫若言"和"尽意莫若象"的观点来肯定"言"在尽象和"象"在"尽意"方面的必要作用。如同老庄"圣人体无"说必然导致出"圣人无情"说的道理一样,庄子因强调"得意忘言"也就必然导致出"圣人无言"的观点,从而在根本上否定了"言"和"象"的任何意义。如果将"言""象""意"的关系对应为人生的现象与意蕴的关系,那么"圣人无言"的观点就会导致出因追求人生意蕴而无视人生的现象和过程的结论。这对于大多数难以割舍贵族地位和人生享乐的士族文人来说,是无法接受的。从这个意义上说,王弼"尽意莫若象"的观点不仅为其"体用如一"的哲学思想找到个理论支点,而且也为士族文人将人生意蕴落实到穿衣吃饭的生活过程的人生态度,寻找到一个有力的理论依据。

然而王弼与庄子在言意问题上的相同点要远远大于不同点,相反,在此问题上他与汉代易学更有着本质的区别。唐代李鼎祚在《周易集解序》中指出王弼的新易学与郑玄的旧易学的根本区别:"自卜商入室,亲授微言,传注百家,縣历千古,虽竟有穿凿,犹未测渊深。唯王郑相沿,颇行于代。郑则多参天象,王乃全释人事。且易之为道,岂偏滞于天人者哉！致使后学之徒，纷然淆乱，各修局见，莫辨源流。天象远而难寻，人事近而易习，则折杨黄华，嗑然而笑，方以类聚，其在兹乎！"尽管李鼎祚的话中明显带有褒郑玄贬王弼的倾向，但他对二者易学各自特点的把握却是相当准确的。确如其言，郑玄的旧易学以乾坤十二爻左右相错，与十二辰相配，然后再配以十二律、十二月、二十四节气、二十八星宿，构成一个天象学的模式。虽然郑玄剔除了汉代孟喜、京房、《易纬》诸家卦气说中若干阴阳灾异的神学色彩，但其中由天象以窥探人事的基本思路却没有变化。这就是李鼎祚所说的"多参天象"。这种方法把《周易》中的爻辞和卦象看成是反映天象变化的象数模式，然后再将其与人事的吉凶福祸牵强比附，做出神秘的预言。其最终归宿就是所谓"存言（卦爻辞）忘象（卦象）"，"存象（卦象）忘意（意义）"。说到底，他们是把《周易》看成一部卜筮之书，故而将卦象置于首要之位。

王弼的易学则主张《周易》是一部哲理之书，故而将对其义理的理解置于首位。为此，他提出"忘象以求其意"的口号，主张用一个能够贯穿所有卦象爻辞的义理来统摄《周易》全篇。从这个前提出发，他在肯定"言"和"象"的必要作用的基础上，主张要"寻言以观象"，"寻象以观意"。也就是说，"忘象以求其意"，并不是像庄子所说的那样完全废弃"言"和"象"，而是把"言"和"象"作为认识和把握"意"的工具和手段，而把"意"作为认识的真正目的。一旦目的达到，手段的意义也就因其实现而告结束。

王弼之所以要将易学注重卦象转变到注重义理，其根本原因即如李鼎祚所说，是要将汉易的"参天象"转而为"释人事"。不过在王弼看来，"释人事"并不像李鼎祚说的那样"人事近而易习"，相反，他认为人事的复杂变化远非像"汉易"那样以研究天文历法的数学方法的计算所能预测。这种将易学的天象巫术研究转入人事哲理的质变和飞跃，不仅从根本上扭转了汉代易学乃至整个经学"只见树木，不见森林"的痼疾，将学术视点由微观的章句之学转入宏观的义理把握方面，而且还使得王弼的《周易》研究成为魏晋士族文人人生哲学的主要依据之一。

作为魏晋玄学中"言意之辨"的最高成就和代表学说，王弼的"得意忘象"说无论是对于当时的社会思想，还是对以后的文化发展，都产生了巨大的影响。对此，学者们从不同的角度，谈到这一学说的深远影响。值得注意的是，汤用彤先生《言意之辨》认为王弼"得意忘象"的学说在魏晋时期的影响主要表现在四个方面：一是改变了解释经典的方法角度；二是与玄学贵无的宗旨相通；三是融会了儒道二家；四是对魏晋名士立身行事的影响。总的看来，前三个方面已经为人说了不少，唯独第四点尚未引起人们注意。这也正是王弼"得意忘象"的学说对魏晋士人人生态度的影响所在。

从总体上看，因为"得意忘象"的说法强调忽略事物的个别意义而强调其宏观和总体的意义，所以这一学说成为魏晋时期士人十分普遍的认识方法和思维定式：

九方皋以相马著称的故事却起于秦汉时期的《吕氏春秋》《淮南子》以及魏晋时期的《列子》。人们对这个故事关注的就是其中"得意忘象"的思想方法。《列子·说符》篇首唐人卢重玄解："本篇去末明本，约形辩神。立事以显真，因名以求实；然后知徇情之失道，从欲以丧真。故知道者不失其自时，任能者不必远害。"所以在九方皋相马的故事后，卢重玄又解道："皋之相马，相其神，不相其形也。形者，常人之所辩也。伯乐叹其忘形而得神，用心一至于此，自以为不及皋之无数倍也。故穆公以为败，伯乐以为能也。"可见这是魏晋时期十分普遍的思维方法。到了两晋时期，随着佛教的广泛流行，佛教玄学化成为大势所趋。

人们希望在儒、道、佛三家背后寻找其共同的联结点，于是"得意忘象"之说，大派用场。汤用彤说："东晋佛徒释经遂与名士解儒经态度相同。均尚清通简要，融会内外，通其大义，殊不愿执着文句，以自害其意。故两晋之际有名僧人，北方首推释道安，则反对格义；南方倾倒支道林，则不留心文句。"可见支道林就是东晋时期以采用"得意忘象"方法解释佛教的代表人物。《支遁传》云："遁每标举会宗，而不留心象喻，解释章句，或有所漏，文字之徒，多以为疑。谢安石闻而善之，曰：'此九方皋之相马也，略其玄黄而取其隽逸。'"谢安对支遁的肯定，正说明名士与佛徒在思想方法上的暗合之处。实际上这种"得意忘象"的观念在当时知识阶层十分普遍。卢谌《赠刘琨诗》第十六章："纤质实微，冲飚斯值。谁谓言精，致在赏意。不见得鱼，亦忘厥饵。遗其形骸，寄之深识。"陶渊明《饮酒》诗第五首："此中有真意，欲辨已忘言。"这也就是嵇康在《兄秀才公穆入军赠诗》第十四首所描绘的境界："俯仰自得，游心太玄。嘉彼钓叟，得鱼忘筌。郢人逝矣，谁可尽言？"

当"得意忘象"成为魏晋时期士族文人阶层普遍的认识方法和思维定势后，它进一步成为士人人生态度的指南和圭臬，也就是水到渠成的事情了。辨而析之，《世说新语》中这种"得意忘象"的人生态度大约有以下几层含义：

首先是社会的层次。经过汉代社会思想、政治乃至道德的驯化，人们已经逐渐将自己的人生价值，定位于社会角色的实现，并以此取代个人的快乐和享受。过去学界对此否定得过于彻底，以至于形成了几乎一无是处的压倒性倾向。从士人（或西方所谓"知识分子"）的基本属性上看，如果能将士人的社会压力转变为社会责任，使其关心社会，关心人类的命运，即中国士人所谓"天下兴亡，匹夫有责"，也未尝不失为一种有益的人生价值。从这个意义上说，从汉末清议运动到竹林名士与司马氏政权的抗争，都是汉代社会文化氛围造就而成的士人关心社会的参与意识的集中反映。然而随着汉代一整套社会价值观念的倒塌，人们开始对人生价值中社会价值与个人价值二者孰轻孰重的问题发生了怀疑；尤其是随着夏侯玄、李丰、何晏、嵇康等司马氏反对党的惨遭杀害，广大士人关心社会政治的积极性受到极大的打击。人们从这些事件中猛然意识到与其热衷社会政治人生，不如关心一下自己的个性价值。于是，以及时享乐为核心的人生快意说取代了以关心社会为目的的人生责任说。

从这种人生态度与玄学的逻辑对应关系上看，所谓人生快意，就是强调肯定人的自然心性，反对代表社会意志的名教对它的束缚和统治；而以王弼等人为代表的主流玄学家认为自然即"无"（"无限"），名教即"有"（"有限"）；王弼等人又认为"无"为"本"，"有"为"末"，并主张"崇本息末"。这样，这种以及时享乐为核心的人生快意说也就成了应当推崇的立身行事之"本"，是作为人生终极价值的"意"，而那种以关心社会为目的人生责任说则变成了需要节制熄灭的"末"，是作为人生过程现象的"象"或"言"。《列子·杨朱》："则人之生也，奚为哉？奚乐哉？为美厚尔！为声色尔！而美厚不可常厌足，声色不足常玩闻，乃复为刑赏之所禁劝，名法之所进退，遑遑尔竞一时之虚誉，规死后之余荣；偊偊尔顺耳目之观听，惜身意之是非，徒失当年之至乐，不能自肆于一时。重囚累梏，何以异哉！太古之人知生之暂来，知死之暂往，故从心而动，不违自然所好；当身之娱非所去也，故不为名所劝。从性而游，不逆万物所好；死后之名非所取也，故不为刑所及。名誉先后，年命多少，非所重也。"卢重玄解："举太古之人者，适其中也。夫有生有死者，形也；出生入死者，神也。

第六讲 "得意"与"忘象":细说魏晋名士的审美人生态度

知死生之暂来暂往也,则不急急以求名;知神明之不死不生也,则不遑遑以为道。故从心而动,不违自然所好也;娱身而已矣,何用于名焉?故从性而游,不逆万物所嗜也;适意而已矣,何惧于刑焉?是以名誉、年命非所料量也。娱身适意者,动于道合,非溺于情也。"

正始之后士族文人的生活行为,完全印证了这种人生态度。前文列举的张翰所谓"使我有身后名,不如即时一杯酒"的说法,可谓《列子·杨朱》中及时行乐观点的例证和注脚。当时张翰之流漠视名誉的实质,在于按照"得意忘象"的观点,汉代以来的求名风气,是将概括和称呼人的内在实质的外在之名视为生命的首要意义,而完全忽略和丢弃了作为生命本质意义的自然心性。这是本末倒置的"存象忘意"。所以他们这样做的目的,就是要将被求名者丢弃的作为人生之"本"的自然心性找回,并恢复其"本"和"意"的决定性地位。他们的初衷是"得意忘象",但事实上却是因为得到了"意"而并未失去"象"。明代王世懋评曰:"季鹰(张翰)此意甚远,欲破世间啖名客耳。渠亦那能尽忘?本谓忘名,乃令此言千载。"说的就是张翰为得人生自然真意却并未失去外在之名。这是典型的以放诞不羁作为体现自然心性"意"和"本",以取代将社会名誉视为生命之"本"的"得意忘象"人生态度。

有了这种人生态度,就会将体现人生自由的"适意"作为人生的终极目标。张翰在洛阳就任齐王司马冏的东曹属官时,见到秋风起,便想起家乡吴中的莼菜羹和鲈鱼脍,说:"人生贵得适意尔,何能羁宦数千里而要名爵?"于是让人驾好车马返回家乡。不久齐王司马冏败死,时人都认为张翰有先见之明。只要稍加留意,就不难发现,魏晋士人在将"适意"强调为人生意蕴之"本"的同时,始终伴随以对于"名"的否定。这种对于"名"的厌恶情绪,一方面是出于他们从

〔五代〕佚名《神骏图》

理论的高度，对于"得意忘象"这一玄学思想的体认和实践，同时也是对汉代名实相异的普遍情况造成恶果的深恶痛绝。然而更为现实的原因是，在政治风云变幻莫测的魏晋政局当中，"名"的福祸作用也是完全难以预料的，因而确乎是不可执着的"象"或"言"，而绝不是"意"。清人文廷式《纯常子枝语》说："季鹰真可谓明智矣。当乱世，唯名为大忌。既有四海之名而不知退，则虽善于防虑，亦无益也。季鹰、彦先皆吴之大族。彦先知退，仅而获免。季鹰则鸿飞冥冥，岂世之所能测其浅深哉？陆氏兄弟不知此义，而乾没不已，其沦胥以丧，非不幸也！"明代陆树声《长水日抄》也就此事说："不知翰方逃名当世，何暇计身后名耶？"无论是明智还是无奈，张翰的长处就在于当世人还在为得到虚名而沾沾自喜的时候，他已经预感到晋室诸王的政治角逐中，虚名既可为某一派别所利用而一时飞黄腾达，也随时可能因其覆亡而招来灾难。齐王的惨败证明了他预见的正确，也用事实说明"名"作为"末"与"本"相对立而应受到轻视的地位。

当"名"作为"末"而受到轻视，而及时行乐作为"本"而受到重视的时候，将这种认识作为"得意忘象"学说的一种人生实践也就十分自然了。毕卓说："一手持蟹螯，一手持酒杯，拍浮酒池中，便足了一生。"显然是"得意忘象"观念指导下的人生态度。正是这位

大名鼎鼎的吏部郎毕卓,曾经因为饮酒而丢了官职。据《晋中兴书》,他邻居人家酿了好多酒,毕卓喝醉后,夜里跑到人家的酒窖里偷酒喝。主人以为是小偷,就抓起来捆了起来。点灯一看,才知道是大名鼎鼎的毕卓,就解开了绳索。毕卓拉起主人,就在酒窖里边又喝了起来,大醉而去。

其次是哲理的层次。玄学本身就是形而上之学,这就决定它对于事物哲理层面的关注是理所当然的。从哲理的角度出发,魏晋士族文人往往善于在日常纷繁的现实生活中去寻找和品味生活的内在意蕴和趣味,以体现"得意忘象"的人生态度。人生的真谛蕴含于纷纷惚惚的大千世界的凡人琐事中,发现它对任何人都是机会均等的,但很多人却与之失之交臂,无动于衷。这是因为碌碌世事分散了人们的注意力,实用的屏障遮住了人们的理性目光。从这个意义上说,人生的意蕴属于发现它们的人。魏晋士人便堪属此类。《世说新语·言语》:"刘尹与桓宣武共听讲《礼记》。桓云:'时有入心处,便觉咫尺玄门。'"能够对日常琐事时时入心,才可能将其进行形而上的判断,并进而感受其内在意蕴。"他们用自己的眼睛去看别人见过的东西,在别人司空见惯的东西上能够发现出美来。"(尼采《悲剧的诞生》)晋简文帝入华林园,顾谓左右曰:"会心处不必在远,翳然林水,便自有濠、濮间想也。觉鸟兽禽鱼自来亲人。""会心"二字，点出他们对现实生活之所以能够"得意忘象"的诀窍所在。

确如司马昱所言，他们往往善于在日常生活细节中去会心出其哲理的意蕴。支遁曾养了好多匹马，有人说和尚养马并不风雅。支遁说："贫道重其神骏。"支遁还喜欢养鹤。他住在剡县东面的岇山时，有人送他一对幼鹤。不久，幼鹤的翅膀长起来了，就想要飞起来。支遁因舍不得它们飞走，就剪短了它们的翅膀。鹤张开翅膀却飞不起来，于是回头看着自己的翅膀，低下头来，看上去好像有些懊丧的意思。支遁幡然醒悟说："既有凌霄之姿，何肯为人作耳目近玩？"于是就悉心喂养它们，到鹤的翅膀再次长成后，就放它们飞向广阔的天空。马的基本功用是供人骑乘，鹤的实用价值是供人赏玩。然而支遁畜养它们的目的全不在此。《许玄度集》："遁……常隐剡东山，不游人事，好养鹰马，而不乘放，人或讥之，遁曰：'贫道爱其神骏。'"显而易见，从骏马驰骋的神姿中体会出俊迈神逸的含义，从仙鹤的"凌霄之姿"中体会出人生自由的意义，便是支遁蓄养这两种动物的"会心"之处。支遁所爱重的"神骏"，正是蓄养马、鹤二事的"意蕴"之所在；而他所忽略的二物乘骑赏玩之用，正是二事的"言""象"所在。这样的哲理品位在《世说新语》中不乏见到。桓冲不喜欢穿新衣服，每次洗澡后，妻子故意送去新衣服给他换。桓冲非常生气，催促仆人赶快拿走。妻子又让人再次把新衣服拿来，并给桓冲传话说："衣服不经过新的，怎么会变成旧的呢？"桓冲听后大笑，穿上了新衣服。桓冲对妻子化怒为笑，是因为他从开始对衣服实用角度的好恶，转变为对妻子关于衣服新旧之间关系辩证过程看法的认可。这正是在穿衣这个问题上由注重外在之"象"向注重哲理之"意"方面的过渡和升华。一旦得到"意"，过去曾经执着的"象"也就自然被忽略不计了。

第六讲 "得意"与"忘象":细说魏晋名士的审美人生态度

在此价值取向的规定作用下,"得意"者往往要比"得象"者受到更高的评价。王戎与和峤同时丧母,两人都因为非常尽孝而受到世人好评。王戎骨瘦如柴,和峤哀痛哭泣,礼仪周全。晋武帝司马炎对刘毅说:"你去看望过王戎、和峤吗?听说和峤过于悲伤,超出了礼法的限度,真让人为他担忧。"刘毅说:"和峤虽然礼仪周全,但精神并没有受到损伤;王戎虽然礼仪不周,可悲痛得已经伤了身体,只剩下一把骨头。我以为和峤是生孝,王戎是死孝。陛下不应该为和峤担忧,倒是应该为王戎担忧。"(见《世说新语·德行》)王戎与和峤虽然均以孝著称,但他们当中一个追求的是外表的孝子形象,所以处处按礼制的要求行事,"量米而食",然而却"神气不损";一个虽然外表"不拘礼制,饮酒食肉",然而却是"鸡骨支床""哀毁骨立"。显而易见,在"孝"的问题上,和峤是"存象忘意",而王戎却是"得意忘象"。因此时论所肯定的是王戎的"死孝",而对于和峤的"生孝"不无微讽。

王戎的"死孝"精神所奉行的,正是老庄道家所提倡的"大象无形"和"得意忘言"之旨趣。《庄子·大宗师》:"行名失己,非士也。(郭象注:善为士者,遗名而自得,故名当其实,而福应其身。成玄英疏:矫行求名,失其己性,此乃流俗之士,非为道之士。)亡身不真,非役人也。(郭象注:自失其性而矫以从物,受役多矣,安能役人乎?成玄英疏:夫矫行丧真,求名亡己,斯乃受人驱役,焉能役人哉!)"庄子举出的例子是,子桑户、孟子反、子琴张三个人相互约定,要做能够相交出于无心,相助不着形迹,超然物外,出入无极之中那样的朋友。后来子桑户死了,还没有下葬。孔子听说后就让子贡去助理丧事。子贡看见一个人在编歌曲,一个人在弹琴,两个人合唱着:"桑户啊桑户啊!你已经归还本真了,而我们还寄迹人间啊!"子贡赶上去问他们:"请问对着尸体歌唱,合乎礼吗?"二人相对一笑说:"他哪里懂得礼的真意！"子贡回去把所见告诉孔子，说这些人不用礼仪来修饰德行，而把形骸置之度外，还对着尸体唱歌，简直不可思议。孔子说："他们是游于方域之外的人，而我们是游于方域之内的人。两者彼此不相干，我却让你去吊唁，这是我的固陋！他们这些人与造物者为友，遨游于天地之间。他们把生命看成是气的凝结和变化，不去深究和执着其具体的形态。他们安闲地神游于尘世之外，逍遥于自然的环境里，怎么能拘守世俗的礼节，表演给世人看呢！"看来双方对于"礼"的含义有着截然相反的理解。子贡理解的是"礼"的形式（象），而孟子反和子琴张理解的却是"礼"的内涵（意）。如同郭象所言，抓住了礼的"意"，就是抓住了事物的本质和母体，这样也就不会失去形式和子体（象）；反之，只注意礼的外在形式（象），就会为形式所钳制，为形式而形式，以至于虚假做作，走向以虚假的丧礼形式欺骗亲人的境地，从而成为"礼"的异己行为。

庄子的这种思想到了东汉后期又重新开始抬头。据《后汉书·戴良传》，戴良小时候就放诞不羁，他的母亲喜欢听驴叫，戴良就经常学驴叫，让母亲高兴。后来母亲去世了，哥哥戴鸾按礼教规矩住在守丧的棚庐中喝粥。戴良则照旧喝酒吃肉，到悲哀难过时才痛哭。兄弟二人都显得哀伤憔悴。有人问戴良这种居丧是否合乎礼法，戴良毫不犹豫地加以肯定："礼是用来抑制情的过分泛滥的，如果情不过分，那么要礼还有什么用处？到了悲哀难过得连吃到嘴里的酸甜苦辣都感觉不到，那么吃什么还有什么区别呢！"问话的人无言以对。

这种追求"礼"的真实内涵（意），忽略"礼"的烦琐形式（象）的做法，此后蔚然成风。阮籍的母亲去世，裴楷前往吊唁。阮籍正喝醉了酒，披头散发，伸开两腿坐在床上，也不哭。裴楷来到之后，跪在座垫上就行哭泣礼，吊唁完毕就走了。有人问他按吊唁的礼仪规矩，应该主人先哭，客人才能行礼。怎么阮籍还没哭，你倒自己哭了呢？裴楷就用《庄子》里边的话说："阮籍是游于方域之外的人，所以不尊崇礼制；我们都是世俗中人，所以自己要遵守礼法。"当时人们很赞赏他的话，认为对双方的认识都很到位。不仅如此，在母丧期间，阮籍和司马昭一起吃饭时竟然公然喝酒吃肉，被何曾当面向司马昭进谗言说阮籍违犯礼法，要把阮籍流放海外。幸亏司马昭的维护才幸免于难。给母亲发丧的时候，阮籍蒸了一只小肥猪，喝了二斗酒，然后向母亲遗体诀别，只是大叫："完了！"总共只号哭了一声，接着口吐鲜血，神情萎靡沮丧了好久。

裴楷所说的"方外""方内"，就是上文孔子所讲的庄子那样的"游方之外者"和孔子自己那样的"游方之内者"。所谓"方外""方内"之别，就是关于"礼"的问题上"得意忘象"和"存象忘意"之别。《礼记·曲礼上》规定："居丧之礼，毁瘠不形，视听不衰。升降不由阼阶，出入不当门隧。"孔颖达疏："此一节明孝子居丧，此先明居丧平常之法也。'毁瘠不形'者，毁瘠羸瘦也。'形'，骨露也。骨为人形之主，故谓骨为形也。居丧乃许羸瘦，不许骨露见也。'升降不由阼阶'者，'阼阶'，主人之阶也。孝子事死如事生，故在丧思慕，犹若父在，不忍从父阼阶上下也。"显然，阮籍没有按照这些礼制的形式规定（象）来做。但这并不能说明阮籍对亲人没有亲情，或者完全无视礼制的初衷（意）。因为礼制的初衷是既要让为子者尽表哀思，又不致因此而伤害身体，丢掉尽孝的最基本条件。《礼记·曲礼上》："居丧之礼，头有创则沐，身有疡则浴。有疾则饮酒食肉，疾止复初。不胜丧，乃比于不慈不孝。"孔颖达疏："'不胜丧'，乃比于不慈不孝者，结所以沐浴酒肉之义也。'不胜丧'谓疾不食酒肉，创疡不沐浴，毁而灭性者也。不留身继世，是不慈也；灭性又是违亲生时之意，故云不孝。"搞垮了自己的身体，违背了死者生前的意愿，那才是真正的不孝。从戴良、阮籍，到王戎，正是按照礼制的这一原则和初衷来行事的。所以尽管他们在形式（象）上没有完全按礼教的规定行事，但就其初衷（意）来说，是完全符合礼制的。司马昭对于阮籍的维护，除了私人的感情因素外，这一行为没有从根本上违背礼制，也是重要原因。那种外表上作出符合礼教姿态的行为，实际上未必在骨子里认同礼制。据《语林》载，和峤诸弟食其园李，皆计核责钱。所以余嘉锡云："孝友之道，关乎天性，未有孝于其亲而薄于骨肉者。……若和峤之视兄弟如路人，虽不得遽谓之不孝，而其所以事亲养志者，殆未能过从其厚矣。"这就是（存象）者未必（得意）的关节所在。

再次是审美的层次。将摆脱社会名教束缚的人生快意说与"得意忘象"的人生哲理说相结合，就自然形成了魏晋士族文人的审美人生观。人生快意说的实质在于人对于社会的超越；人生哲理说的实质在于人的意识中形而上对于形而下的超越；而人生审美说的实质则是人对于自身的超越。这三个递进的层次完成了魏晋士族文人将"得意忘象"的玄学命题转变为士族的人生态度的出色贡献。

从前面两点提到的情况来看，魏晋士人如果仅仅将对人生过程"得意忘象"的认识停留在适意对于社会名教的超越和哲理对于现象的超越的层次的话，那还无法获得根本的解脱。只有将以上两种超越归于审美的层次，才有可能得到根本的解脱。叔本华认为，人生的悲剧根源于人的行为及其动力的意志，而意志来源于人的需求和缺乏。人的需求永远不会满足，人生的悲剧也就永不终止。如果能把意志和需求变成艺术创造和艺术欣赏的对象，那么人就可以由受苦的状态转入审美的境界，艺术家或欣赏者都可能沉浸"自失"在观审之中，而摆脱意志（欲念）的桎梏。这时，那"永远寻求而又永远不可得的安宁就会在转眼之间自动光临,而我们也就得到十分的怡悦"。这时,"或是从狱室,或是从王宫中观看日出,就没有什么区别了"(叔本华《作为意志和表象的世界》)。也就是说,人生的烦恼来源于演戏,人生的解脱则在于看戏。这一点,尼采阐述得更为明确:"只有作为一种审美的现象,人生和世界才显得是有充足理由的。"(尼采《悲剧的诞生》)魏晋士族文人所努力寻找的,正是这样一种艺术化人生的解脱。

朱光潜先生说过,人生好比是一出戏剧,"世间人有生来是演戏的,也有生来是看戏的。这演与看的分别主要地在如何安顿自我上面现出。演戏要置身局中,时时把'我'抬出来,使我成为推动机器的枢纽,在这世界中产生变化,就在这产生变化上实现自我;看戏要置身局外,时时把'我'搁在旁边,始终维持一个观照者的地位,吸纳这世界中的一切变化,使它们在眼中成为可欣赏的图画,就在这变化图画的欣赏上面实现自我。因为有这个区别,演戏要热要动,看戏要冷要静"(朱光潜《看戏与演戏》)。如果把儒家的人生态度比作演戏的话,那么以老庄为代表的道家的人生态度则是看戏。这里所谓看戏的对象不仅指他人,也包括看戏者本身。道家这种看戏者的人生态度,来源于庄子艺术化、审美化的人生态度。

关于庄子艺术化、审美化的人生态度,人们已经说过不少。这里着重要谈的,是庄子这种人生态度与作为魏晋士人"得意忘象"人生态度表现的审美人生观之间的关联,以及"得意忘象"作为一种审美人生态度的具体表现。

从审美的角度看,当人们将自己置于看戏者的位置时,他对于审美对象的审视也就由对普通客观现象的观察变成了对于审美客体的艺术欣赏。这实际上就是一个"忘象"的过程。"忘象"是一种超越、一种升华。没有它,也就没有艺术欣赏和艺术创造。如果没有在认识自然基础上对于自然景物细节的超越,也就没有人们对于自然的审美;如果没有在认识社会基础上对于社会现象的把握和超越,也就没有人们对于社会的审美;同样,如果没有在认识自我基础上对于自我存在的超越,也就不会有人生的自我审美。从现实的情况来看,人们对于自然的超越已属不易。没有千万次观察和揣摩,就不会有艺术家的"胸有成竹"。徐悲鸿笔下的马和黄胄笔下的驴之所以能够得其神韵,也是完全吃透了马和驴的生理结构和运动规律的结果。然而更为困难的是人对于社会、人生乃至自我的审美。

审美人生的最大障碍是人对于人生过程功利和实用的取向。康德《判断力批判》说:"一个审美判断,只要是掺杂了丝毫的利害计较,就会是很偏私的,而不是单纯的审美判断。人们必须对于对象的存在持冷淡的态度,才能在审美趣味中做裁判人。"如果以功利实用的人生态度为价值取向,那么就要以牺牲审美人生态度为代价,这实际上就是"存象忘意";如果以审美为价值取向,那么就要抛弃功利实用的目的,则便是"得意忘象"。庄子曾描绘出一株巨大的"栎社树"的美,认为它之所以能"如此其美",恰好因为它是不能用来制作任何东西,没有任何实用价值的"散木",因而没有被砍伐,并长得高大、美妙。庄子还举出惠施有一棵大树,"人谓之樗,其大本拥肿而不中绳墨,其小枝卷曲而不中规矩,立之涂,匠者不顾"(《庄子·逍遥游》),完全没有实用价值。但庄子却说:"今子有大树,患其无用,何不树之于无何有之乡,广漠之野,彷徨无为乎其侧,逍遥乎寝卧其下。不夭斤斧,物无害者,无所可用,安所困苦哉!"这就是说,这棵没有实用价值的大树,其作用在于它能给人以自由的比拟和美的享受,使人逍遥无为,得到精神愉悦。如果超越了实用功利目的,那么无用就可以变为有用,并且有"大用"。(《庄子·人间世》)这个"大用"即在于它能使人遨游于无限的人生境界,不受任何事物的羁缚,无比自由和愉悦,这便是"得意"的境界。相反,那些为利害得失(象)斤斤计较的人,却只能"与物相刃相靡,其行尽如驰,而莫之能止,不亦悲乎"(《庄子·齐物论》)。人,如果不把自己从外物的束缚羁绊中解放出来,就不可能达到能够支配宇宙和自我的绝对自由的精神境界(得意)。魏晋人则往往努力向这一目标靠近。

孙绰祖父名"楚",高柔曾用"楚楚"来取笑孙绰,并暗示孙绰和松树一样,只求美观,并无实用。高柔祖父名字失考,但孙绰的话中肯定含其名字。不过孙绰话中更要表现出他与高柔价值观念的不同。他对松树有无"栋梁用"毫无兴趣,而热衷追求松树的美好姿态,并从中寄托自己的人生审美理想。在他看来,松树能否成为栋梁之材,即人是否对社会有用,都无关紧要。重要的是能够进入"俯仰自得,游心太玄"的境界,从"带长阜,倚茂林","坐华幕,击钟鼓"中获得人生的享乐和意趣。

抛弃实用功利的人生态度,并不意味着离开现实的人生,而是忽略对其是非的计较,即以平常、虚静之心来对待任何事物。换句话说,就是"忘象"而不"丢象"。庄子十分强调忘却和淡漠是非荣辱,在《庄子》一书中多处使用"忘"字,以表达这种思想。如"忘年忘义""相忘以生""鱼相忘乎江湖,人相忘乎道术""不如相忘于江湖……不如两忘而化其道"等,都是以"忘己""丧我"的态度,"以与世俗处"。在《齐物论》中,庄子反复将人与人的关系,从世俗意义上的是非、利害等死结中解开,而提出"因是""寓诸庸"的观念。所谓"因是",系指自己的虚静之心超越和摆脱了世俗以自己的"成心"为准则的是非和纷扰,而发现了人皆有为他人无法干涉和改移之"是",所以便因各人之是而是之;"寓诸庸"则指自己的虚静之心超越和摆脱了世俗以自己的才知为"用"、为"成",超越和摆脱了以一时一地的结果为"用"、为"成",而发现了每人、每物皆有其自用、自成。且无用于此者或有用于彼,毁于此者或成于彼,所以便将自己对人、对物的态度,寄托(寓)于各人各物自用自成之上。从美学角度看,无论审美客体本身是善恶抑或是美丑,都可能具有审美价值。庄子频频提出"忘"的主张,目的也是在于使人忘却功利实用目的,泯灭是非,以虚静之心对人生过程全然持审美的态度:"死生存亡,穷达富贵,贤与不肖毁誉,饥渴寒暑,是事之变,命之行也。日夜相代乎前,而知不能规乎其始者也。故不足以滑和,不可入于灵府。使之和豫通而不失于兑(悦);使日夜无却,而与物为春,是接而生时于心者也。"有了"通而不失于兑(悦)"和"与物为春"的人生态度,生活的各种现象就不再是作为满足功利欲望和需要加以占有的对象,而应当是观照、欣赏的审美对象:

> 王子猷居山阴,夜大雪,眠觉,开室,命酌酒。四望皎然,因起仿偟,咏左思《招隐诗》。忽忆戴安道,时戴在剡,即便夜乘小船就之。经宿方至,造门不前而返。人问其故,王曰:"吾本乘兴而行,兴尽而返,何必见戴?"(《世说新语·任诞》)

文中王徽之(字子猷)共有五个行为,一为睡觉,二为饮酒,三为赏雪,四为咏诗,五为访友,不过这五个行为都没有被王徽之作为世俗实用意义上的行为来操作。他完全是以审美的心态来对待这每一个行为过程。尤其是"雪夜访戴"一节,更把这种审美心态推向了极致。为专程访友,经过一夜的雪中奔波,这对于朋友来说,可谓是一笔不小的感情投资。以世俗之见,它将换来朋友的好感、信任乃至各种利益,也都是难以估量的。然而对于王徽之来说,这些都是多余甚至是鄙俗

〔明〕佚名《雪夜访友图》

的东西，是"象"，应当忘掉。他所追求的，只是《雪中吟诗赏雪图》和《雪夜访友图》这两幅充满诗情画意的人生审美境界。难怪明代王世懋评道："大是佳境。"凌濛初也说："读此令人飘飘欲飞。"可见王徽之所精心绘制的人生图画已经得到了后人的意会和欣赏。

"忘象"的结果不但泯灭了利害得失和是非功过的界限，而且也泯灭了物物我我之界限。它使魏晋士人能够以超然的态度对人生进行审美的观照，这个层次的"得意忘象"是主体对客体有距离的有自觉意识的审美活动。它与20世纪初瑞士美学家爱德华·布劳（Edward Bullough）所主张的审美心理距离说不谋而合。布劳（或译作布洛）主张在任何审美对象和审美主体之间，都保持一定的心理距离。这种距离"介于我们自身与我们的感受之间"（布洛《作为艺术因素与审美原则的"审美距离说"》）。实现它的前提是排除功利的实用目的。布劳说："是距离使得审美对象成为'自身目的'。是距离把艺术提高超出各人利益的狭隘范围之外，而且授予艺术以'基准'的性质。……尤其是距离提供了审美价值的一个特殊标准，以区别于实用的（功利的）、科学的或社会的（伦理的）价值。""它的目的则在于实现审美价值。美，最广义的审美价值，没有距离的间隔就不能成立。"这个认识不仅适用于艺术现象，而且也适用于人生。布劳曾以雾海行船的例子来解释他的"心理距离"概念：人在雾海行船时，常常因担心被大海吞没而为命运担忧。这就是未能超越功利实用认识的缘故。相反，如果人们"忘掉那危险与实际的忧闷，把注意力转向'客观地'形成周围黑色的种种风物"，"把宁静与恐怖离奇地糅和在一起，人们可以从中尝到一种浓烈的痛楚与欢快混同起来的滋味"。（布洛《作为艺术因素与审美原则的"审美距离说"》）这两种不同的处理方式，其根源就在于是"存象忘意"，还是"得意忘象"，即所谓主体与客

体之间是否保持了审美距离。无独有偶,东晋士人也有一个与此非常类似的故事:

> 谢太傅盘桓东山时,与孙兴公诸人泛海戏(刘注引《中兴书》:安先居会稽,与支道林、王羲之、许询共游处,出则渔弋山水,入则谈说属文,未尝有处世意也)。风起浪涌,孙、王诸人色并遽,便唱使还。太傅神情方王,吟啸不言。舟人以公貌闲意说,犹去不止。既风转急,浪猛,诸人皆喧动不坐。公徐云:"如此,将无归!"众人即承响而回。于是审其量,足以镇安朝野。(《世说新语·雅量》)

谢安与众人的区别,正是布劳所说雾海行船时的两种截然不同的反应。孙绰和王羲之虽然也是大诗人和艺术家,但彼时彼地他们艺术家的细胞已经被危险和恐惧冲刷得一干二净,完全陷入和贴近现实的生死忧虑,故而惊惶失措,返归心切。而谢安则忘掉了这些危险,把自己宁静的目光,投向波涛汹涌的大海,从那壮观的气势中得到一种强烈的审美快感,所以他能在危险的环境中仍然镇定自若,神采飞扬,沉浸于审美的愉悦之中。与之相类,前文所述支遁养鹤畜马的故事,也是与生活对象保持审美距离,以达到"得意忘象"境界的例证。

从以上三个层次的描述分析可以看到,在魏晋玄学"得意忘象"这一命题的规定影响之下,魏晋士族文人将其运用于人生领域,不仅使人生的烦恼和痛苦得到相当程度的解脱,而且还为人们对于"得意忘象"这一深奥玄学命题的理解,提供了形象的例证。作为一种人生态度,"得意忘象"的最大特点是它为处于苦闷和煎熬中的士族群体提供了以愉悦的态度面对人生的有效手段。如果说"得意忘象"的社会层次给士人带来的是感性的快乐，哲理层次给士人带来的是理性的愉悦的话，那么审美层次给他们带来的则是艺术和审美的愉悦。在战乱频仍，人们普遍苦闷无聊的社会环境里，士族文人能够苦中求乐，"得意忘象"这一玄学命题在人生领域的运用应当是决定性的因素。

第七讲
隐逸与人生：细说魏晋名士的隐逸情怀

第七讲　隐逸与人生：细说魏晋名士的隐逸情怀

中国文化的核心，是以封建帝王专制和等级制度为中心，以儒、道、释三教为思想基础，以官僚和文人的言行为主要载体的封建式文化。但在看到帝王文化的主导意义的同时，也要看到与之相互对立又相互吸引的隐士文化。而魏晋时期名士的隐逸生活是中国隐逸文化的一个重要阶段，有许多隐逸文化的新亮点和新特色，也是魏晋风度中的重要画廊之一。

名士归隐的政治蕴涵

隐士活动的政治内涵，突出表现在他们与皇权的关系上。隐士形成有两个基本要素：一是士人的独立意识，即"道"优于"势"的信念；二是皇权所希望的隐士的社会使命，即在皇权与社会的矛盾中起到协调作用。这就决定了隐士与皇权间无所不在的紧密关系：皇权一方面既要用隐士来装潢门面，又要避免隐逸之风可能产生的不安定因素；隐士一方既要追求独立意识，又不得不承认为人君之臣民的现实，即尽管"道"优于"势"，可又不得不服从"势"的绝对统治。于是，双方如同一对命里注定的冤家，互相排斥，而又互相吸引。

经过前代的教训，魏晋时期的皇权与士人都开展了对双方关系相处方式的思考与研究。其活的标本，便是"竹林七贤"。《世说新语·任诞》为我们描绘了这个隐逸群体的产生概况：

陈留阮籍，谯国嵇康，河内山涛，三人年皆相比，康年少亚之。预此契者：沛国刘伶，陈留阮咸，河内向秀，琅邪王戎。七人常集于竹林之下，肆意酣畅，故世谓"竹林七贤"。

嵇康

读过嵇康《与山巨源绝交书》的人不免要有这样的疑惑：既然七贤是一个亲密无间的隐退群体，为什么嵇康还要把山涛骂得狗血喷头，并且与之绝交呢？明白了这个问题，我们也就明白了竹林七贤在隐逸文化史上的真正意义。

魏晋时期皇权与士人在处理相互关系上比较务实。在不断的选择和扬弃中，他们逐渐找到了双方不得不接受的相处方式。七贤中对皇权的三种不同态度，便是这种选择和扬弃的过程。

刘伶

第一种为对抗式，只有嵇康一人。嵇康继承了东汉以来逸民隐者的疑君和无君思想，他不仅公开唱出"非汤武而薄周孔"的论调，还在行为上付诸实施，傲视王侯。这种处世方式的危险性被山林中真正的隐者看得清清楚楚。据《世说新语·栖逸》载，一次嵇康在汲郡（治所在今河南汲县西南）漫游，遇见了道行高深的道教徒孙登，便和他一起交往

第七讲 隐逸与人生：细说魏晋名士的隐逸情怀

游乐。临别时，孙登对嵇康说："你的才能很高，但却缺少保全自身的办法。"《文士传》记载孙登还用火与光的关系来开导嵇康："子识火乎？生而有光，而不用其光，果然在于用光。人生有才，而不用其才，果然在于用才。故用光在乎得薪，所以保其曜；用才在乎识物，所以全其年。今子才多识寡，难乎免于今之世矣！子无多求！"但嵇康并没有听进这些话，继续公开与司马氏政权对抗。直到被捕入狱，嵇康才意识到孙登的先见之明，写诗自责："昔惭下惠，今愧孙登！"实际上已经违心地否定了自己的处世之道。这种方式尽管很崇高，很悲壮，但不现实。

阮咸

与此相反的方式是投靠式。其中山涛明白得最早。他尽管在竹林与嵇康等人游玩隐逸，但心里早就盘算着怎样才是保身之道。四十岁时他便做了赵国相，入晋后又历任要职。所以才遭到嵇康的怒斥。其实山涛的投靠正是隐士与皇权关系中的一种适应，目的是全身，而不是出卖灵魂。所以尽管被嵇康骂得难堪，但山涛仍没有忘记这位老朋友的后代。嵇康遇难后，山涛仍然举荐嵇康的儿子嵇绍担任秘书丞。嵇绍向山涛咨询是否就任及出世入世的道理，山涛说："我为你思考很久了。天地四季，尚且有消长盈虚，何

山涛

况是人呢！"山涛的话等于是他的处世宣言，即人的处世要顺应时势，能屈能伸，以保全自己。这种方式不久也为向秀所效法。嵇康被杀后，向秀拿着本郡的各种文书簿册来到洛阳朝廷，司马昭问他："听说你有隐居的志向，为什么又来到这里呢？"向秀回答说："巢父、许由这些拘谨自守的人是不值得效法称羡的。"司马昭听了，大为赞赏。按《庄子·逍遥游》篇尧让天下于许由一段郭象注曰："夫能令天下治，不治天下者也。故尧以不治治之，非治之而治者也。今许由方明既治则无所代之，而治实由尧，故有'子治'之言。宜忘言以寻其所况，而或者遂云治之而治者尧也；不治而尧得以治者许由也。斯失之远矣。夫治之由乎不治，为之出乎无为也。取于尧而足，岂借之许由哉？若谓拱默乎山林之中，而后得称无为者，此庄老之谈所以见弃于当途。当途者自必于有为之域而不反者，斯由之也。"这段话的中心意思，是强调隐逸与为政并无二致。这是对庄子原意的歪曲。余嘉锡《世说新语笺疏》说："庄生曳尾途中，终身不仕，故称许由，而毁尧、舜。郭象注《庄》，号为特会庄生之旨。乃于开卷便调停尧、许之间，不以山林独往者为然，与漆园宗旨大相乖谬，殊为可异。"清人姚范《援鹑堂笔记》

阮籍

第七讲 隐逸与人生：细说魏晋名士的隐逸情怀

认为郭象这段注实取自向秀，他说："郭象之注，多本向秀。此疑鉴于叔夜菲薄汤武之言，故称山林、当途之一致，对物自守之偏徇，盖逊避免祸之辞欤？"向秀歪曲庄子原意的动机，与前面故事中所叙他对巢父、许由歪曲否定是完全一致的。这是对传统隐逸理论的重大修正，即隐逸应服从并迎合皇权的绝对统治为前提。

王戎

这种思想在魏晋间并非空谷足音，王昶在《诫子书》中也说："夫人为子之道，莫大于保身全行，以显父母。欲使汝曹立身行己，遵儒者之教，履道家之言，故以玄默冲虚为名。欲使汝顾名思义，不敢违越也。夫能屈以为伸，让以为得，弱以为强，鲜不遂矣。若夫山林之士，夷、叔之伦，甘长饥于首阳，安赴火于绵山，虽可以激贪励俗，然圣人不可为，吾亦不顾也。"（见《三国志·魏志·王昶传》）又据《晋书·刘毅传》载，司马昭开始辟刘毅为相国掾时，刘毅以疾而辞，多年不就。后来有人传说刘毅辞官是因为心怀曹魏，刘毅就吓得赶忙应命为官。可见这些人的投靠为官，主要是全身之道所致。

向秀

第三种方式是矛盾式，以阮籍为代表。阮籍在很多方面与嵇康是一致的。如嵇康提出要"非汤武而薄周孔"，阮籍就干脆提出"无君论"的思想，甚至讲出"无君而庶物定，无臣而万事理"这种犯忌的话来。在目无礼法、行为放达方面，二人也是如出一辙。但二人的下场却截然相反，其中的关节就在于谁能有全身之道上。嵇康把心里所想的东西和盘托出，因而招来杀身之祸。而阮籍却善于把对外界的褒贬藏在心里，因而能够得到司马昭的赏识，如李秉在《家诫》中说，他曾经和三位长史觐见司马昭，辞行之前，司马昭问他们："为官者应当清廉、谨慎、勤勉，做好这三点，还有什么治理不好的？"三人唯唯受命。司马昭又问："如果实在要在三者当中保留一个，应该保留哪一个？"有人说应当以清廉为本，又来问李秉，他回答说："清廉和谨慎是相辅相成的。逼不得已，谨慎才是最重要的。"司马昭表示同意，又问能否举出近来堪称谨慎的典范人物。李秉就举了太尉荀景倩、尚书董仲达、仆射王公仲等人。司马昭说："这些人每天从早到晚都小心翼翼，确实算是谨慎。但天下之至慎者，非阮籍莫属！每次和他说话，他总是说些云山雾罩的话，也从不评论时事，评价人物。他才是最谨慎的人啊！"在司马昭看来，士人做不做官，做官清不清廉，勤不勤政，都无关紧要。最要紧的，是听不听话，嘴巴老不老实。而且他十分注意观察士人，看谁最符合这个标准。他亲自树起的服从典型，便是阮籍。所以，司马昭对阮籍冒犯礼法的举动，便视为枝节小事，不足一提。当有人以此为借口，对阮籍落井下石时，司马昭竟能予以保护。如阮籍遭遇母丧的时候，公然在司马昭那里饮酒吃肉。当时司隶也在座，趁机向司马昭进谗言说："陛下正在提倡以孝治天下，可阮籍却在重丧期间公然在陛下面前饮酒食肉，应该把他流放到海外，以正风教！"司马昭说："阮籍痛苦成这个样子，你为什么不能与他分忧？况且有病的时候饮酒食肉，本来也是符合礼教规定的！"阮籍在旁边照饮照吃不误，神色自若。司马昭与阮籍之间完成了一笔交易，阮籍付出的是服从和忍耐，换来的是承认和保护。这笔交易在高洁之士看来不免有些肮脏，但我们必须看到这笔交易在隐逸文化史上的意义：它以双方自我调节的方式，把皇权与隐士之间的相处方式，调到了最佳位置。司马昭屡次保护了阮籍性命，阮籍也在司马昭即将上台前夕，受人之托写了劝进表。真是你来我往。互通有无。宋人叶梦得《避暑录话》说："阮籍既为司马昭大将军从事，闻步兵厨酒美，复求为校尉。史言虽去职常游府内，朝宴必与。以能遗落世事为美谈。以吾观之，此正其诡诱，佯欲远昭而阴实附之。故示恋恋之意，以重相谐结。不然，籍与嵇康当时一流人物也，何礼法之士疾籍如仇，昭则每为保护，康乃遂至于杀身？籍何以独得于昭如是耶？至劝进之文，真情乃见。"叶氏可谓找到了嵇、阮二人举止相同而下场各异的原因。这一点连嵇康也看到了，"阮嗣宗口不论人过，吾每师之，而未能及。至性过人，与物无伤，唯饮酒过差耳。至为礼法之士所绳，疾之如仇，幸赖大将军保持之耳"（《与山巨源绝交书》）。

说阮籍这种方式矛盾，是指它虽然能保全性命，而且也没像向秀、山涛等人那样认真地做官，但它毕竟在很大程度上损害了隐士的赤诚、高洁之心。所以阮籍保全生命的代价除了自己的"至慎"外，还有内心极度的痛苦：

> 王孝伯问王大："阮籍何如司马相如？"王大曰："阮籍胸中垒块，故须酒浇之。"

阮籍隐逸之心未泯，所以才十分在乎自己为保全性命所付出代价的昂贵。他的生命如果受到威胁，可以由司马昭来保护，但由此而产生的内心极度煎熬，却是任何人都无法洞悉、无法分担的："终身履薄冰，谁知我心焦！"（《咏怀诗》）《魏氏春秋》云："阮籍常率意独驾，不由径路，车迹所穷，辄痛哭而反。"与阮籍相似的，还有七贤中的刘伶和阮咸。

竹林七贤以试验田的方式，向后人展示了各种与皇权相处的方式。从此便使隐士与皇权关系的调整，进入了自觉的阶段。

皇权一方面在隐士不抗拒其统治的前提下，尽量予以优容，甚至亲密无间。这可以晋简文帝司马昱为代表。《世说新语》中记载了很多他与诸位名士、隐者挥麈谈玄，游弋山水，相濡与共，亲密无间的故事。如果不是帝王的身份，他本人或许就是一位名士或隐者。

在隐士一方，仕隐兼通逐渐成为时髦的风气。在山涛、向秀之后，郭象、张华、石崇、潘岳、陆机，以及东晋时期谢安、戴逵、王羲之、孙绰、谢灵运等人无不志在轩冕而又栖身江海。《世说新语》中，留下了很多他们或仕或隐的生动故事，其中可以谢安为代表。

谢安从四岁起到弱冠止，就从当时几位地位显赫的大族那里得到极高评价。但谢安并没有急不可待地出来表演、做官，他采取了欲扬故抑、欲仕故隐，待价而沽的办法。司马昱已经看出谢安出山的必然，说明皇权对招揽隐士的自信。其实，连谢安自己也偶尔在玩笑中透露出将来未必不出仕的意思。妻子和谢安开玩笑说："大丈夫难道不应当如此吗？"谢安捏着鼻子笑着说："恐怕也免不了吧！"这里的"免不了"，除了自己未必不出的意思外，主要还有惮于时势，不得不出的意思。果然，在一代枭雄桓温的压力下，他出任桓温手下司马。这不仅意味着对其隐居生活的否定，也招来了很多士人的讽刺、挖苦和揶揄。

这也是谢安一类仕隐兼通的形象写照，也说明了隐士文化内涵的修正和扩大。

第七讲　隐逸与人生：细说魏晋名士的隐逸情怀

名士归隐的思想指归

人们一般把儒、道、释三家视为中国传统思想的三大支柱，并以"儒道互补"来概括中国历代文人的常规心理。而隐士的政治态度和社会角色，决定了他们必然倾向于道家一面。魏晋时期的隐士多为名士，名士们以庄解儒，崇尚虚无的思想，不仅当然地代表了隐士的思想，而且也集中体现了古代隐士的基本思想特征。

庄子的崇尚虚无，主要表现了憎恶文明社会弊端的人对自然的倾倒和回归自然的愿望。魏晋玄学家则运用这一基本的内核，来构建理想的人格本体。

率先将"无"与人的品格相联系的，是魏初时刑名家刘劭。刘劭在《人物志》中，从政治学说的角度出发，特别推崇具有"中庸之德"和"中和之质"的君主，反对那种只具有某一方面才能的"偏至之材"。因为偏至之材皆一味之美，不能和解和统驭五味；而"中和之质，必平淡无味，故能调成五材，变化应节"。后来的玄学家便在此基础上明确提出"以无为本"的观点。何晏和王弼认为："天地万物，皆以无为本。无也者，开物成务，无往不存者也。阴阳恃以化生，万物恃以成形，贤者恃以成德，不肖恃以免身。故无之为用，无爵而贵矣。"具体来说，他们一方面看到"有"与"无"之间的辩证关系，即有限是无限的表现，无限存在于有限之中（何晏《无名论》。严可均辑《全三国文》卷三九，中华书局1961年影印本）。另一方面，他们又清醒地估计到无限高于有限的价值。即无限虽不能用它确指某一可名的单个事物，但却可以用一切可能的名称去称呼它。它不受某一确定事物的限定，却可以包罗一切可能的有限事物。王弼又进一步把无限视为包括"帝王""圣人"在内的最高人格理想的本体。圣人把握了无限，也就不会失去一切有限（《王弼集校注·老子指略》，中华书局1980年版）。这样，王弼就在理论上完成了人格理想本体论的建构任务（参见李泽厚、刘纲纪主编《中国美学史》第二卷，中国社会科学出版社1987年版）。

"贵无"思想的确立，奠定了玄学的理论宗旨。同时，它也深深作用于包括隐士在内的广大士人的思维和生活行为方式之中，成为他们生活行为方式的潜在杠杆。如：

> 王辅嗣弱冠诣裴徽，徽问曰："夫无者，诚万物之所资，圣人莫肯致言，而老子申之无已，何邪？"弼曰："圣人体无，无又不可以训，故言必及有；老、庄未免于有，恒训其所不足。"（《世说新语·文学》）

在王弼生活的魏初，人们还常把"有无"作为话题来谈，在此以后，"贵无"便主要渗透在人们的行为过程中。其具体表现，是推崇具有"中和之质"和"平淡之味"的人物。而隐士的品格正是这样的味道：

> 时人道阮思旷："骨气不及右军，简秀不如真长，韶润不如仲祖，思致不如渊源，而兼有诸人之美。"（《世说新语·品藻》）

这位兼有诸人之美的阮裕，即为著名的隐士。《世说新语·栖逸》载他在东山隐居时，经常悠闲自得地把脚捧在怀中。有人问王羲之，王羲之说："此君近不惊宠辱，虽古之沈冥，何以过此？"

然而更为潇洒的，还是隐士们在生活行为中对"贵无"理论的灵活运用和对无限境界的追求。如一次支遁出于隐逸的兴趣和对自然的喜好，打算买下剡山之侧的沃洲小岭，欲为幽栖之所。但另一位隐士兼僧人竺法深说："想幽栖来这儿便罢了，没听说巢父和许由这些古时隐士还要买山而隐。"听了这话，支遁便惭愧地作罢。买山是为了隐居，隐居是一种潇洒、旷达的行为，是玄学家和僧人们共同追求的虚无境界。但用金钱买山而隐，却与"虚无"二字大相径庭，是有在无先的表现。又如：

  竺法深在简文坐，刘尹问："道人何以游朱门？"答曰："君自见其朱门，贫道如游蓬户。"（《世说新语·言语》）

朱门的有无并不在于它是否存在（有），而在于你是否去感觉它（无）。只要内心虚无了，也就没有朱门与蓬户的区别，在朝在野也就无所谓了。而刘惔问话的失误，就在于他先有二者的区别，并不符合无在有先的思想。所以《高逸沙门传》也说竺法深虽"升履丹墀，出入朱邸，泯然旷达，不异蓬户也"。

  谢安曾评价褚季野（裒）"虽不言，而四时之气皆备"。说明四时之气这一无限的精神境界比起有言来要重要得多，所以谢安本人就十分追崇这样的境界。谢安夫人在教育孩子时，有时责备丈夫不教育孩子。谢安的回答是："我每天都在教育孩子，只是你看不出来就是了。"的确，教育的最高境界，应该是看不出教育的痕迹。这样的教育不仅可以完成教育本身的任务，其本身也是一门优美的艺术。谢安就是这样一位天才。儿子谢玄小时候喜欢把紫罗香囊搭在手上，谢安不喜欢这种做法，却又不肯伤害孩子的自尊，便假装与儿子相赌，赢得后便立即烧掉香囊。谢据曾上屋顶熏鼠，遭到儿子谢朗的嘲笑，并没完没了地逢人便说。

谢安知道后就对孙子说:"听说外边有些中伤你爸爸的话,连我也给捎上了。"谢朗听了,十分惭愧,懊恼得竟一个月没出家门。只有洞晓"有""无"关系的底蕴,才能达到如此运斤成风、挥洒自如的境界。

隐逸生活的自由境界

人生活在社会当中,就不可避免地要面临如何处理个人与社会的关系问题。是把个人交给社会,还是傲然独立于社会,这是每个人都无法回避的。由于各种因素的制约,人们不外从入世和出世两个方面考虑自己的选择。于是很早便有了孔夫子的"立德、立身、立言"和老庄清静无为的主张。不过在秦统一以前,人没有固定的君王,个人与社会的矛盾还不那么明显,所以个人问题也没有那么突出。自秦统一以后,个人第一次要面对一个帝王,而且要在各方面服从皇权的绝对意志。人的个性受到了极大的压抑与窒息。所以从东汉起,随着门阀世族的兴起,个人的愿望和利益开始受到重视。

从隐士自身的特点看,隐士从产生那天起,就是作为游离于社会之外的间离物而出现的。清高孤介、洁身自好这些隐士的基本特征尽管在不同时代不同隐士身上的比重不同,但没有它即不可称为隐士。尤其在世族兴起、个人意愿高蹈的汉末至魏晋间,隐士的这种基本素质更是如鱼得水,迅速膨胀,大有一发而不可收之势。

重个人、轻社会的风气与汉末以来名教与自然的矛盾与危机互为因果。君臣之伦的危机表现在君权思想与君臣关系的淡漠,对君权已从怀疑而走向否定,随之而来的便必然是臣民观念的动摇;另一方面,儒家所提倡的名教礼法至东汉后期变得更加虚伪和高度形式化,也遭到了很多人的唾弃,并追求符合人的自然心性的人伦关系。于是人们逐渐从名教的束缚中挣扎出来，徜徉于自然的境界之中。

——眼前酒与身后名

率先举起张扬自我，反对名教、蔑视社会旗帜的旗手是嵇康和阮籍。嵇康在《与山巨源绝交书》中谈到辞官的理由时，举了"七不堪，二不可"，全部是从做官如何妨碍个人自由的角度来拒绝为官，最后说："统此九思，不有外难，当有内病，宁可久处人间邪？又闻道士遗言，饵术黄精，令人久寿，意甚信之；游山泽、观鱼鸟，心甚乐之；一行作吏，此事便废，安能舍其所乐而从其所惧哉！"这可视为他"越名教而任自然"思想的具体陈述。阮籍也明确提出"礼岂为我辈设也"的口号，并且在行动上毫无顾忌地与礼教对着干。就连他的两次做官，也是与名教开的玩笑。因为知道他放达不羁，不愿做官，司马昭也就不勉强他。可一次阮籍主动提出去作东平太守，司马昭赶忙答应。可阮籍上任后唯一的政绩便是让手下人把官府的墙壁全部打通，使内外可以相望。然后便整天无事可做，待了十几天，便骑驴而去。后来又听说步兵校尉厨中有存酒数百斛，又要求任步兵校尉。来到官府后，便只顾大饮，不问政务。传说他就是在酒厨中与刘伶痛饮并醉而死的。

西方浪漫主义的个人主义理论认为："人的一切社会成功都意味着他作为个人的失败，而表面看来是失败的东西其反面却是成功。"（[苏]伊·谢·科思《自我论》，三联书店1986年版）从社会的角度看，嵇康和阮籍是失败者；但从个人角度看，他们却是成功者。在这两面旗帜影响下，许多魏晋间的隐士放弃了社会权贵富庶的诱惑，去品尝那个人之果的稀奇味道：

> 张季鹰纵任不拘，时人号为"江东步兵"。或谓之曰："卿乃可纵适一时，独不为身后名邪？"答曰："使我有身后名，不如即时一杯酒！"(《世说新语·任诞》)

张翰的话已经把他们对名利富贵与个人自由的看法，说得清澈见底，真不愧是阮籍第二、"江东步兵"。就是这位江东步兵，在洛阳齐王手下任东曹掾时，一次见秋风乍起，便想起自己家乡的美味莼菜羹和鲈鱼脍，说："人生最宝贵的就是自由快乐，怎么能为了官爵把自己拴在这千里之外受罪呢？"于是便辞官回到家乡。这与陶渊明的不肯为五斗米而折腰向乡里小儿的举动完全一样，表现了这些隐士们在这个问题上认识的清醒。又如：

> 李廞是茂曾第五子，清贞有远操，而少羸病，不肯婚宦。居在临海，住兄侍中墓下。既有高名，王丞相欲招礼之，故辟为府掾。廞得笺命，笑曰："茂弘乃复以一爵假人！"(《世说新语·栖逸》)

既然人生贵在适意自由，那一顶乌纱怎能换去如此宝贵的东西？又如骠骑将军何充的五弟何准也是一位高洁隐士，当何充劝他出来做官时，何准说："我虽然排在老五，却不比你这个骠骑将军差！"把隐士之乐，看得高于做官。有了这种价值标准，仕途之人才被隐者视如粪土：

> 南阳翟道渊，与汝南周子南少相友，共隐于寻阳。庾太尉说周以当世之务，周遂仕，翟秉志弥固。其后周诣翟，翟不与语。(《世说新语·栖逸》)

第七讲　隐逸与人生：细说魏晋名士的隐逸情怀

是什么使两位旧友反目呢？是对仕隐、名教与自然的不同看法。又如：

> 孟万年及弟少孤，居武昌阳新县。万年游宦，有盛名当世，少孤未尝出，京邑人士思欲见之，乃遣信报少孤，云"兄病笃"。狼狈至都。时贤见之者，莫不嗟重，因相谓曰："少孤如此，万年可死。"（《世说新语·栖逸》）

可见那些崇尚自然的隐士，比起效力于名教的官人，更容易得到世人的青睐。

抛弃了名教的束缚后，隐士们所获得的，便是个人行为的极大自由：

> 王子猷居山阴，夜大雪，眠觉，开室，命酌酒。四望皎然，因起彷徨，咏左思《招隐诗》（刘孝标注：《中兴书》曰："徽之任性放达，弃官东归，居山阴也。"左诗曰："杖策招隐士，荒途横古今。岩穴无结构，丘中有鸣琴；白雪停阴冈，丹葩曜阳林"），忽忆戴安道。时戴在剡，即便夜乘小船就之。经宿方至，造门不前而返。人问其故，王曰："吾本乘兴而行，兴尽而返，何必见戴？"（《世说新语·任诞》）

王徽之在夜深人静之际的举止，完全凭随心所欲、兴之所至的意念驱使。这种自由，是蝇营狗苟、碌碌为官者所不敢想的。有了这样的自由，才可以去遍尝那人生中真正的快乐。"王右军既去官，与东土人士营山水弋钓之乐。游名山，泛沧海，叹曰：'我卒当以乐死！'"（见《晋书·王羲之传》）有了这样的自由，才会有那种气吞宇宙，俯视群小的气度。

刘伶恒纵酒放达,或脱衣裸形在屋中,人见讥之。伶曰:"我以天地为栋宇,屋室为裈衣。诸君何为入我裈中?"这种境界如同尼采所说:"对于时代的、合时宜的一切,全然保持疏远、冷淡、清醒;作为最高的愿望,有一双查拉图斯特拉的眼睛,从遥远的地方俯视人类万象——并看透自己……为这样一种目的——何种牺牲、何种自我克服、何种自我否定会不值得?"(尼采《瓦格纳事件》,《悲剧的诞生》,生活·读书·新知三联书店1986年版)嵇康诗:"息德兰圃,秣马华山。流磻

平皋,垂纶长川。目送归鸿,手挥五弦。俯仰自得,游心太玄。嘉彼钓叟,得鱼忘筌。郢人逝矣,谁与尽言!"说的也是这种境界。

——"何可一日无此君"

人们的衣食住行虽多不经意而为,但却好比是一面折射镜,能够反映出一个人的生活态度和生活品位。隐士的各种思想观念、社会态

〔明〕文徵明《兰亭修禊图》

度等，均程度不同地在衣食住行中有所反映。

　　古代的隐者多是在贫困、简朴的生活中去表达一种高洁的志趣。如巢父以树为巢，伯夷、叔齐采薇而食等。到了魏晋时期，这种山林隐士的高洁之风仍不乏其人。如嵇康在汲郡山中所见到的孙登，"无家，于汲郡北山土窟住，夏则编草为裳，冬则被发自覆"。阮籍在苏门山所见到的隐者，也是只有"竹实数斛，杵臼而已"。但随着魏晋时世族的兴起和很多世族文人仕隐兼通格局的出现，隐士们的生活开始出现了贵族化的趋势。但这并没有改变隐士们在生活上追求高雅情趣的基本内核，反而把这种情趣更加明确和具体化了。王羲之《兰亭集序》所描写的兰亭，可以说是这种新的隐居环境的代表，"此地有崇山峻岭，茂林修竹，又有清流激湍，映带左右，引以为流觞曲水，列坐其次。虽无丝竹管弦之盛，一觞一咏，亦足以畅叙幽情"。《世说新语》中也记载了隐士们对这种高雅环境的营造：

　　　　康僧渊在豫章，去郭数十里立精舍。旁连岭，带长川，芳林列于轩庭，清流激于堂宇。乃闲居研讲，希心理味。庾公诸人多往看之。观其运用吐纳，风流转佳。加已处之怡然，亦有以自得，声名乃兴。（《世说新语·栖逸》）

又如：

　　　　孙绰赋《遂初》，筑室畎川，自言见止足之分。（刘孝标注：《遂初赋叙》曰："余少慕老庄之道，仰其风流久矣。却感于陵贤妻之言，怅然悟之。乃经始东山，建五亩之宅，带长阜，倚茂林，孰与坐华幕击钟鼓者同年而语其乐哉！"）斋前种一株松，恒自手壅治之。高世远时亦邻居，语孙曰："松树子非不楚楚可怜，

第七讲　隐逸与人生：细说魏晋名士的隐逸情怀

但永无栋梁用耳！"孙曰："枫柳虽合抱，亦何所施？"（《世说新语·言语》）

由于移情作用，隐士们对那些山水田园中的激流湍水、松柏修竹似乎有特殊的兴趣，因为他们可以从中寄托自己的志趣，观照自己的人格。所以他们很注意隐居之所地点与环境的选择。除了环境幽雅，山水灵性这些自然因素外，还十分注意环境的修饰。康僧渊在轩庭中搞上一片芳林，孙绰在房前种上一棵松树，王徽之连暂时借住别人的房子，也要赶快种上竹子，说："何可一日无此君？"这些都反映了隐士们这种高洁雅兴。

比起前代的隐士，魏晋隐士们似乎生活环境显得优厚了，但与很多当时贵族相比，他们仍显得清贫。而且他们没有丢掉古代隐士们的精神内核，仍然以贫洁为荣，倚贫而凌富：

阮仲容、步兵居道南，诸阮居道北。北阮皆富，南阮贫。七月七日，北阮盛晒衣，皆纱罗锦绮。仲容以竿挂大布犊鼻裈于中庭。人或怪之，答曰："未能免俗，聊复尔耳。"（《世说新语·任诞》）

面对贵族们借晒衣的机会大肆炫耀家财的庸俗之举，阮咸针锋相对地挑起了粗布围裙。在这强烈的反差对比中，阮咸以贫为荣的自信和对贵族们的蔑视，已经呼之欲出。更有意思的是许询。他在永兴隐居时，住在洞穴之中，却经常接受四方达官贵人所赠送的各种礼物，有人问他："听说隐居之人并不这样贪心！"许询却振振有词地说："比起尧让给许由的天子之位来，这又算得了什么呢！"这个巧妙的回答不仅表明了隐士之初衷未变，而且也为当时隐士们生活条件的部分改变找到了一个再好不过的借口。

第八讲
沉醉与逍遥：细说魏晋名士的饮酒活动

第八讲　沉醉与逍遥：细说魏晋名士的饮酒活动

从阮籍到刘伶，"竹林七贤"等魏晋名士留给后人的深刻印象就是烂醉如泥、酒气熏天的酒鬼形象。如何评价这种饮酒行为，成为历代人们热衷的话题。道学家认为魏晋名士饮酒不仅耽误了国家大事，而且那种酒气熏天的样子实在不成体统。但从明末王学左派，到鲁迅和王瑶先生，却对魏晋名士的饮酒给予很高的评价。可见价值观念的不同，会导致对同一问题的相反看法。

时过境迁，今天我们对于魏晋名士饮酒行为的认识，也许不必在是非问题上强分轩轾，而是从学理和科学的角度，从认识的方面了解其饮酒形态变异情况，尤其是其饮酒行为背后所隐藏的文化演变轨迹。

生活无处没有酒

酒一旦进入人们的社会生活，其作用也就超出人们的设定和想象，无所不在地表现在生活的各个方面。有人乘着醉意，说出一些平日不敢说出的话。晋武帝不顾太子司马衷的愚钝，坚持要传位给他。众朝臣多以此为忧。卫瓘总想直谏武帝，劝其废掉太子衷，但一直没敢说出。一次，武帝在陵云台设宴，卫瓘喝得大醉，跪在武帝面前，说："臣欲有所启。"武帝说："公所言何耶？"卫瓘几次欲言而止，最后抚摸着龙床，叹息道："此座可惜！"意思是说不该传给司马衷。武帝听出了他的意思，却也假装糊涂地说："公真大醉耶！"卫瓘知道武帝主意已定，遂不再提及此事。两个人的意见针锋相对，又事关国家命运，

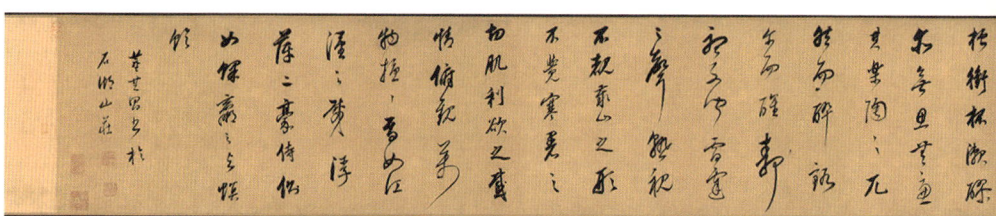

却能在调侃的气氛中和风细雨地解决。很显然，酒在这里起到了缓冲和调和的作用。

酒，还有些意想不到的效果。当苏峻作乱时，庾氏家族纷纷逃散。庾冰当时任吴国内史，只身出逃。周围百姓和官吏都跑了，只有府中一个差役用小船载着他逃到钱塘江口，用席子遮盖着他。当时苏峻悬赏捉拿庾冰，叮嘱各地搜查，形势非常急迫。那个差役把小船丢在市镇的港口边，自己跑到市里喝得酩酊大醉而归。差役来到小船前，还醉醺醺地挥舞船桨对小船说："何必到处去找庾冰，他就在船里边啊！"庾冰听到这话吓得战栗不止而又不敢动弹。那些搜捕者见到小船狭窄，以为差役酒后胡说，就放过他们走了。差役把庾冰送过浙江，寄住在山阴魏家，庾冰这才得免。后来叛乱平定，庾冰想要报答那个差役，问他有什么愿望要求。差役说："我出身贱役，不慕名誉官位，只是自小苦于当差，常以酒解忧，所以和酒很有感情。如果后半辈子能喝足酒就足够了。"庾冰就给他建了一座大房子，买了奴婢，存上上百斛的酒一直供养他到死。

又如桓温十分喜欢豪饮之士，卫永在他手下任长史，深受器重。桓温经常提着酒肉找卫永，两人箕踞相对饮酒几天不止。可这些酒鬼有时也使桓温躲避不及。桓温为徐州刺史时，谢奕为晋陵太守，桓温对谢奕和对一般人没有什么两样。后来，桓温迁任荆州刺史、安西将军，

第八讲　沉醉与逍遥：细说魏晋名士的饮酒活动

〔明〕董其昌《酒德颂》

希望能让谢奕跟随自己西行，便对谢奕十分热情。不久，桓温便引荐谢奕为司马。可谢奕是个大酒鬼，以前在剡县当县令时，有位老翁犯法，谢奕不忍严用处罚，竟罚他喝酒，灌得老翁大醉。这次在桓温手下上任，仍与桓温以布衣之交相处，经常在桓温的公廨内吟诗吹口哨，被桓温称为自己的"方外司马"。后来，谢奕总是喝得烂醉如泥，并且与桓温举动轻狎，还总跟着桓温。桓温有些撑持不住，只得躲进老婆的房间里避难。桓温平时很少与夫人亲热，夫人见丈夫因此而来，高兴地说："君无狂司马，我何由得相见！"

进入灵魂逍遥世界的媒介——酒

从早期的文献记载来看，酒的出现几乎和中华文明同步。但早期先民造酒的首要目的是为了祭祀鬼神和祖先。从殷墟出土的众多酒器来看，殷人以好饮酒著称。殷人饮酒的主要目的是祭祀。今文《尚书》中的《酒诰》一篇，是中国古代最早专门阐述酒的政治文化意义的文章。在这篇诰文中，鉴于殷王朝纵酒亡国的事实，周公以周成王名义发布命令，严禁违章饮酒。他的基本思路是，上帝造出酒来，并不是给人享用，而是为了祭祀鬼神和祖先。但殷纣王等人忘记了这一点，荒淫纵酒，所以导致国家的灭亡。既然如此，为了避免重蹈殷朝覆辙，保持国家昌盛，就要严格禁止"群饮""崇饮"，违者处死。《酒诰》上说："祀兹酒，惟天降命，肇我民，惟元祀。天降威，我民用大乱丧德，亦罔非酒惟行。"孔氏传："惟天下教命始令，我民知作酒者惟为祭祀。……天下威罚使民乱德，亦无非以酒为行者。言酒本为祭祖，亦为乱行。"这里很清楚地强调出用酒的祭神和祭祖的初衷所在。这一点，从青铜时代那些造型庄重而恐怖的酒具功用上，便可以得到证实。故而《春秋元命苞》上说："酒旗主上，尊所以侑神也。"

饮酒的这一宗教祭祀目的在先秦典籍中可以得到具体的描述。其中尤以《诗经》中的《雅》《颂》为多。《诗经·大雅·既醉》一篇就是描写周成王在祭祀宗庙时遍饮群臣，使之皆入醉乡，以使其具有君子之风，并能将此风延续后代。

应当说，作为西周时期的作品，周成王的做法已经在一定程度上改变了饮酒祈求神灵的初衷。他实际上是借助祭祀中的饮酒，来达到他教化臣民的目的。但无论如何，饮酒在形式上的祭祀功能，不仅为周成王所承认和使用，而且直到今天，许多祭祀活动仍然都离不开酒的影子。

如果说殷人以祭祀为目的的饮酒与西周以礼制为目的的饮酒有什么根本的区别的话，那就在于殷人的以酒祭祀神灵，目的在于借自己与神灵的亲昵关系来告诉民众自己是神灵的佑护者，达到巩固其统治的目的；而周人则借助饮酒这一祭祀神灵的形式来为自己的礼制统治服务。二者尽管角度不同，但在让饮酒为其政治统治服务这一点上却是一致的。换句话说，他们所设计的饮酒活动，主要是社会性的功用，而不是个人的享用。

到了东汉后期，随着封建政权的分崩离析，那种统治者借饮酒所维护的政治统治已经渐趋瓦解。饮酒的社会性功用的根基已经彻底动摇。与此同时，士族的力量不断强大，使得他们的个体意识也不断增强。他们不仅把饮酒作为其贵族生活的组成部分，而且还努力从中去寻找更高层次的从属于个体的精神追求。这一精神追求的理性源泉来自他们玄学思想中对《庄子》"逍遥"境界的理解。

从"竹林七贤"开始，士族文人就努力去体会和追步庄子所倡导的不依赖外界的条件而独自自由驰骋的无限境界。阮籍在《大人先生传》中说："夫大人者，乃与造物同体，天地并生，逍遥浮世，与道俱成，变化散聚，不常其形。……今吾乃飘摇于天地之外，与造化为友，朝飧汤谷，夕饮西海，将变化迁易，与道周始，此之于万物岂不厚哉？"在《清思赋》中，他又将进入这种逍遥境界的感受描述为："夫清虚寥廓，则神物来集；飘摇恍惚，则洞幽贯冥；冰心玉质，则瞰洁思存；恬淡无欲，则泰志适情。"支遁也正是从"无待"和自由的境界，来解释"逍遥"的真正准确含义，反驳向秀和郭象所谓"逍遥"是"适性"的观点。支遁以"无待"解"逍遥"的观点，不仅与何晏、王弼以来的玄学思想取得了一致和共鸣，而且也与阮籍等人追求的自由精神境界取得了沟通，并且也使这一观点成为至今仍为人们普遍采用的关于"逍遥"的解释。

尽管这一逍遥境界是一种较为纯粹的精神追求，但魏晋士人仍然不满足于此，他们还衷心地希望能够从感官上对这种逍遥境界有所体味。于是，他们便将饮酒作为能够进入这种逍遥境界的媒介和导引。这也正是"竹林七贤"中著名的饮酒名士刘伶在其唯一的传世文章《酒德颂》中所描绘的近乎游仙般的饮酒境界。从文中所表达的思想境界不难看出，他的"意气所寄"，正是阮籍在《大人先生传》和《清思赋》中所描绘的那种令人神往的自由和逍遥境界。所不同的是，刘伶不仅惬意于这种自由的境界，而且还找到了达到这一境界的具体途径。如果说他所说的"以天地为一朝，万期为须臾，日月为扃牖，八荒为庭衢。行无辙迹，居无室庐，幕天席地，纵意所如"是其人生理想境界，如果这种境界与阮籍的自由境界不谋而合，如出一辙的话，那么接下来"行则操卮执瓢，动则挈榼提壶，唯酒是务，焉知其余"便是进入这种逍遥境界的具体媒体。文章后半部分更是具体描述了这位大人先生是如何以狂饮烂醉的方式进入那远离尘世的逍遥境界。这样，逍遥境界也就不再是绝对虚无缥缈的抽象王国，而是即刻可就的眼前之物；同样，酒醉后的飘忽状态也就不再是酒精副作用的呈现，而是自己进入自由和逍遥境界的外化表现。

　　明白了刘伶这一对饮酒的高深意义的理解，也就不难理解为什么他对酒情有独钟，以致到了"以酒为命"的程度。因为馋酒馋得厉害，刘伶就跟妻子要酒喝。妻子倒掉了酒，砸毁了酒器，哭着劝刘伶说："先生喝酒太多，不是养生的办法，一定要把酒戒掉！"刘伶说："很好，可我自制能力差，只有在鬼神面前发誓戒酒才行。还是把祭祀的酒肉准备好吧。"妻子信以为真，就在神像前摆好酒肉，请刘伶过来发誓。只见刘伶跪下来发誓道："天生刘伶，以酒为命。一次喝一壶，喝五斗才能解渴。女人的话，千万不能听！"于是"引酒进肉，隗然已醉矣"。看过他的《酒德颂》，便会自然明白他之所以那么急于要"引酒进肉"，是因为有"隗然已醉"的目的驱使。因为醉便标志着他已经进入自己向往的那种逍遥与自由的境界。值得指出的是，刘伶在这里所采用的所谓发誓戒酒的形式，正是古代以祈求神灵和宗庙为目的的祭祀形式。这就意味着古代祭祀饮酒那种庄严和神圣的色彩在魏晋名士的眼里已经荡然无存，只剩下那干巴巴的外在形式供人们出于不同目的的使用。尽管"以酒解酲"的确是中外均不乏见到的一种解酒方式，但刘伶却是用这一方式作为自己贪杯的借口。对于刘伶来说，这貌似庄严的祭祀活动却成了他骗来酒肉,再次进入逍遥和自由境界的有效手段。在这具有讽刺意味的小小玩笑当中,已经完全可以透视出饮酒的文化内涵的根本转变。

从他们饮酒之后进入醉态的表现中,也可以看出他们是如何身体力行地把握和玩味那"以天地为一朝,万期为须臾""行无辙迹,居无室庐"的逍遥感和自由感。刘伶经常纵酒放达,有时甚至脱衣裸体在屋里。人家见了难免要批评他,他说:"我把天地当作房屋,把房屋当作衣裤,诸位为什么要跑到我的裤裆里来呢?"如果把刘伶这番话和他自己在《酒德颂》中说的话以及阮籍《大人先生传》《清思赋》的文章联系在一起,就会发现刘伶其实并没有真醉,他实际上非常理智。他之所以要做出那种放达不羁的样子、说出语惊四座的话语,就是要向人们具体演示一下经过酒的媒介,达到逍遥境界之后究竟是怎样的一种感觉和形象。

尽管以娱神为目的的饮酒和以娱人为目的的饮酒二者在神秘和玄妙的外在特征上有其相似之处,但殷代以祭祀神鬼和祖宗为目的的饮酒和周代以教化为目的的饮酒在本质上都是社会借助于酒的作用来统辖和规范个人意志。而魏晋名士在饮酒中所追求的逍遥境界正是要在这个根本点上来一个彻底逆转。他们的逍遥境界实际上就是摆脱社会束缚后的自然和自由。桓温曾有意向"喜酣畅,愈多不乱"的孟嘉问道:"酒有何好,而卿嗜之?"孟嘉答道:"明公未得酒中趣尔。"又问:"听伎,丝不如竹,竹不如肉,何也?"答曰:"渐近自然。"其实"渐近自然"未尝不可以理解为孟嘉没有明说的"酒中趣"。喝了酒之后可以摆脱社会和尘世的烦扰,进入自然和真诚的境地,岂不是人间一大乐事?《庄子·渔父》云:"真者,精诚之至也。不精不诚,不能动人。……真在内者,神动于外,是所以贵真也。其用于人理也,事亲则慈孝,事君则忠贞，饮酒则欢乐，处丧则悲哀。"这正是他们希望通过饮酒来进入逍遥境界的内在驱动力。

　　作为一群精神贵族，魏晋文人当然不会满足于仅从纯粹感官愉快的角度，去理解醉酒的幸福所在。他们更希望从哲学与审美的高度，从人与自然的契合中，来理解这幸福的体验。他们把自己视为一件艺术品，置于宇宙的空间。他们衷心地希望，自己能成为宇宙这幅艺术巨制中的有机部分，能与宇宙对话，与宇宙同在。从自然中走来的人，企盼能够再回到自然中去，进入一种身与物化、物我两冥的境界。而酒，恰好能把人们带入这种境界。在此动力的驱使下，他们往往本能地将饮酒与进入那种离开社会束缚的自然真诚境界紧密地联系起来。王蕴所谓"酒，正使人人自远"，就是主动拉开与社会中其他人的距离，渐进自然之境。王荟说："酒，正自引人著胜地。"说的也是以饮酒为媒介进入这种境界。王忱曾叹言："三日不饮酒,觉形神不复相亲。""形神不复相亲"，就是因为缺少酒的媒介而出现的个体与自然逍遥境界的脱节。这样的酒中之趣与殷周时期相比，的确是发生了本质的变化。列子曾说："夫醉者之坠车，虽疾不死。骨节与人同，而犯害与人异，其神全也。乘亦不知也，坠亦不知也，死生惊惧不入乎其胸中，是故忤物而不慑。彼得全于酒，而犹若是，而况得全于天乎？"神全则是形神相亲，当酒像酵母一样，把人发酵到神全之境，人就会超然生死，忘乎所以。这正是刘伶《酒德颂》所描绘的与造化同体的近乎游仙的境界。庄子的至人无待的逍遥境界，物我两冥的美妙状态，魏晋玄学的以无为本，在醉意中实现对人生和自我的审美，以及乐论中超乎人世的"应变顺和"和文艺学中"芙蓉出水"的境界，在这里都可以找到最明快的解释和最酣畅的表现。

　　于是，"在酒神的魔力之下，不但人与人重新团结了，而且长久以来疏远、敌对、被奴役的大自然也再度升华并重新庆祝她同她的浪子——人类和解。大地自动地奉献它的贡品，危崖荒漠中的猛兽也变得驯良起来。酒神的车辇满载着百卉花环，由虎豹驾驭着驱行。若一个人把贝多芬的《欢乐颂》化作一幅图画，并且让想象力继续凝想数百万人战栗着匍匐在尘埃的情景，他就多少能体会到酒神状态了。此刻，奴隶也变成了自由人。此刻，贫困、专断或'无耻的时尚'在人与人之间构筑的僵硬敌对藩篱土崩瓦解了。此刻，在世界大同的福音中，每个人感到自己同其他人团结、和解、款洽甚至融为一体了。玛雅人的面纱好像已被撕裂，只剩下碎片在神秘的太一之前瑟缩飘零。人们轻歌曼舞，俨然是一个更高共同体的成员，陶陶然忘步忘言，飘飘然乘风飞扬。他的神态表明他着了魔。就像此刻野兽开口说话、大地流出牛奶和蜂蜜一样，超自然的奇迹也在人身上出现：此刻他觉得自己就是神，他如此欣喜若狂、无所不能，随心所欲地变幻，正如他梦见的众神能随心所欲变幻一样"（见尼采《悲剧的诞生》第一节）。

  达到这种境界，人就可以返回自然，超越一切。东晋太元末，天空出现"扫帚星"（彗星）。按星象家的说法，这种妖星的出现，预示天子死亡，天下大乱。晋孝武帝司马曜在华林园饮酒时见到此景。他心中虽然不快，却被酒的神力所冲淡，把他带入逍遥之境，他举杯向"扫帚星"祝酒："长星！劝尔一杯酒。自古何时有万岁天子？"何等潇洒！何等旷达！封建社会中至高无上的皇位，竟能拜伏在酒的力量之下。既然如此，酒又何往而能不胜？

反礼教的锐利武器

从前举《诗经·大雅·既醉》一诗中，已经可以看到到了西周时期，饮酒尽管在形式上还保留着殷代的祭祀的习俗，但在内容上已经为周成王借祭祀宗庙的形式来教化臣民的目的所取代。这就是说，西周时期的饮酒活动是其以礼治国、以德化人的政治策略的副产品。王国维认为，"礼"字与用来祭祀的"醴"字均从"豊"字，而"豊"字为行礼之器，所以酒与礼从一开始就有不解之缘（见《观堂集林·释礼》）。这一文化内涵到了汉代就被作为饮酒的基本内涵而加以肯定。《说文》："酒，就也。所以就人性之善恶。"段注："宾主百拜者，酒也。"从西周开始的许多典籍都强调了这一政治伦理色彩。从酒本身的质地，到酒器的高下之分，再到饮酒时不同的礼节，都表现出强烈的等级观念和道德伦理观念。

在西周众多名堂的官员中，有专门负责饮酒事务的"酒正"和"酒人"。"酒正掌酒之政令，以式法授酒材"（见《周礼·天官·酒正》），可知酒正是掌管饮酒政令和审查造酒方法及原材料的重要官员。而"酒人"则是在酒正领导下负责具体饮酒事务的小官。

从酒的质地上看，周代有"五齐""三酒""四饮"之分。五齐指：泛齐、醴齐、盎齐、缇齐、沈齐；三酒指：事酒、昔酒、清酒；四饮指：清、医、浆、酏。其中四饮与水相差无几，五齐中"醴齐"以上近水，"盎齐"以下近酒，而三酒酒味最厚。但古人却将味淡的五齐用来祭祀，而将酒味厚的三酒用给人饮。《周礼·天官·酒正》贾公彦疏："五齐味薄，所以祭；三酒味厚，人所饮。"因为神尊人卑，所以五齐尊贵而三酒卑下（见《太平御览》卷八四三引《礼记外传》）。

第八讲 沉醉与逍遥：细说魏晋名士的饮酒活动

更能体现出这种尊卑等级意识的是饮酒时的繁文缛节。首先要强调长幼和尊卑秩序。《礼记·曲礼上》："侍饮于长者，酒进则起，拜受于尊所。长者辞，少者反席而饮；长者举杯未釂，少者不敢饮。"《礼记·玉藻》："君若赐之爵，则越席再拜稽首受，登席祭之，饮，卒爵而俟，君卒爵，然后授虚爵。"郑玄注："不敢先君尽爵。"其次还要讲究饮酒的风度仪表，不能失态。《礼记·玉藻》："君子之饮酒也，受一爵而色洒如也，二爵而言言斯，礼已三爵，而油油以退。"郑注："礼，饮过三爵则敬杀，可以去矣。"另一方面，酒过三爵人就难以自持了。今人吕思勉说："然则古人饮酒，不过三爵。过三爵，则不能自持矣。"（见《吕思勉文集·原酒》）此外，对于酒的使用范围和禁忌也有明确的规定。比如在丧礼期间，酒可以用来祭祀亡灵，但禁止活人饮用。只有特殊情况例外（见《礼记·曲礼》）。

所有这些规定都体现出一个共同的宗旨和原则，那就是无论是祭祀用酒，还是人的饮酒，都要服从尊卑长幼的秩序和温文尔雅、道德为先的基本原则。符合这些原则的饮酒可以得到肯定和保护，否则就要受到谴责和否定。据《左传·庄公二十二年》记载，当陈公子完逃难到齐国时，齐桓公将其请到家中，款待以酒。当暮色降临，齐桓公提出点上照明火，继续酣饮时，被陈公子明智而策略地婉言谢绝。其理由是："君子曰：'酒以成礼，不继以淫，义也。以君成礼，弗纳于淫，仁也。'"杜预注："夜饮为淫乐。"可见人们是如何自觉地遵守和服从这些礼制规定的。

由于这种包括饮酒在内的以礼制为上的风气在汉代被统治者发挥到了极端的地步，所以从东汉后期开始，作为物极必反的掣肘力量，一股与传统礼教思想背道而驰的饮酒现象开始出现。《后汉书·戴良传》记载了戴良和哥哥在母丧期间完全不同的做法。戴良在母丧期间违反礼教的饮酒行为成为魏晋士族文人在饮酒问题上背叛礼教的先驱和先声。余英时盛赞戴良此举，认为："由是观之，竹林之狂放，其来有自。"（见余时英《士与中国文化·汉晋之际士之新自觉与新思潮》）此外，像仲长统、孔融等人的思想中，都有不少鄙睨礼教、向往个性的因素。

魏晋名士的包括饮酒行为在内的反礼教活动一方面是东汉戴良等人的延续，另一方面也是当时政治环境作用的产物。汉末群雄割据的局面，刺激了无数政客的政治野心，而使他们将传统所谓忠君意识和礼让之德抛在了脑后。他们纷纷不顾礼义廉耻，专权弄国。其中曹操还比较坦荡，不敢直面礼教，尽量采取回避的态度；而司马氏政权却一面行窃国大盗之实，一面却又以礼教的名义装扮自己，号称以孝以礼治天下。这种行径当然瞒不过时人的眼睛，所以当时许多士族名士反对礼教的一个重要原因，就是要以此戳穿司马氏政权赖以欺骗世人的面具。鲁迅在《魏晋风度及文章与药及酒之关系》一文中曾说过："例如嵇阮的罪名，一向说他们毁坏礼教。但据我个人的意见，这判断是错的。魏晋时代，崇奉礼教的看来似乎很不错，而实在是毁坏礼教，不信礼教的。表面上毁坏礼教者，实则倒是承认礼教，太相信礼教。因为魏晋时所谓崇奉礼教，是用以自利，那崇奉也不过偶然崇奉，如曹操杀孔融，司马懿杀嵇康，都是因为他们和不孝有关，但曹操司马懿何尝是著名的孝子，不过将这个名义，加罪于反对自己的人罢了。于是老实人以为如此利用，亵渎了礼教，不平极，无计可施，继而变成不谈礼教，不信礼教，甚至于反对礼教。——但其实不过是态度，至于他们的本心，恐怕倒是相信礼教，当作宝贝，比曹操司马懿们要迂执得多。"饮酒就是他们向礼教开刀的第一炮。

阮籍是以饮酒反对礼教的代表人物。一次阮籍的嫂子要回娘家，按照《礼记·曲礼》的规定，小叔子和嫂子之间是不能说话的。可阮

第八讲 沉醉与逍遥：细说魏晋名士的饮酒活动

籍却出来和嫂子告别。有人讥讽他，阮籍竟然大言不惭地说："礼岂为我辈设也！"可见阮籍十分清楚自己的行为是如何违背了礼教，他这样做的目的其实就是为了向礼教挑战。作为他反礼教行为主要部分是其饮酒活动。阮籍的邻居有一位开酒馆的美妇，阮籍就经常和朋友一起去那个酒馆喝酒，喝醉了，就睡在美妇的旁边。其丈夫开始非常疑心阮籍会有什么企图，便经常躲在一旁观察，但始终也没有发现有什么不轨行为。阮籍在这里的违规之处在于他没有尊崇儒家礼教对于"男女授受不亲"的规定。从大的方面看，"男女之别，国之大节也"（见《左传·庄公二十四年》），"男女有别，然后夫妇有义"（见《礼记·昏义》）。具体来说，《礼记·曲礼上》明确规定："男女不杂坐，不同椸、枷，不同巾、栉，不授亲。"郑注："皆为重别，防淫乱。"值得注意的是，事实上礼教和邻妇的丈夫所担心的"淫乱"事情并没有发生。可见阮籍的动机并不是从根本上违背礼教，而是反对礼教对人的过多形式上的限制。这也正是戴良所说的"情苟不佚，何礼之论"。而阮籍在破坏礼教规定时所采用的手段，就是以买酒的方式与邻妇正面接触，并进而醉卧其侧，从而证明礼教繁琐的规定完全是多余之物。

类似情况还有。当阮籍遭遇母丧的时候，曾在司马昭那里喝酒吃肉。当时在场的礼法之士何曾非常看不惯，就对司马昭说："应该把他流放到海外，以正风化。"尽管何曾对阮籍的指责更多是出于不同政治营垒的排挤目的，但他的落井下石并非没有根据。礼教对于为父母一类长辈守丧期间的饮食有着详细而明确的规定。《礼记·丧大记》："期之丧，三日不食，食蔬食，水饮，不食菜果。三月既葬，食肉饮酒。期，终丧不食肉，不饮酒。父在，为母为妻。九月之丧，食饮犹期之丧也。食肉饮酒，不与人乐之。五月、三月之丧，壹不食，再不食可也。比葬，食肉饮酒，不与人乐之。叔母、世母、故主、宗子，食肉饮酒。不能食粥，羹之以菜可也。有疾，食肉饮酒可也。""期之丧"是指父母等长辈的一年为期的重丧。在此期间内是禁止食肉饮酒的。所以何曾以此进谗，想置阮籍于死地。

关于为什么司马昭说有病可以喝酒吃肉，《礼记·曲礼上》有过具体的解释："居丧之礼，头有创则沐，身有疡则浴，有疾则饮酒食肉，疾止复初。不胜丧，乃比于不慈不孝。"这就是说，允许你饮酒食肉，是为了让你养好身体，以尽孝子的职责。身体垮了，就没有当孝子的本钱了。可一旦身体恢复原貌，还得照旧去喝你的粥。司马昭正是利用了礼教这一特殊规定来为阮籍开脱。从故事交代的内容看，阮籍并没有什么有病的症状。所以他的饮酒食肉并非像司马昭说的那样是因病而补养身体，而是正像何曾说的那样，完全出于反礼教的目的。这就说明，儿子与母亲之间的骨肉亲情，并不是用礼教的外在规定所能培育和造就的。它来自母子之间真挚而永恒的亲情。从而完全摧毁了礼教横在生死亲人之间的障碍和约束，使儿子的恋母之情能够顺其自然地发泄流露，而不是用礼教加以扼制。因为在阮籍看来，酒精的刺激恰恰可以燃起自己对母亲亲情炽烈之火，而不是像礼教的设计者所认为的那样，酒精可以使自己的"情佚"。这就等于宣布了礼教关于丧期饮酒食肉限制的荒唐，为饮酒从作为礼教的附庸到成为反礼教的工具提供了有力的根据。

及时行乐的便利帮手

从殷人关于酒的"五齐三酒"的划分上可以看出，五齐系为神而制，三酒则为人而制。为人制酒的主要目的是为了以酒养生。《礼记·射义》："酒者，所以养老也，所以养病也。"先秦典籍有不少这方面的记载。

先看饮酒的养老功用。《周礼·天官·酒正》："凡飨士庶子，飨耆老孤子，皆共其酒，无酌数。"这是对以酒赡养老人的法律规定。《孟子·离娄上》："曾子养曾晳，必有酒肉。……曾元养曾子，必有酒肉。"《诗经·豳风·七月》："为此春酒，以介眉寿。"郑笺："春酒，陈醪也；眉寿，豪眉也。……又获稻而酿酒，以助其养老之具。"《诗经·大雅·行苇》便是一篇具体的向老人献酒，以祈其长寿的诗篇。毛序云："《行苇》，忠厚也。周家忠厚，仁及草木，故能内睦九族，外尊黄耇，养老乞言，以成其福禄焉。"诗末云："曾孙维主，酒醴维醹。酌以大斗，以祈黄耇。黄耇台背，以引以翼。寿考维祺，以介景福。"郑笺："养老人而得吉，所以助大福也。"甚至年龄愈长，愈可以得到更多的酒的祝福。《周礼·天官·酒正》："凡有秩酒者，以书契授之。"贾公彦疏："秩，常也。谓若老臣年九十已上，常与之酒云。以书契授之者，谓酒正授使者酒，书之多少以为契要而与之。故云以书契授之。"

再来看酒的养病功用。前已引述，居丧之礼，头有创则沐，身有疡则浴，有疾则饮酒食肉。看来有疾时饮酒食肉并不仅仅是一种临时的照顾，还是一种积极的治疗和保健方法。《礼记·檀弓上》："曾子曰：'丧有疾，食肉饮酒，必草木之滋焉，以为姜桂之谓也。"郑注："增以香味。为其疾不嗜食也。"可知古人已经明白如何用酒肉的香味来刺激因病无食欲者的食欲，以有利其健康。《周礼·天官·疾医》："以五味、五谷、五药养其病。"同书《疡医》也说："以五药疗之，以五味节之。"郑注："五味，醯、酒、饴、蜜、姜、盐之属。"因为五味中酒属苦味，而中医认为苦味可养气。可见饮酒可以有助于养气，从而有益于人体健康。另外酒正所掌管的四饮之中，第二项便是"医"。这个"医"正与酒有关。郑注："医之字，从殴从酉者也。"贾公彦疏："二曰医者，谓酿粥为醴则为医。"说白了就是用酒酿来治病。所以吕思勉先生在《原酒》一文中猜测"医"字的本意就是指以酒为养。

此外，古人还认为酒具有养神补气的作用。《礼记·郊特牲》："饮，养阳气也，故有乐；食，养阴气也，故无声。"孔颖达疏："饮是清虚，养阳气，故有乐；而食是体质，养阴气，故无声。"《周礼·天官·酒正》："共宾客之礼酒，共后之致。"贾公彦疏："王致酒，后致饮，夫妇之义者，酒是阳，故王致之；饮是阴，故后致之。是阴阳相成，故云夫妇之义。"这似乎又是在暗示饮酒对于夫妇房事的积极作用。

因为饮酒有以上所说的养生作用，所以古人往往用赌博胜负之法，或争胜得饮，或礼让他人。《诗经·小雅·青蝇》："酒既和旨，饮酒孔偕。钟鼓既设，举酬逸逸。大侯既抗，弓矢斯张。射夫既同，献尔发功。发彼有的，以祈尔爵。"《礼记·射义》释此云："祈，求也，求中以辞爵也。酒者，所以养老也，所以养病也。求中以辞爵者，辞养也。"因为酒可养老养病，所以射中者有权将此好处让给对方。后代饮酒行令，输者被罚喝酒，其源盖从此来。此所谓将养生之用让于他人者。《战国策·齐策二》："楚有祠者，赐其舍人卮酒。舍人相谓曰：'数人饮之不足，一人饮之有余。请划地为蛇，先成者饮酒。'一人蛇先成，引酒且饮之，乃左手持卮，右手画蛇，曰：'吾能为之足。'未成，一人之蛇成，夺其卮曰：'蛇固无足，子安能为之足？'遂饮其酒。为蛇足者终亡其酒。"这个著名的"画蛇添足"故事，正告诉我们当时人们是如何赌胜争饮的。可见饮酒的养生作用对人们的行为方式所产生的各种影响。

然而到了东汉后期，社会局势发生了急剧的动荡。战乱的频仍（包

第八讲　沉醉与逍遥：细说魏晋名士的饮酒活动

括统治者的滥杀无辜）使人们的生命安全受到严重威胁，也使人们突然意识到人生的短促和时光的飘忽。这一点，也正是《古诗十九首》和建安以来许多诗歌的共同主题。这一基本事实是汉末以来人们较多考虑养生问题的基本前提。但由于人们的思想和社会观念不同，所以使得他们对养生问题的看法出现了严重的分歧。道教主张用服食求仙的办法去人为地延长生命，佛教则用轮回之说把问题留到来生当中，更多的人则主张放弃对延长生命的追求，而代之以及时行乐。因为佛教的盛行在东晋以后，所以东晋以前这个问题的分歧主要是道教的服食求仙派和及时行乐派的竞争。因为求仙派以服药为主要行为特征，及时行乐派又以饮酒为主要行为特征，所以王瑶先生将二者称为"服药派"和"饮酒派"。服药的方法集中代表了道教以人为方式延长物质生命的期冀。但这种方法一来收效较晚，服食求仙需要较长的时间长度才能被验证，这对人的忍耐力要求太高；二来服药成功的例子实在罕见，而相反失败者却大有人在。这就不能不引起人们对服药这一方法的怀疑。向秀在《难嵇叔夜养生论》中就曾针对嵇康在《养生论》中关于服药可以成仙的说法批驳道："又云导养得理，以尽性命，上获千余岁，下可数百年，未尽善也；若信可然，当有得者，此人何在，目未之见。此殆影响之论，可言而不可得。"由对服药的怀疑，又倒向对饮酒的追慕。《古诗十九首》："人生忽如寄，寿无金石固。万岁更相送，贤圣莫能度。服食求神仙，多为药所误。不如饮美酒，被服纨与素。"这种怀疑服药而推崇饮酒的观念甚至一直持续到隋末唐初。王绩《赠学仙者》："采药层城远，寻师海路赊。玉壶横日月，金阙断烟霞。仙人何处在，道士未还家。谁知彭泽意，更觅步兵那。春酿煎松叶，秋杯浸菊花。相逢宁可醉，定不学丹砂。"

当殷周时期人们向往的以饮酒来养生的社会环境已经不复存在时，

人们便自然开始想到，以酒来养生的可能性还是否存在。倘若答案是否定的，那么饮酒又该派上些什么用场？在饮酒派看来，与其以极大的耐心，去等待那成败难料，并无成功把握的仙境（而且还要冒服药失败患病甚至死亡的危险），不如在眼前的瞬间去寻找永恒——及时行乐。他们认为，倘若不能成仙，则人必有一死。况且在汉末以来的社会环境当中，人的生死难料，朝不保夕。"须臾相背弃，何时见斯人。"（阮籍《咏怀诗》第六十二）既然如此，就应当加倍珍惜眼前可以实现的快乐。《列子·杨朱》集中代表了这种及时行乐和放纵肆志的思想："万物所异者生也，所同者死也。生则有贤愚贵贱，是所异也；死则有臭腐消灭，是所同也。……十年亦死，百年亦死。仁圣亦死，凶愚亦死。生则尧舜，死则腐骨；生则桀纣，死则腐骨。腐骨一矣，孰知其异？且趣当生，奚遑死后？"人生本来就十分有限，即使在这有限的时光里，真正属于个人生命的部分又微乎其微，当看破红尘之后，他们便将及时行乐看得高于一切，"凡生之难遇而死之易及。以难遇之生，俟易及之死，可孰念哉？而欲尊礼义以夸人，矫情性以招名，吾以为此为弗若死矣。为欲尽一生之欢，穷当年之乐。唯患腹溢而不得恣口之饮，力惫而不得肆情于色；不遑忧名声之丑，性命之危也。且若以治国之能夸物，欲以说辞乱我之心，荣禄喜我之意，不小鄙而可怜哉？"这正如王瑶先生所说："因为他们更失去了对长寿的希冀，所以对现刻的生命就更觉得热恋和宝贵。放弃了祈求生命的长度，便不能不要求增加生命的密度。"（《中古文学史论集·文人与酒》）从这个角度看，无论是酒的味觉刺激，还是醉酒之后所产生的缥缈幻觉，都是及时行乐的最好手段。所以魏晋名士饮酒的一个重要目的，就是在求长生而无望之后，为增强自己的生活质量而采用的普遍方式。

汉末时围绕曹操禁酒的问题曾出现过一场有趣的闹剧，这场闹剧

第八讲 沉醉与逍遥：细说魏晋名士的饮酒活动

在一定程度上揭开了魏晋名士以饮酒为及时行乐方式的序幕。曹操本人是酒中豪客，其"对酒当歌，人生几何"的名句尽人皆知。他不仅在饮酒中发现了人生的短促，而且还找到了具体的解决办法——"何以解忧，唯有杜康"。这说明曹操本人的饮酒是带有相当的及时行乐色彩的。可正因为他本人有过饮酒解忧的切身体验，所以也就十分明白在天下大乱，造酒的粮食十分紧张的年代，如果天下人都如此饮酒，那么对于一个国家和社会将意味着什么。所以他在行使自己的政治权力时便十分果断地宣布禁酒。可他的政策和自己行为的矛盾当然躲不过世人的耳目，所以他的禁酒令引起了许多人的反对。其中以孔融为代表。孔融也是一位高阳酒徒，常常把"座上客常满，樽中酒不空"作为自己的生活理想。从他五岁的儿子从其床头偷酒喝的故事，就可知这位父亲的嗜酒程度。曹操的禁酒令直接威胁到他的生活理想，所以他理所当然地反对曹操的禁令。耐人寻味的是，孔融选择反对曹操禁令的理由，恰恰是曹操用来杀死自己的礼教。据《世说新语》记载，曹操因为年景收成不好，便下令禁酒。孔融认为酒是礼教的重要组成部分，不应该禁止，便四处宣扬他的看法，以至于被曹操杀害。他先后写了两篇《难曹公表制酒禁书》，以调侃不恭的笔调，对曹操的禁酒令发出责难。在第一篇书中，孔融引经据典，列举众多事实，说明饮酒在若干重要历史事件中的正面作用，从而说明"酒之为德久矣""酒何负于治者哉"的道理。尤其是他第一次对于历代文人心目中的人格偶像屈原进行了调侃和揶揄："屈原不哺糟歠醨，取困于楚。"这就暗示出作者对于屈原过于追求名节，放弃包括饮酒在内的人生享乐的生活观念的不同见解。在第二篇书中，他又针对曹操提出的饮酒可以亡国，故须禁止的说法提出反驳。他指出如果因为什么亡国就禁什么的话，那么徐偃王是因为行仁义而亡国，你为什么不禁仁义？燕哙是因为谦让而失社稷，你为什么不禁谦让？鲁国是因为尚文而亡国，你为什么不禁文学？夏商是因为女人而失天下，你为什么不禁婚？所以禁酒的真正原因"但疑惜谷耳，非以亡王戒也"。其实孔融的本意也未必就是要维护饮酒的礼教意义，他的真正意图还是要给广大士人以自由喝酒来及时行乐的机会，而不是让禁别人酒的人自己去用杜康来解忧。

孔融虽然因酒被杀了，但他的死却让人们看清了曹操禁酒的真实目的。他们越发毫无顾忌地去饮酒，去及时行乐了，而全然不把饮酒的养生作用放在心上。这一点，已经成为许多魏晋时期士族文人的共识。张翰放任不拘礼节，人称"江东步兵"，和阮籍相媲美。有人说："你怎么能自顾一时的放纵舒适而不考虑死后的名声呢？"张翰回答说："与其让我有死后的名声，还不如现在来一杯酒！"及时行乐的最大障碍就是它与人的社会名誉的矛盾。其实质是两种截然不同的人生观的对立。故事中张翰表述更加明确的是他直截了当地宣布愿意用眼前的一杯酒去换来那虚伪的身后之名。这样，他们也就扫除了拦在及时行乐前的最大障碍，从而无所顾忌地尽情饮酒，尽情享乐。

  毕茂世云："一手持蟹螯，一手持酒杯，拍浮酒池中，便足了一生。"（《世说新语·任诞》）

《晋书·毕卓传》记此作："卓尝谓人曰：'得酒满数百斛船，四时甘味置两头，右手持酒杯，左手持蟹螯，拍浮酒船中，便足了一生矣。'"毕卓的话及其被误认为盗酒者的故事典型地反映出他们以及时行乐为目的的饮酒活动。为此，他们便将饮酒作为生活的主要内容。周顗"恒大饮酒，尝经三日不醒。时人谓之'三日仆射'"，桓温和卫永为一对酒友，温"每率尔提酒脯就卫，箕踞相对弥日。卫往温许亦尔"（见《世说新语·任诞》）。这就是他们以饮酒的方式来"欲尽一生之欢，穷当年之乐"。这种及时行乐的观念在六朝时期众多的咏酒文学作品中可以得到印证。

> 晋张载《酃酒赋》云："故其为酒也，殊功绝伦。……备味滋和，体漓色清，宣御神志，导气养形。遗忧消患，适性顺情。言之者嘉其美志，味之者弃世忘荣。于是纠和同好，以遨以游。嘉宾云会，矩坐四周。设金樽于南楹，酌浮觞以旋流。备鲜肴之绮错，进时膳之珍饈。礼仪攸序，是献是酬。……咸得志以自足，愿栖迟于一丘。"

至于古代饮酒的养生作用，在魏晋名士的眼中已经完全淡化。在前述刘伶不顾妻子劝告，以发誓戒酒之名再次骗酒，一饮而醉的故事中，可以看出刘伶妻的劝告完全出于养生的目的。而刘伶的欺骗行为说明他已经全然不把饮酒与养生联系在一起，甚至是调侃了所谓饮酒的养生作用。类似的情况还有，孔群也喜爱喝酒，王导对他说："喝酒可没什么好处，你没见酒店里盖酒坛的布，时间长了就腐烂了吗？"孔群说："错了。你没见到用酒糟过的肉，更能耐久吗？"他还曾经给亲友写信说："今年田地里收了七百斛高粱米，还不够我做酒引子用的呢！"王导是以酒精对酒家覆瓿布的腐蚀作用向孔群提出饮酒有害养生的警告，而孔群却荒唐地以糟肉为喻，说明饮酒不但无害，反而有益。这并非是以严肃的态度来探讨饮酒的养生作用，而是以玩笑的态度为酒鬼嗜酒寻找理由。所以这与其说是肯定饮酒的养生作用，不如说是对饮酒养生作用的亵渎和揶揄。后面一句七百斛高粱米尚不够他做酒引子的话，可谓对其这种初衷的注脚。按酒可烂肠为汉晋间人们的普遍看法。《吕氏春秋·本生》："肥肉厚酒，务以自强，命之曰'烂肠之食'。"但名士并不以此为戒，不以养生为重，反而以其味美而乐此不疲。葛洪《神仙传·王远》："方平语经家人曰：'吾欲赐汝辈酒。此酒乃出天厨，其味醇醲，非俗人所宜饮。饮之或能烂肠。今当以水和之，汝辈勿怪也。'乃以一升酒，合水一斗，酒搅之，以赐经家人。人饮一升许，皆醉。"又王嘉《拾遗记》记载，张华做了一种"九酝酒"，味道醇美，可含在嘴里久了就会使人牙齿松动。如果酒后大醉，不会大喊大叫，只是一个劲儿地傻笑，而且还能令人肝肠糜烂，所以俗称为"消肠酒"。老百姓流传的歌谣说："宁得醇酒消肠，不与日月齐光。"可见不顾养生的以及时行乐为目的的饮酒确乎为当时普遍的社会风气。这样，古代饮酒的养生作用在《世说新语》中的魏晋名士眼里就已经完全被其及时行乐的需求所取代了。

逃避政治灾祸的遮掩面具

除了祭祀、礼教和养生之外，古人还在饮酒活动当中发现了它重要的政治性功能。《说文》在解释了酒能造就人性善恶的功能外，又接着说："一言造也。吉凶所起造也。"也就是说，它往往是事物吉凶福祸的起因。正是从这个角度，周成王在《尚书·酒诰》中指出，先民造酒是用来娱神的，不是用来娱人的。殷纣王等人违背了这一初衷，滥饮无度，所以造成国家的灭亡。显然，周成王十分敏锐地看到了饮酒对于政治兴亡的重要作用。所以他要引以为戒，禁止人们"群饮"和"崇饮"。然而问题还并非如此简单。周成王发布这篇《酒诰》还有其更深一层的政治用意。

《酒诰》的第一句就是"明大命于妹邦"。这里首先交代了发布此诰的地点是在殷的国都"妹"地。孔氏传:"妹,地名。纣所以都,朝歌以北是。"周人以这种口气向殷人发布诰令显然带有明显的震慑和威吓意味。可疑问也就出在这里,既然这篇诰令是在殷地国都给殷人看的,而殷人又是那么酷嗜饮酒,那么让殷人自己以此法自取其亡岂不是一件好事?可见此诰另有用意。原来,殷人带有宗教政治聚会色彩的"群饮"和"崇饮"对周朝的政治新秩序构成了潜在的威胁,所以周人要用禁酒的方式,来切断殷人可能借饮酒的聚会进行政治颠覆、卷土重来的可能。这就表明无论是殷人还是周人,都十分清楚地意识到饮酒活动所可能产生的政治作用。所以从此之后,人们对于饮酒对政治兴亡所可能起到的作用表现出极大的兴趣。从负面看,酒可亡国的道理从《酒诰》开始就广为人知;从正面看,关于酒对于兴邦治国的作用,孔融在《难曹公表制酒禁书》中所罗列的事例大体已包含在内:

> 酒之为德久矣,古先哲王,类帝禋宗,和神定人,以济万国,非酒莫以也。故天垂酒星之耀,地列酒泉之郡,人著旨酒之德。尧不千钟,无以建太平。孔非百觚,无以堪上圣。樊哙解厄鸿门,非豕肩钟酒,无以奋其怒;赵之厮养,东迎其王,非引卮酒,无以激其气。高祖非醉斩白蛇,无以畅其灵;景帝非醉幸唐姬,无以开中兴。袁盎非醇醪之力,无以脱其命。定国非酣饮一斛,无以决其法。故郦生以高阳酒徒,著功于汉。屈原不哺糟歠醨,取困于楚。由是观之,酒何负于治者哉?

孔融列举的这些事例并非完全是他自己的总结,而是一些历史传闻,且有些传闻人们的看法还不尽相同。据《孔丛子》记载,平原君和子高一起喝酒的时候，强迫子高饮酒说："过去俗话说'尧舜千钟孔子百觚。子路嗑嗑，尚饮十榼'。可见古代的圣贤也不能不饮酒，你为什么要推辞呢？"子高回答说："我只听说圣贤用道德来教化人，没听说用饮食的。"平原君说："你这话有什么根据呢？"子高说："根据就在于那些酒鬼。那些话不过是酒鬼们自己编出来的赞美酒和诋毁酒的话，并非实际情况。"其实孔融的本意也并非是要认真地以此张扬饮酒的兴亡作用，而只不过是想为酒徒们的狂饮找到一个冠冕堂皇的理由而已。但既然《孔丛子》中子高的话与孔融所说大相径庭，所以它实际上也就隐含着一个对饮酒与兴亡荣衰、是非功过等国家大事关系的态度问题。说得形象具体一些，就是"以醒为荣"，还是"以醉为荣"？正是在这一微妙而深刻的问题上，从先秦到《世说新语》中士族名士饮酒的文化内涵发生了质的变化。

由于《尚书·酒诰》中已经明确宣布对群饮滥饮的取缔，所以以入世为特征的儒家信徒从"修齐治平"的大业出发，坚决抵制酒精对正人君子的侵蚀。屈原那句名言"世人皆醉我独醒"可谓是这种观念的集中代表。如果说屈原这句话还带有某种象征意味，或许不宜完全以坐实的态度理解为具体的饮酒活动的话（但此语显然也应当包含具体的饮酒活动），那么《孔丛子》中子高的话则完全可以做这种理解。因为如果说孔融所列举的事例中那些古代传说中的尧舜乃至子路饮酒的故事都难以落实，可以视为传闻或嗜酒者的编造的话，那么其他事例（从樊哙到于定国）却都是有史可查的。可是无论是那些日旰宵食、励精图治的明君，还是那些鞠躬尽瘁、死而后已的贤臣，都不会愿意把自己的丰功伟绩与那些醉醺醺的酒鬼联系在一起。所以就只好采取子高的办法矢口否认。这就明白地显示出受儒家思想统治规范的人们是以"以醒为荣"的态度来看待饮酒的政治兴亡功能的。曹植在《酒赋》

中虚拟的"矫俗先生"的话很能代表这种观点:

> 于是矫俗先生闻之而叹曰:"噫!夫言何容易,此乃荒淫之源,非作者之事。若耽于觞酌,流情纵佚,先王所禁,君子所失。"

可见曹植本人虽然是一位因政治失意而恋酒的人,但他还是反对饮酒过度,"流情纵佚"。但是这种观点到了魏晋时期已经不是占主流地位的观点。这是因为魏晋时期险恶的政治环境所决定的。

汉末以降,尽管世家大族的经济实力已经有了迅速膨胀,但其政治地位还没有很快达到与王权对抗的地步。在东晋之前,士族的政治地位还要受到王权的制约。所谓门阀政治也是东晋以后的事情。所以在曹魏和西晋时期,由于曹操和司马氏政权的强大力量以及他们相互之间的尖锐冲突,使得广大士人普遍感到政无准的,依违难就。如果像何晏、夏侯玄等人那样,积极投身于两派的政治角逐,就会招来杀身之祸;而像何曾、贾充、钟会那样,以卖身投靠换来政治地位,又为广大士人所不齿。所以,从正始时期开始,就有部分文人努力寻求第三条道路,即以泯灭是非,忘却时事的办法来回避现实中的政治是非。他们努力用面纱和烟幕把自己掩蔽起来,使别人看不清自己的真实政治态度。为此,他们少说话——出言玄远,口不臧否人物;但这还不是最根本的办法,因为人不可能将自己包裹得那么绝对严实,于是他们自然想到了醉。人在喝醉以后,即使说几句醉话,也会因容易被人谅解而遮掩过去。于是,荒唐的醉鬼形象不再是受到指责和鄙夷的对象,而是成了大家都争相效仿的弄潮儿。刘伶在《酒德颂》中所讲"兀尔而醉,慌尔而醒。静听不闻雷霆之声,熟视不见泰山之形;不觉寒暑之切肌,利欲之感情",正是当时文人们普遍的希望以醉酒躲避政治是非的心态。

晋庾阐《断酒戒》也说：

> 盖神明智惠，人之所以灵也；好恶情欲，人之所以生也。明智运于常性，好恶安于自然。吾固以穷智之害性，任欲之丧真也。于是椎金罍、碎玉碗、破觥觚、捐觚瓒、遗举白、废引满，使巷无行檐，家无停壶。剖樽折构，沈炭销炉。屏神州之竹叶，绝缥醪乎华都。

庾阐在这里已经把当时人们以饮酒作为避世手段的道理讲得比较清楚了。在他看来，人的智慧和是非观念虽然是个好东西，但对它不能刻意追求，而应当将其融注于自然生活中。因为刻意追求它们，就会落入"穷智害性""任欲丧真"的境地。所以要用酒来淹没这些是非功过，不要让智慧穷尽。可见庾阐和刘伶的观点一样，完全走到了与屈原的"世人皆醉我独醒"以及子高"以醒为荣"相反的立场上了，代之而起的，自然是"以醉为智"的新的饮酒观念。

沈约在《七贤论》中曾经对于竹林七贤以饮酒的方式逃避现实之举的内在原因作过透辟入里的分析：

> 嵇生是上智之人，值无妄之日，神才高杰，故为世道所莫容。风邈挺特，荫映于天下；言理吐论，一时所莫能参。属马氏执国，欲以智计倾皇祚，诛锄胜己，靡或有遗。玄伯太初之徒，并出嵇生之流，咸已就戮。嵇审于此时非自免之运。若登朝进仕，映迈当时，则受祸之速，过于旋踵。自非霓裳羽带，无用自全。故始以饵术黄精，终于假涂托化。阮公才器宏广，亦非衰世所容。但容貌风神，不及叔夜，求免世难，如为有涂。若率其恒仪，同物

俯仰，迈群独秀，亦不为二马所安。故毁形废礼，以秽其德；崎岖人世，仅然后全。仲容年齿不悬，风力粗可，慕李文风尚，景而行之。彼嵇阮二生，志存保己，既托其迹，宜慢其形。慢形之具，非酒莫可。故引满终日，陶瓦尽年。酒之为用，非可独酌；宜须朋侣，然后成欢。刘伶酒性既深，子期又是饮客，山王二公，悦风而至；相与莫逆，把臂高林。徒得其游，故于野泽衔杯，举樽之致，寰中妙趣，固冥然不睹矣。

"慢形"就是涂抹面孔，就是用酒精的作用将自己的真实面孔隐藏起来，以醉酒的方式达到逃避政治是非的目的。以酒作为"慢形之具"，可谓竹林七贤的天才发明。有了它，就可以忘却现实的是非福祸，"寰中妙趣，固冥然不睹矣"。周顗在过江之后，曾经常大肆饮酒，曾经三天不醒。人称"三日仆射"。周顗热衷沉醉不醒，似乎与其"深达危乱"有关；而且他"三日不醒"的事件经常发生。据该条刘孝标注引《语林》，周顗为自己寻找了许多烂醉的理由。姐姐死了要"三日醉"，姑姑死了要"二日醉"。依此类推，生活中各种大小事件均可成为其几日醉的理由。他沉醉不醒的用意，就是尽可能地躲过政治和政务，打发时光。《语林》还载其"每醉，诸公常共屯守"。以醉酒的借口，让别人代替自己理政，岂不是躲过政治是非的最好办法？他如阮裕得知王敦有篡逆之心，为避免是非，遂"纵酒昏酣，不综其事"。杨淮"见王纲不振，遂纵酒不以官事规意，逍遥卒岁而已"等等。然而以酒为"慢形之具"，以躲过政治是非的最成功者当推阮籍。

沈约关于阮籍以酒为"慢形之具"的分析在《世说新语》等有关故事中完全可以得到印证。《世说新语·任诞》记载，一次王恭问王忱："阮籍比司马相如怎么样？"王忱没有直接回答，却说："阮籍胸中填满了大石头，需要用酒来浇灌化解。"说明他是借酒浇愁。但他借酒浇愁的很大功用，却是遮掩面孔、躲避是非。说明他的饮酒酣醉，在很大程度上是为了离开当时的政治旋涡，尤其是司马氏的政治迫害。他甚至替别人代笔，向司马昭写劝进表。然而他引以为辱，所以他的劝进表写于酣醉之中。说明他时刻在自己的良知与外在表现，以及环境能容许的程度三者之间寻找最恰当的选择。但这种选择是痛苦的。当司马昭为司马炎向阮籍提亲求婚时，阮籍当然不能同意这样的亲事，但直言拒绝又容易招来祸害。于是，阮籍便大醉六十天，使司马昭一直没有开口的机会，终于作罢。那个给嵇康罗织罪名，向司马氏进谗言，使其被害致死的钟会，曾三番五次地在阮籍面前抛出时事的话题，想在阮籍的谈话中寻找把柄，致之死罪，但均被阮籍以大醉的方式遮掩而获免。钟会以同样的方法，在嵇康身上获得了成功，而在阮籍这里却毫无收获。这正说明阮籍以酒避祸的成功。他为酒而求步兵校尉，以及在守母丧时酣饮自若，连何曾在司马昭面前的中伤竟也不起作用，都应归功于他把酒作为保护自己的烟雾与面纱这样一种明智的选择。难怪他的韬晦竟然得到司马昭的赞赏。阮籍的好友嵇康也对此有过类似的评价："阮嗣宗口不论人过，吾每师之，而未能及。至性过人，与物无伤，唯饮酒过差耳。至为礼法之士所绳，疾之如仇，幸赖大将军保持之耳。"（见嵇康《与山巨源绝交书》）司马昭和嵇康两个视同水火的冤家竟然在对阮籍饮酒及其效果的看法上完全一致，这就清楚地说明阮籍以饮酒为"慢形之具"的确得到了各方面的认可。不过从阮籍的行为上似可得出这样一点推测，要想真的以酒为"慢形之具"，恐怕不能真醉，因为如果真醉的话也就容易嘴上把不住门，达不到"至慎"的效果了。这也许是阮籍和嵇康均为七贤成员，又同样嗜酒，然而下场却迥然不同的原因之一。

第九讲
药内与药外：细说魏晋名士的服药活动

第九讲 药内与药外：细说魏晋名士的服药活动

历史上发生过很多这样的事情：一个社会事物的流行，往往要超出它自身的价值和意义，具有某种社会符号的作用。大约从汉代开始，中国士人阶层风靡一种叫作五石散（又称寒食散）的药物。说来奇怪，这种药物很难说它对某种病有什么特殊疗效，可是大家却趋之若鹜，争先恐后地来效法和实践。到了魏晋时期，这股风潮更是达到了顶点。一时间，人们把服药看成是门阀士族时髦的外在特征。不服药，好像今天的人们不会用手机，不会上网一样土里土气。那么这究竟是一种什么药，人们为什么对它如此青睐呢？

趋之若鹜的服药风气

服药对社会风气也产生了广泛的影响。较早服用寒食散的人，都是些社会名流，何晏、嵇康，以至于后来的王羲之、王恭、谢安等人，莫不属此。他们的行为在社会上有极大的号召力，人们争相效仿谢安洛生咏一事，便是明证。而且，服药往往可以说明一个人的经济地位。这些药品多为贵重的上药，非一般经济实力者可以经常服用。如梁彦光的父亲得了重病，医生给开了五石散的药方，却搞不到紫石英一味。梁彦光为此而憔悴。后来感动了上天，让他在园中拾到一块。可见紫石英这味药极难得到。同时，吃药后要多喝上等酒，多吃好饭菜，处处要人照顾，一般平民显然负担不起。所以能服得起寒食散，便标志着一个人属于上流阶层。即使在路旁躺倒散发，也像今天颈上戴满了金首饰一般显得富贵。

北魏孝文帝时,王公贵族都服用寒食散。发热行散,称为"石发",有些没喝过这服汤药的人也诈称"石发",在路上摇头晃脑,以示自己在行散。有个穷书生躺在闹市中,辗转反侧,大叫热得受不了。人们竞相围观,同伴问他怎么了,此人答道:"我石发。"同伴问:"君何时服石,今得石发?"答道:"我昨在市得米,米中有石,食之乃今发。"众人大笑。(见《太平广记》卷二百四十七引《启颜录》)

模仿服药的风气不仅在北方盛行,南方的士人为了追随中原文化,也把服药作为学习中原的方面之一。葛洪在《抱朴子·讥惑》中曾指斥这种现象:"又闻贵人在大哀,或有疾病,服石散以数食,宣药势以饮酒,为性命疾患危笃,不堪风冷,帏帐茵褥,任其所安。"这也是北方中原政治上的胜利转变为风俗方面征服的有力证明。

服药与求仙长生的社会心理

服药是魏晋上流社会的流行风俗,对风俗的其他方面也有制约作用。这种药名五石散,又称寒食散。五石散的名字是就其药的原料来说的。唐孙思邈《千金翼方》有五石更生散之方,主要为紫石英、白石英、赤石脂、钟乳、石硫黄等五石。以这五味药为主,再配以其他原料,并按不同需要,略加增减,遂有五石更生散、五石护命散、三石散、侯氏黑散、紫石寒食散等方。但主要原料离不开这五味。寒食散的名字是就服用方式而言的。据皇甫谧的《寒食散论》,五石散是一种剧毒药,服用后伴随毒力发作,产生巨大的内热,因此需要一整套极其细微而烦琐的程序,将药中的毒力和热力散发掉,即所谓"散发"。如果散发得当,体内疾病会随毒热一起发出;如果散发不当,则五毒攻心,

第九讲 药内与药外：细说魏晋名士的服药活动

后果不堪设想；即使不死，将终身残疾，欲死不得。所以散发得当与否是服用五石散的关键所在。而散发的重要一点是必须在服药后多吃冷饭，故称寒食散。除了吃冷饭之外，还要注意多外出步行运动，称为"散动"或"行散"。还要注意多喝热酒、好酒，每天饮数次，使身体"醺醺有酒势"，即处于微醉状态。如果饮冷酒或劣质酒会送命或终生残疾。裴秀就是因服散后饮用冷酒而致命。另外服药后还要用冷水浴（即便在严冬）来将药的毒力和热力散发掉，并不能穿过多过暖的衣服。除了这几条基本原则外，还要注意"六反""七急""八不可、三无疑""十忌"等细则。所以孙思邈说："凡是五石散先名寒食散者，言此散宜寒食，冷水洗取寒，惟酒欲清，热饮之，不尔即百病生焉。服寒食散，但冷将息，即是解药热。"许孝崇也说："凡诸寒食草石药，皆有热性，发动则令人热，便冷饮食，冷将息，故称寒食散。"

寒食散的药方，自汉代已经有了，一般认为发明者是张仲景。皇甫谧《寒食散论》说："寒食药者，世莫知焉，或言华佗，或曰仲景。考之于实，佗之精微，方类单省，而仲景经有侯氏黑散，紫石英方，皆数种相出入，节度略同。然则寒食草石二方，出自仲景，非佗也。且佗之为治，或刳断肠胃，涤洗五藏，不纯任方也。仲景虽精不及佗，至于审方物之候，论草石之宜，亦妙绝于医。"但现存的文献材料，极少见到汉人服用寒食散的记载，说明在汉代服用此散者不多。它的广泛流行是从魏何晏服用见效，后加以推广后开始的。皇甫谧接着说："近世尚书何晏，耽好声色，始服此药，心加开朗，体力转强。京师翕然，传以相授，历岁之困，皆不终朝而愈。众人喜于近利者，不睹后患。晏死之后，服者弥繁，于时不辍。"

从此以后，五石散便为魏晋风俗及魏晋文化的主旋律，增加了一个新的声部。

寒食散在汉代已经出现，而服用者寡，是因为在汉代它没有找到适合自己生长的土壤。这种土壤却在魏晋时期得以生成。当时社会文化的很多方面，都对寒食散的盛行，产生了程度不同的影响。

无论是帝王服丹、民众服符，还是士人服石，其源头均为先秦神话传说中的不死之药。一种是神话传说神医手中的起死回生之药，如《山海经·海内西经》中所说六巫"皆操不死之药"；另一种是神话传说中的长生不死之药。如《归藏》中提到的"昔常娥以西王母不死之药服之，遂奔为月精"。《楚辞·天问》中也有嫦娥窃不死之药奔月的故事等。从两种不死药的功用效果来看，长生不死之药与嫦娥奔月有关，说明它是早期羌人飞升神仙观念的产物；起死回生之药则表现出稍晚一些时候人们希望保持肉体与灵魂同在的观念意识。

秦汉时期帝王寻丹服药的行为，本来是方士为改变自身社会地位而向帝王献媚的手段。但这一手段不但没有奏效，反而却使寻丹服药的求仙目的特权化，使早期神仙观念中人人可以成仙的可能变为帝王独自享用的特权。与此同时，随着帝王成仙希望的破灭，士人与帝王之间的关系也就出现破裂。这就意味着不仅丹药的享用者孕育着变更的可能，而且"道统"与"势统"的关系也有产生重新组合的必要。葛洪在《抱朴子·论仙》中通过至道仙法与秦皇汉武远离仙道的鲜明对比，已经把帝王在寻药服丹领域的特权彻底取消，从而表现出汉代以后以知识阶层为主体的士人群体在道教服食领域打算对帝王特权取而代之的强烈欲望。葛洪在其《神仙传》中又以许多神仙故事形象地体现了这种新鲜的神仙思想。

《神仙传》中故事普遍写到武帝求仙的失败，同时还具体点明帝王求仙失败的原因主要在于其身份地位而使得其求道不成。如《李少君传》写到李少君指明汉武帝求仙失败的原因时说:"陛下不能绝奢侈,远声色,杀伐不止,喜怒不除。万里有不归之魂,市朝有流血之刑。神丹大道未可得成。"不仅如此,一些神仙传记中还对帝王与神仙(实为方士)的君臣关系提出疑问。《卫叔卿传》中当汉武帝得知卫叔卿为中山人后说:"子若是中山人,乃朕臣也。可前共语。"不想这句话却引起了卫叔卿的极大反感。"叔卿本意谒帝,谓帝好道,见之必加优礼,而帝今云是朕臣也,于是大失望,默默不应,忽焉不知所在。"

可见方士已经不能接受自己与帝王主仆式的君臣关系。此正如日本学者小南一郎在《中国的神话传说与古小说》中指出的那样:"《神仙传》中李少君所叙述的内容,实际上代表了与襄楷、葛洪等人的神仙思想、初期道教思想有关联的知识阶层的主张。把追求'永生'作为君主特权的古代神仙思想,被这种知识阶层的伦理价值观念否定了;以这种知识分子阶层的价值观为基础的新神仙思想,在这一时代发展繁荣起来了。"于是从汉末开始,随着汉朝政权的动摇和君权的日益削弱,求仙服药,以求长生已经开始成为士人自己向往的人生目标。

先秦时期帝王服用丹药的动机绝不仅仅是为了延长他们个人的生命,而是将服丹与其政运的久长紧密地联系在一起,从而将其作为革命改制的一个组成部分。汉末以来的民间道教往往都将与道教有关的各种服食等法术可能具有的治病及长生作用作为诱饵,来吸引教徒入道从戎,扩充队伍。张角自称"大贤良师",以治病的方式传道。据《晋书·孙恩传》载,孙恩起义时势力蔓延如此之大,在很大程度上就是借助于这种宗教力量。孙恩世奉五斗米道,据会稽后"号其党曰'长生人'"。"长生人"的口号的确投人所好,所以不但徒众甚多,有的妇女背着孩子不能从军,便把孩子放在筐中投入水中,对孩子说:"祝贺你先登仙堂,我随后便到仙堂找你。"直到孙恩失败,被迫赴海自沉,他的党羽和妓妾还认为他已成了水仙,"投水死者百数"。张角和孙恩发动的人员对象主要是社会下层民众,但他们自身的行为目的是为了称帝。应当看到,他们在把以往帝王独自享用的成仙之术提供给广大徒众受用这一点上是与以往的帝王服丹有所区别的,但他们在以长生之术为政治目标服务这一点上却又与秦皇汉武如出一辙。

显然,这些长生服药中的政治动机恰恰就是嵇康所指责的"神躁形丧"的荒谬服药之举。相比之下,士族文人所继承的,正是嵇康所指明的脱离政治动机的属于士人阶层的服药中的长生愿望。陈寅恪先生《天师道与滨海地域之关系》一文所列举的东晋天师道世家的服药修道行为明显地体现出嵇康所认定的疏离政治、注重精神修炼的服药宗旨。尤为引人瞩目的是王羲之,他不仅与道士许迈等人"共修服食,采药石",而且"穷诸名山,泛沧海,叹曰:'我卒当以乐死!'""我卒当以乐死"一句是值得玩味的。如果理解上没有偏歧的话,那么在王羲之看来,"乐"的意义要远远超过"不死",至少可以用"死"来交换"乐"。这也就是说,精神上的安详和愉悦远比肉体生命本身的存在重要得多。这种注重士人自身的精神修养的取向不仅与嵇康的倡导遥相呼应,而且也与整个魏晋时期士族文人注重精神养炼的潮流密切吻合。明白了这一背景,也就比较容易理解两晋士人服药过程中的精神取向。

再看这样一个故事:一天,王恭服过寒石散后,到外面行散,在弟弟王爽的门前见到弟弟,便问他:"古诗中何句为最?"弟弟还没有来得及回答,王恭自己却吟咏起来"所遇无故物,焉得不速老",并认为此句最佳。显然,人生无常、及时行乐,这是王恭一路行散考虑的问题,他认为这是服药的目的,并用《古诗十九首》中的诗句加以表述。而这一问题,正是魏晋整个社会的普遍思潮。汉末以来的社会动乱，直接对人的生命造成威胁，人的平均寿命也普遍降低。而随着儒家思想地位的动摇，它所宣扬的"未知生，焉知死"的逃避态度也不能为人们所首肯。生的意志呼唤着人们，而人为地延长生命又集中体现了生的意志。人们正是从这个角度来理解服药的目的的。王充《论衡·自纪篇》说："适辅服药引导，庶冀性命可延，斯须不老。"嵇康《养生论》也说："夫神仙虽不自见，然记籍所载，前史所传，较而论之，其有必矣！似特受异气，禀之自然，非积学所能致也。至于导养得理，以尽性命，上获千余岁，下可数百年，可有之耳。"道教在汉末至魏晋间兴盛起来，就是因为它所鼓吹的服食之法可以有限地延长生命，而成仙之法则可绝对地延长生命。这对希求长生的人们来说无疑具有巨大的号召力。

当时的士大夫也把服药作为企求长生的重要手段。郗愔"与姊夫王羲之、高士许询并有迈世之风，俱栖心绝谷，修黄老之术。"（见《晋书·郗愔传》）这些上层人物主要信奉天师道。像王羲之等人，都是天师道世家。由对生命无常的感慨想到以服药等方式人为地延长生命，这是建安至正始间社会各界人士的普遍心理，也是这个时期很多文化现象的重要动因。不仅曹操这样的雄才大略者要大唱"人生几何"，"三曹"及建安七子的诗歌中，都可感受到这种格调。阮籍的《咏怀诗其十》则最为明确："焉见王子乔，乘云翔邓林。独有延年术，可以慰我心。"

服药的精神境界追求

服药还与当时士人阶层的许多生活和风俗有关，比如人物品评风气。在第三讲中，我们已经了解到，讲究仪容之美是人物品评的一个重要标准。而服药大约对人的面色红润、神明开朗，会大有好处。曹操《与皇甫隆令》中说:"闻卿年出百岁,而体力不衰,耳目聪明,颜色和悦,此盛事也。所服食施行导引,可得闻乎?若有可传,想可密示封内。"看来曹操对皇甫隆因服食而和颜悦色、耳聪目明十分羡慕,所以不耻下问地讨教方法。在他们看来,服药是否可以达到长寿的目的,这要由时间去证明,而从现时看,服药确实可以起到红润面色的作用,使人看起来显得更加青春焕发、更加健康了,这也是长寿的一种象征。所以何晏说:"服五石散非唯治病,亦觉神明开朗。"而他服药后,其容貌的确征服了世人。据《世说新语·容止》载,何晏姿仪俊美,皮肤靓白。魏明帝先是怀疑何晏脸上擦了白粉,于是就在一个酷暑的日子把何晏喊来喝滚烫的热汤饼。一碗热汤下肚,何晏脸上大汗淋漓,于是便用红色的衣袖擦拭汗水,只见脸上还是那么白净。《魏略》也说何晏"……性自喜,动静粉白不去手,行步顾影"。这些对面容的修饰赢来了人物品评的较高评价。人们品目服药的天师道徒王羲之"飘如游云,矫若惊龙",王羲之见了杜弘治,也叹曰:"面如凝脂,眼如点漆,此神仙中人。"卫玠也因"玉人"的美称而被看杀致死。不能把他们美貌的功劳全归于服药,但起码服药是重要的因素之一。

此外,服药还与贵族文人的放荡生活有关。这表现在两个方面:一是他们以服药美化容貌,以取悦于女人。以何晏为例,这个小白脸整天"行步顾影"与他的好色是分不开的。他虽然娶了曹操的女儿金乡公主,成为曹魏的女婿,但却并不安分,经常去勾引别的女人。使得金乡公主醋意大发,跑到何晏的母亲沛王太妃那里去告状:"晏为恶日甚,将何保身?"何母笑道:你大概是在妒忌何晏了吧?从何母的话中,可以看出她对儿子平日的放纵行为是宽容默许的,也是何晏这类行为的说明。而他整天生活在婢妾环绕的圈子里,过着不能没有女人的生活,也当然会把取悦女人作为一个注意事项。《宋书·五行志》

说"魏尚书何晏好服妇人之服"就说明了这一点。二是他们把服药作为房中术的手段之一。房中术本为汉代方士的方术之一，后来便融入了道教之中。道教又将服药作为房中术之一。《抱朴子·微旨》言："凡服药千种，三牲之养，而不知房中之术，亦无所益也。"《抱朴子·释滞》又说："房中之法十余家，或以补救伤损，或以攻治众病，或以采阴益阳，或以增年益寿，其大要在于还精补脑之一事耳。此法乃真人口口相传，本不书也。虽服名药，而复不知此要，亦不得长生也。人复不可都绝阴阳，阴阳不交，则生致壅阏之病人；故幽闭怨旷，多病而不寿也。任情肆意，又损年命。唯有得其节宣之和，可以不损。"可见道教是把服药和房中术其他方法相辅而行的。何晏服用寒食散，正与此有关。皇甫谧的话中，已经明说："何晏耽情声色，始服此药。"可见他服药与纵欲有关。金乡公主的告状，已经说明何晏性关系的复杂。而凭他的白面书生之体，显然难以从容地应付这些关系，那便要借助于药力的作用。所以苏轼《东坡志林》说："世有食钟乳乌喙而纵酒色以求长年者，盖始于何晏。晏少而富贵，故服寒食散以济其欲，无足怪者，彼其所为足以杀身灭族者日相继也。得死于寒食散，岂不幸哉！"余嘉锡《寒食散考》也说："夫因病服药，人之常情，士安谓之耽情声色，何也。盖晏非有他病，正坐酒色过度耳。故晏所服之五石更生散，医家以治五劳七伤。劳伤之病，虽不尽关于酒色，而酒色可以致劳伤。观张仲景所举七伤中有房室伤，可以见矣。晏虽自觉神明开朗，然药性酷热，服者辄发背解体，虽亦幸而仅免耳。管辂曰：'何之视候，魂不守宅，血不华色，精爽烟浮，容若槁木，谓之鬼幽，鬼幽者为火所烧。'据其所言，晏之形状，乃与今之吸毒药者等，岂非精华竭于内，故憔悴形于外欤？"

所谓"神明开朗"大约是指服用五石散后人的大脑受到药物的刺激而感到精神上的兴奋和舒畅。皇甫谧《寒食散·发候篇》称服用五石散可以使"心加开朗，体力转强"。孙思邈《千金要方》卷七三："人不服石以庶事不佳……石在身中，万事休泰。""所以常须服石，令人手足温暖，骨髓充实，能消生冷，举措轻便，复耐寒暑，不著诸病，是以大须服之。"这种功用在汉代服丹术士那里就已经开始受到注意。《后汉书·方术列传》："王真年且百岁，视之面有光泽，似未五十者。"《汉武帝外传》："（武帝）断谷二百余年，肉色充美，徐行及马，力兼数人。"魏晋时期也是如此。曹操《与皇甫隆令》："闻卿年出百岁，而体力不衰，耳目聪明，颜色和悦，此盛事也。所服食施行导引，可得闻乎？若有可传，想可密示封内。"

如果说汉代以来帝王和术士注意的仅仅是服食以后面容的光泽和"充美"的话，那么到了魏晋士人那里，这种面容的光泽便与精神世界的内涵连在了一起。何晏所讲的"亦觉神明开朗"，指的就是服药后容光焕发的外表所体现的内在精神活力。这一点大约是许多士人服药后的共同感觉。鲍照《行药至城东桥诗》："开芳及稚节，含彩吝惊春。尊贤永照灼，孤贱长隐沦。容华坐销歇，端为谁苦辛？"由于服药后大脑的兴奋，所以在行散途中总是以激昂的神情去观察外界的事物，使诗中的外界景物带有明显的诗人主观感受色彩。

把服丹用药作为士人内在精神养炼的手段，是魏晋时期道教分化后士族丹鼎教派的一个鲜明特征。这一点在魏晋时期的炼丹诗中表现得十分明显。《黄庭内景经》二十四章："隐景藏形与世殊，含气养精口如朱。"两句诗虽然字数有限，却清楚地描绘出服用内丹后的显著功效：倘若远离尘世，与世俗相异，抚养内气元精，则可以精神焕发，口如丹朱。尤为明显的是该经《心神章》：

第九讲 药内与药外：细说魏晋名士的服药活动

> 心神丹元字守灵，肺神皓华字虚成，肝神龙烟字含明，翳郁道烟主浊清。肾神玄冥字育婴，脾神常在字魂停，胆神龙曜字威明，六腑五藏神体精，皆在心内运天经，昼夜存之自长生。

尽管从诗歌艺术的角度看，这首诗的艺术水准很难得到恭维。然而它却给人们提供了一个士人服丹后存想过程的例证和范本。诗中罗列的各种神的名字及其能量描绘，实际上是服丹者存想时精神世界驰骋想象的内容。

按照诗中的说法，身体的各部器官各有所能，均可与"神"相通，以至能"六腑五藏神体精，皆在心内运天经"。道书中很多存想之术的描绘可以与之相证。《三十九章经》在谈到存想"太微小童"时说："读高上虚皇君道经，当思太微小童千景精，真气赤色，焕焕从兆泥丸（指大脑）中入，下布兆身，舌本之下，血液之府。"该书在谈到存想"无英公子"时又说："读上皇先生紫晨君道经，当思左无英公子玄元叔，真气玉光奕奕，从兆泥丸中入，下布兆左腋之下，肝之后户，毕微祝曰：'无英神真生紫皇，三气混合成宫商。招引真气镇膀胱，运流三丹会洞房。为我致仙变丹容，飞升云馆入金墉。'"将这些具体存想的描绘与前面《三十九章经》和《心神章》的介绍相对照，就可以看到服用丹药者在所谓存想的过程中是将自己身体的各个部位联想为神的寄托所在，进而对其神驰遐想，增强自己服药后的良好感觉。这或许就包含何晏所谓"神明开朗"的意思。

正始名士服药后注重精神世界的建设还与当时哲学文化思潮中注重形而上对形而下的超越，无限境界对有限境界的超越的主流有关。何晏本人就是正始玄学的开山大师，为"贵无"学说的开创者。这些内容学界及本书已有涉及，兹不赘述。这里要谈的是何晏不仅在理论上大谈无限胜于有限，而且还十分自觉地将其理论化为人生实践，在个人精神与行动上也将"神明"之境作为人格理想。《世说新语·夙惠》："何晏七岁，明惠若神，魏武奇爱之。"这一点是贯穿他的人生过程始终的。《魏氏春秋》记载："初，夏侯玄、何晏等名盛于时，司马景王亦预焉。晏尝曰：'唯深也，故能通天下之志，夏侯泰初是也；唯几也，故能成天下之务，司马子元是也；唯神也，不疾而速，不行而至，吾闻其语，未见其人。'盖欲以神自况诸己也。"何晏以他玄学家的敏锐感觉和深刻见解看到"唯深""唯几"在境界上与"唯神"的天壤之别。尽管所谓"深"和"几"是"极未形之理""适动微之会"，本身具有形而上的性质，但重要的问题是它们最终的目的是为"天下之功""天下之务"服务，又回到了形而下的层次。而"神"的境界却与它们不同，无论是手段，还是目的，都是超现实，都是形而上的。所以何晏对于"深"与"几"虽然不无首肯，但他肯定的也只是二者手段的玄虚性，而不是目的的现实性。因而他对夏侯玄、司马师这样能够"极未形之理""适动微之会"的形而上才能是赞赏的，但却从根本上鄙薄他们涉身世务的功利行为。他竭力推崇的正是他始终为之向往的"至理微妙，不可测知，无象无功于天下之事"的玄远境界。所以裴松之才会说他"欲以神自况"。

了解何晏对"神"的境界的无限向往，也就能够从更加深刻的背景上体会到他服用五石散后何以会为"亦觉神明开朗"而沾沾自喜。而这种服药中对于精神层面的追求，恰恰体现了士族阶层在服药领域中取代帝王特权，使之为我所用的士族特征。

第九讲　药内与药外：细说魏晋名士的服药活动　　　　　　　　239

服药不当的种种后遗症

人们天真地把服药作为求长生、求美誉、求享乐的手段，但是由于五石散本身药物的毒性和散发难度之高，真正收到这些效果的人微乎其微，多数人因为服用方式不当引起各种疾病，甚至死亡。皇甫谧曾论及服药不当所生之弊："或暴发不常，夭害年命。是以族弟长互，舌缩入喉。东海王良夫，痈疮陷背。陇西辛长绪，脊肉烂溃。蜀郡赵公烈，中表六丧，悉寒食散之所为也。远者数十岁，近者五六岁（言服寒食散后，有至数十年而后死者，有五六年即死者），余虽视息，犹溺人之笑耳。而世人之患病者，由不能以斯为戒。失节之人（谓服散而违其节度者），多来问余。乃喟然叹曰：今之医官，精方不及华佗，审治莫如仲景，而竟服至难之药，以招甚苦之患，其夭死者，焉可胜计哉！"（见巢元方《诸病源候总论》卷六引）

皇甫谧本人就是服药不当的受害者。他三十五岁时因中风而半身不遂，后来服用寒食散来治疗，由于"违错节度"（散发不当），而落下一身重病："隆冬裸袒食冰，当暑烦闷，加以咳逆，或若温疟，或类伤寒，浮气流肿，四肢酸重，于今困劣，救命呼噏。父兄见出，妻息长诀。"甚至"尝悲恚，叩刃欲自杀，叔母谏之而止"。由于寒食散具有如此危险的后果，所以它对人们的社会生活产生了多种影响。

服药之后产生的副作用，被一些人用作躲避政治灾祸的理由。魏晋时期，统治阶级内部矛盾十分尖锐，有些人为了逃避政治旋涡，往往诈称寒食散症状发作。因为服寒食散患后遗症者被视为残疾之人而容易避祸。比如"八王之乱"时，王颙派人游说成都王司马颖，准备杀掉齐王冏，齐王冏向王戎请教对策，王戎劝齐王冏："若以王就第，不失故爵，推权崇让，此求安之计也。"但齐王冏的谋臣葛旟却不同意齐王冏放弃权力，准备杀掉王戎。王戎就伪装药性发作，掉进厕所茅坑之中，才免除了杀身之祸。殷顗任南蛮校尉时，其从弟荆州刺史殷仲堪在王恭的怂恿下，准备发动内战，并动员殷顗一起参加。殷顗严词拒绝："吾进不敢同，退不敢异。"后来殷仲堪举兵成功，贪得富贵，并记恨殷顗前言。殷顗知道殷仲堪将排除异己，任用党羽，便借服寒食散外出行散，托疾不还。当殷仲堪去看望他的时候，殷顗因服药眼睛已经严重散光，只能见人半面。这也就是皇甫谧说的"服药失节度，则目瞑无所见"。殷仲堪难过地说："兄病殊为可忧。"而殷顗却义正辞严地说："我病不过身死，但汝病在灭门，幸熟为虑，勿以我为念也。"后来，殷仲堪在与桓玄的作战中失利，被逼自杀。殷顗则因服散致病，忧郁而卒。

又据《高僧传》，桓玄征讨殷仲堪时，大军经过庐山，桓玄邀名僧慧远出虎溪见面，慧远称疾不堪，桓玄只好入山去见慧远。晋安帝自江陵凯旋回京师，路经庐山，辅国何无忌劝慧远候迎，慧远仍然称疾不行，晋安帝只好派人劳问。慧远在给晋安帝的信中说："贫道先婴重疾，年衰益甚，猥蒙慈诏，曲垂光慰，感惧之深，实百于怀。……自远卜居庐阜三十余年，影不出山，迹不入俗。每送客游履，常以虎溪为界焉。"慧远在晋义熙十二年(416)八月因寒食散药物发作而病倒，六天后就奄奄一息了。临终前，弟子耆德等人劝他饮用豉酒解毒，慧远却不肯违犯佛教不许饮酒的戒律。请他喝米汁，也是不允许的。又请他喝蜂蜜水，慧远则命律师查阅经文，看是否允许。律师刚查了一半，慧远已经合上了眼睛。

此外，如陈敏之乱时诈称诏书，以贺循为丹杨内史。贺循辞以脚疾，

第九讲 药内与药外：细说魏晋名士的服药活动　　241

手不制笔，又服寒食散，露发袒身，示不可用。陈敏竟不敢逼。晋武帝几次诏敦皇甫谧应命，皇甫谧皆以服散患疾相辞，皆属此类。另外，有些帝王因服药变得性格暴躁，以致影响政局，则是服药对政治生活影响的另一种形式。

服药的副作用还会使人性格变得暴躁无常。服药以后，如散发不当，会使一个人的性格变得暴躁、惊悸、喜怒无常。皇甫谧言："服散失节度，或食不复下，昼夜不得寐，愁忧恚怒，自惊跳悸恐，恍惚忘误。"又言："凡有寒食散药者，虽素聪明，发皆顽嚚。"北魏太祖拓跋珪服药后一直不见效，在他的太医死后，其后遗症也就愈加严重，加上灾变频繁出现，其性格变得喜怒无常，经常忧愁、郁闷、不安，几天几夜不吃不睡。猜忌群医，对谁也不信任。把曾经得罪过他的人统统杀掉。大臣中凡有脸色异常、喘息不均、走路不协调以及说话欠妥的人，都被拓跋珪认定是心怀不满者，因而遭到拓跋珪本人的亲自殴打和杀戮，并陈尸于天安殿前。于是，人人自危，朝廷各部门无法正常工作，社会管理失调，盗贼横行，全国一片混乱。他连自己的妻子贺氏也不放过——将她囚禁于幽宫，并准备杀掉她，只是因为天色已晚才没有执行。贺氏秘密地向儿子拓跋绍求救。绍连夜带人闯入禁宫，杀死了父亲，救出了母亲。后秦的帝王姚兴，也是因为服药后身体不好，喜怒无常，而引起了国内的动乱。还有的人因遵循服药规则而忘乎所以，以致犯人家讳，得罪于人。如前文所述王忱服用了五石散后带着醉意去看望桓玄。桓玄以酒宴相待，没想到王忱服用五石散后不能喝冷酒，就频频告诉侍从说："温酒来！"王忱虽然已经喝得醉醺醺的，但他只记得自己服了药，不能喝冷酒，却忘记了桓玄的父亲名字叫桓温，他反复让人"温"酒，正是犯了桓玄家讳，如果不是桓玄通达，显然又要不欢而散。除此之外，前面所举若干文人的暴躁、怪癖事例，如王述食鸡子，王忱和王恭在宴席上大打出手等，恐均与服药有关。

第十讲
"服妖"与麈尾：细说魏晋名士的服饰新风

第十讲 "服妖"与麈尾：细说魏晋名士的服饰新风

服饰是一个社会文化潮流的外化折射反映之一。20世纪六七十年代的中国，服装的款式简单到只有中山装和学生装两种，服装的颜色也只有深蓝色和军装绿两种颜色。这反映出那个时代思想文化潮流的禁锢——集中和趋从。

魏晋时期服饰风俗发生了很大的变化，其显著特征是：第一，人们在穿着服饰方面尊崇礼制的色彩不断淡化，而反礼教的叛逆色彩不断增强。第二，人们在穿着服饰物质层面的需求不断淡化，而精神层面的需求不断增强。对于这两点，魏晋名士在服饰的各个方面都有充分的表现。

从"服妖"看礼教的颓坏

人类对于服饰的认识，经历了一个从切身的物质需求到文化因素不断增加的精神需求的过程。遮羞和御寒是人类对衣服的直接和基本的需求原因。它被赋予社会和文化的色彩，大约是从黄帝时期开始。从西周时期开始，随着社会政治文化的进步发展，服饰的礼制礼仪色彩几乎被渲染到无以复加的地步。在这样的观念作用下，服饰不仅是政治统治的手段，同时不同的服饰也是人们身份地位的标志。为此，统治者还制定了许多繁文缛节和清规戒律。《礼记·玉藻》："以帛裹布，非礼也。士不衣织。无君者不贰采。衣正色，裳间色。非列采不入公门，振絺、绤不入公门，表裘不入公门，袭裘不入公门。"

这样的规定尽管在早期儒家的经典中每每可见，但偶尔破例犯礼的现象还是时有发生。不过在先秦时期，这种违规破礼的现象不仅极为罕见，因而被视为洪水猛兽和妖异征兆，而且还往往受到正统主流舆论的严厉谴责，认为它是可与天灾人祸相提并论的"服妖"行为（见《尚书大传》）。从《汉书》开始，历代正史《五行志》都将"服妖"行为收入其中。班固说："风俗狂慢，变节易度，则为剽轻奇怪之服，故有服妖。"从班固的话中可以看出，凡是违反了社会的一般礼仪规定和习惯风俗，其穿戴与自己的身份、地位、场合不符，或用今人话语称之为"奇装异服"者，均属"服妖"行为，均在贬斥之列。不仅如此，人们还将这种"服妖"行为视为天下兴亡、时代变迁的征兆。这反映了汉代以阴阳五行和天命学说为基础的大一统思想作用下社会对个体越轨行为的否定和歧视。

然而到了东汉后期，这种"服妖"行为在社会上不再是少数的个别行为，而是比较普遍的社会潮流，大有愈演愈烈之势。东汉王符《潜夫论·浮侈》中列举了许多这种现象。所以近人张亮采在《中国风俗史》中说："可知当日衣服之好尚矣。然汉末王公名士，多委王服，以幅巾为雅。今观郑康成、韦彪、冯衍、鲍永、周磐、符融及逸民韩康等传可知。盖轻视冠冕，以洒脱为高，不但开陶靖节角巾之一派，亦魏晋清谈轻脱之雏影也。"这个说法看出了东汉后期的"服妖"行为和魏晋名士以洒脱任诞为特征的服饰行为之间的联系，很有见地。

魏晋时期的社会风俗发生了极大的变化，"服妖"即为其中一端。《晋书·五行志》专列"服妖"一项，收录魏晋时期的"服妖"现象，并将其与社会衰亡之象相联系。《世说新语》所记述的服饰故事往往在态度上与《晋书·五行志》背道而驰，对其违反礼制的服饰行为及其内在精神寄托给予了肯定甚至是赞美。如"帢"是曹魏时出现的一

第十讲 "服妖"与麈尾：细说魏晋名士的服饰新风

种改良的帽子，它曾作为"服妖"，被时人及《晋书》的作者指责为"凶丧之象也""劫杀之妖也"。然而在《世说新语》中，这种新奇的帽子却受到另外一种礼遇。山涛的大儿子山该戴上"短帢"这种便帽，倚在车中。晋武帝想见见他，山涛不敢推辞，就去问儿子山该，可山该却拒绝了。当时人们认为山该的骨气胜过了山涛。

这里山涛为何不敢辞，儿子为何拒绝，时论又为何认为儿子胜过其父？据《晋书·山涛传》及《世说新语》有关内容，可知山涛虽为"竹林七贤"之一，但在政治上却投靠司马氏政权，故为嵇康及时论所不齿。这里所谓"山公不敢辞"，正是这种政治态度的表现。至于山该不肯行的原因，实际上就是儿子山该以着帢见天子不合礼制为借口，拒绝与司马昭见面。这正是时论赞美山该胜过其父的真正原因，也是作者将其列入"方正"一门的意义所在。着帢在这里不仅没有受到任何指责，反而却成了赞美的对象，成了魏晋人表达政治意识的一种工具。但颜帢这种难以为传统人士接受的新潮玩意儿在东晋某些更先锋的名士眼中竟然已经过时，毫无新鲜感可言。据《世说新语·轻诋》，代表新学思想的支道林对保守人物王坦之说："著腻颜帢，瀹布单衣，挟《左传》，逐郑康成车后，问是何物尘垢囊？"表面上看，支道林也对着颜帢深为不满。但他的指责角度与传统人士及《晋书》作者截然相反。他不是指责着颜帢新潮和违反礼制，而是嫌它已经过于落伍。因为入晋以后颜帢经过改造后成为最新潮的"无颜帢"，而且也被视为"服妖"之列。在支道林看来，有了"无颜帢"这样的最新潮的帽子你不佩戴，却还依旧戴着油腻肮脏的老式颜帢，自然是陈腐不堪了。其实支道林真正看不惯的，还不是王坦之的衣着，而是他思想观念的陈腐保守，衣着保守只是其思想保守的外包装而已。

不穿外衣，只穿单衣单衫也被视为"服妖"行为。《晋书·五行志》：

"孝怀帝永嘉中，士大夫竟服生笺单衣。识者指之曰：'此则古者穗衰，诸侯所以服天子也。今无故服之，殆有应乎！'其后遂有胡贼之乱，帝遇害焉。"但只服单衣单衫的行为在魏晋君臣中都不乏见到。晋孝武帝司马曜十二岁的时候，到了冬季白天不穿夹衣，只穿五六件单衣。晚上却盖上厚厚的被褥。谢安进谏说："圣上应该保持恒温，白天过冷，夜里过热，恐怕不是养生之道。"司马曜却说："昼动夜静。"原来，《老子》中有过"躁胜寒，静胜热"的说法。显然，少年司马曜在穿衣问题上不是以礼制的规定为前提，而是把先哲的哲理运用于生活实践当中，让穿衣问题充满理性和精神的色彩。至于魏明帝为了检验何晏脸上是否擦了粉而让他在酷暑之际喝热面汤，何晏以朱衣自拭的故事，则表现出士族文人平日衣着的随便和自由。他们并不在意衣着是否符合礼制，而是求其自由洒脱。

魏晋时期士族文人的很多服饰行为之所以被视为"服妖"，其根本原因就是他们随心所欲，排除礼教的约束控制，将服饰行为作为抒张个性的工具和途径。如王濛和刘惔一起在桓子野家中畅饮，正赶上谢尚给叔父谢裒送葬回来。王濛想请他过来一起喝酒，就问刘惔是否可行。刘惔自信地说："谢尚是性情中人，一定会来！"果然，开始谢尚考虑到自己还在丧期，不便前往，所以婉言谢绝了。但却待在那儿不动。等到人家再次来请的时候便欣然前往了。进门之后，只是去了头巾，戴着便帽就入座痛饮。吃到中途，才发觉尚未脱去孝服。刘惔可谓看透了谢尚骨髓。他绝对不会因尊奉礼制而牺牲个人的自由洒脱。事情的发展完全证实了刘惔的预见。文中谢尚有两处违反礼制：晋代名士多以越名教而任自然为荣，在丧葬方面的表现就是"居丧无礼"。谢尚于其叔谢裒葬后三天便到朋友家去痛饮，即为"居丧无礼"的表现，此其一。其二，他喝酒喝到一半，才发现自己竟然是穿着丧服在喝酒。可见礼教所规定的一切，对他都没有任何约束意义，衣着只是其中之一。对于士族名士来说，作为衣着身份地位意义的礼制色彩已经淡化到趋近于无。谢安在桓温手下任司马的时候，一天桓温去看谢安，正碰上谢安在梳头。见到桓温来了，谢安赶忙去取衣服。桓温说何必麻烦！于是两人就一起说话到天黑。离开谢家，桓温对左右说："见过这么洒脱的人吗？"即便是在今天，上下级之间见面时如果肢体没有遮掩，也是不大雅观的行为，何况是在礼教严格的古代。然而桓温所赞美的，也正是谢安这种不拘小节的放达之举。尤其令人惊讶的是，《世说新语》的编者竟然将这样一个细微的生活小节放在《赏誉》一门中，这就明显地表现出编者的思想观念和精神追求与魏晋名士是何等相似，而与《晋书》的编者又是何等大相径庭。

宽衣大袖何以成为流行风尚？

从前面司马曜冬日加穿练单衫的故事和南朝砖刻壁画《竹林七贤与荣启期》中已经可以看出这种宽大衣着的风采迷人之处。不过这种博大的衣裳也被视为"服妖"之举，并被认为是刘宋代晋的征兆。鲁迅《魏晋风度及文章与药及酒的关系》一文曾经从服药容易擦伤皮肤的角度来解释当时名士喜着宽大衣服的原因。实际上这只是名士穿着宽衣大袖的客观原因，其主观原因还是因为宽大的衣着可以表现出名士洒脱高逸的风采。如孟昶没有显达时，曾看见王恭乘坐一顶高高的车舆，身上披着一件华贵的鹤氅裘。在微微初雪当中，孟昶在篱笆之间窥视王恭那迷人风采，不禁感叹道："真是神仙中人！"（见《世说新语·企羡》）裘原为毛皮制成的御寒服装，但至魏晋间士族多用来修饰仪表。裴启《语林》载，谢万向谢安乞讨皮裘，说是为了御寒。

谢安说："胡说！你是为了摆阔显贵。如果是为了御寒，没有比棉花更暖和的了。"于是就给了他三十斤棉花。从阎立本《历代帝王图》所画陈文帝身着皮裘，坐于榻上的形象来看，皮裘确能给人以状貌堂堂的感觉。陈文帝所穿为白狐皮裘，毛在外，以示雍容华贵。为进一步增强皮裘的装饰感，人们又以鸟羽制成裘衣。因所取鸟羽不同而分别称为"雉头裘""孔雀裘""鹔鹴裘"。其形制宽大者称为氅。文中王恭所服"鹤氅裘"即以其光彩照人的效果，使得寒族士人孟昶五体投地，赞叹不已。其实王恭被孟昶看重的，并非仅仅是其门第，其神姿风采在很大程度上要得力于他那宽大博敞的鹤氅裘。那个谢万虽然在谢安那里碰了钉子，但他还是想方设法搞到了一件鹤氅裘，并且穿着它演出了一场十分精彩的热闹剧：

> 谢万与安共诣简文。万来无衣帻可前。简文曰："俱袒前，不须衣帻。"即呼使入。万着白纶巾、鹤氅裘，履板而前。既见，共谈移日方出。大器重之。（见思贤讲舍本《世说新语》佚文）

谢万所说的"无衣帻"，是指没有符合礼制要求谒见帝王的礼节性衣帽。这实际上是一个有意的试探。因为按照常理，既然约定与帝王见面，准备好礼服是理所当然的事情。他之所以如此，是因为他深知简文帝司马昱也是一位清谈健将、名士中人，所以未必应当以礼制之俗与其见面。所谓有意试探的潜台词是：我们是按照礼制规定的君臣之礼相见呢，还是按照潇洒名士的朋友关系相见？如果是前者，谢万实际上已经拒绝了这样的见面；倘若是后者，则需要得到你的许可。司马昱对谢万踢过来的皮球当然心领神会，于是赶忙答应以后者的礼节相见。这里双方都把服饰衣着作为观念意识和精神家园的外化体，以衣着的

第十讲 "服妖"与麈尾:细说魏晋名士的服饰新风　　251

〔唐〕阎立本《历代帝王图》(陈文帝局部)

雅俗传达其精神的主旋律。巾本来是士庶之别的标志。但从东汉开始，戴巾不仅不是地位低微的标志，反而成了高雅的象征。傅玄《傅子》载："汉末王公，多委王服，以幅巾为雅，是以袁绍、（崔豹）、（崔钧）之徒，虽为将帅，皆著缣巾。"东汉清议领袖郭泰因途行遇雨，临时折巾遮雨。竟然为众人效仿，人称"林宗巾"。与此同时，戴巾成为士人表示自己布衣在野的非官员身份的标志。东汉末豫章太守华歆着巾出迎孙策，表示自己已经放弃太守官职，而以士大夫身份迎接孙策。西晋征南大将军羊祜在给从弟信中说以后"当角巾东路，归故里"，又是指致仕还乡。上引《世说新语》佚文中谢万有意不穿礼服，而着白纶巾和鹤氅裘，就是有意强调自己的布衣身份和高雅情调。从他此举收到的满意效果中，可以推想他的这身衣着起到的作用大约着实不小。可见鹤氅裘在两个方面满足了士族文人的精神需求，其一是其宽大的形制很好地体现出士族文人飘逸潇洒的风韵；其二则是那羽光闪闪的效果又为其贵族身份增加了分量。至于它是否符合礼制，是全然不为他们所重的。这才是宽大衣服得以流行的主观原因。若单纯从服药角度考虑，尽管皮裘宽大，但皮革和羽毛质地较硬，均易划伤皮肤。恐为服药者所不取。

木屐中的人生境界追求

木屐也是名士衣着明显的一项特征。关于木屐的形状，过去一直认为它与近代的木屐相似。它以木制成，上面系带与脚连接，底部有突出的部分，称为足或齿。但沈从文先生的《中国古代服饰研究》中认为屐齿并非指朝下的两齿，而是指鞋前向上翘起的齿状物。理由是"在大量南北朝画刻上，还从未见有高底加齿的木屐出现"。所以沈从文

第十讲 "服妖"与麈尾：细说魏晋名士的服饰新风　　253

〔南宋〕马远《寒山子图》

认为故宫博物院所藏宋人临摹顾恺之的《斫琴图》中持杖隐士所穿高齿履就是高齿屐。这个说法恐怕难以成立。因为没见过的东西不等于没有。20世纪80年代安徽马鞍山东吴朱然墓中出土有木屐实物，足可为传统说法增加佐证。

木屐也是传统和主流舆论认为是"服妖"的一项。《晋书·五行志》："初作屐者，妇人头圆，男子头方。圆者顺之义，所以别男女也。至太康初，妇人屐乃头方，与男无别。此贾后专妒之征也。……旧为屐者，齿皆达楄上，名曰露卯。太元中忽不彻，名曰阴卯。识者以为卯，谋也，必有阴谋之事。至烈宗末，骠骑参军袁悦之始揽搆内外，隆安中遂谋诈相倾，以致大乱。"其实他们真正讨厌的，倒是名士脚蹬木屐所表现出来的潇洒飘逸的气度，以及这种气度中所包含的对于传统礼教精神的鄙薄和揶揄。王献之兄弟是郗愔的外甥，由于畏惧郗愔的儿子郗超的权势，见了郗愔都规规矩矩地穿上履，行外甥之礼。可当郗超死后，王氏兄弟便如出笼之鸟，都穿上了高齿木屐，仪容傲慢。郗家人请他们坐下，他们一个个都趾高气扬地说："忙呢，没功夫！"便扬长而去。气得郗愔愤愤地说："使嘉宾（郗超）不死，鼠辈敢尔！"王氏兄弟前恭后倨，固然有势利之嫌。但他们以着展示其轻慢，倒的确是对传统礼制的亵渎。按礼制规定，正式场合必须着履。《释名》："履，礼也。饰足所以为礼也。"正因为如此，魏晋六朝时期许多反礼教之士都把弃履服屐作为放达洒脱的行为而竞相追随。《颜氏家训·勉学》："梁朝全盛之时，贵游子弟……无不熏衣剃面，傅粉施朱，驾长檐车，跟高齿屐，坐棋子方褥，凭班丝隐囊，列器玩于左右，从容出入，望若神仙。"就跟高齿屐一项来说，魏晋六朝的情况大致如此。王献之兄弟就是一例。贵游子弟的骄奢风气，使他们视礼教为粪土，穿屐也成了自然而然的习惯。这对王氏兄弟曾同住一室，房上突然起火。王徽之慌忙外逃，竟来不及穿上木屐。王献之则神色恬然，徐徐呼唤左右，不异于常。人们一下子分出了二人的高下。王徽之来不及穿屐说明屐是他们每天必穿之物。因为脚蹬木屐，身穿宽衣，正是标准的名士气派。

　　与穿宽衣一样，穿屐也与服药有关。鲁迅《魏晋风度及文章与药及酒的关系》说："吃药之后，因皮肤易于磨破，穿鞋也不方便，故不穿鞋袜而穿屐。"作为魏晋时期的天师道世家，王羲之父子均醉心服食采药之事。他们以穿屐为习，定然与服药有关。

　　当然，还有些人好屐是出于一种精神的寄托。据《世说新语·雅量》载，东晋祖约好财，阮孚好屐，两人都嗜好成癖，共成负担。人们难以分其得失。一天有人拜访祖约，见他正在清理钱财。客人来到之后，祖约来不及收拾，剩下两只放钱的小竹箱，只好藏在自己身后，并倾斜身子挡住竹箱，脸色也未能平心静气，有些局促不安。又有人去拜访阮孚，见阮孚正在往木屐上涂蜡，使其滑润。见到客人，阮孚神色自若地说："未知一生当着几量屐？"人们以此断定阮孚的气量胜过祖约。如果单从嗜好一类的角度，好财和好屐二者的确高下难分。但魏晋品题人物重在以形征神，从人物的外在行为挖掘和体味其精神内涵和气质风度。在未得其神髓之前，其外在行为本身并没有什么高下之别，故而"未判其得失"。而一旦从精神角度，得知二者当中一方为钱财而局促尴尬，一方则投入自己的人生理想而流连忘返，自然高下自现。一句"未知一生当着几量屐"，饱含阮孚对木屐所体现的高远境界和旷达气质的惬意与自得。

裸袒行为是否一概荒唐？

从人类文明的历史发展来看，人类以衣服告别蒙昧时期的赤身裸体，是人类进步文明的标志。从这个意义上看，文明社会中的裸袒行为无疑是一种文明的退化。但问题又并非如此简单。因为裸袒的初衷不同，所以文明社会中的裸袒行为的社会价值判断也呈现出较大的差异。

从文献记载来看，魏晋以前的裸袒行为大致有三种情况。一是文明社会的华夏民族对仍然处于蒙昧野蛮时期没有身体羞耻意识观念的落后民族的认识。这主要指传说中的裸国裸民，如有关禹入裸国的传说。二是权贵阶层骄奢淫逸生活的一个侧面。如相传商纣王穷奢极欲，"以酒为池，悬肉为林"，使男女赤身裸体，追逐其间。又如汉灵帝还专门修建了供自己纵欲享乐的裸游馆。从商纣王到汉灵帝，从曹洪到洛阳令，他们喜欢裸袒行为又是少数贵族寻求感官刺激的醉生梦死之举，是人性倒退甚至异化的表现。三是某些叛逆人士对抗礼教的一种方式。

在以上三种裸袒行为中，第一种已经成为人类生活历史的活化石，人们只能将其作为一面镜子，照出自己的过去，以确认文明进步的意义。所以它并无现实的社会意义。后两种裸袒方式的社会影响几乎是背道而驰的。然而却对后代，尤其是魏晋时期的裸袒行为产生了直接的作用和影响。不过这两种水火不容的裸袒行为在魏晋六朝时期的许多文献中并没有得到清晰的区分和客观的评价，而几乎是众口一词地对其进行了全面的否定和漫骂，其中以葛洪和裴頠为最。葛洪、裴頠二人的共同之处在于，他们一方面从维护礼教的角度来责难裸袒行为，另一方面又把何晏、阮籍的放诞行为与西晋时期王衍等贵族名士的骄奢淫逸之举相提并论。与他们的口径相一致，《晋书》等正史中对于这类裸袒行为的记载也是一种笼而统之的否定态度。如王隐《晋书》："魏末，阮籍有才而嗜酒荒放，露头散发，裸袒箕踞……其后贵游子弟阮瞻、王澄、谢鲲、胡毋辅之之徒，皆祖述于籍，谓得大道之本。故去巾帻，脱衣服，露丑恶，同禽兽。甚者名之为通，次者名之为达也。"

真正将反礼教的裸袒和穷奢极欲生活方式的裸袒进行区分并以不同的态度加以表现的文献是《世说新语》。首先，《世说新语》的编者对于王澄、胡毋辅之等人那种作为骄奢淫逸生活方式的裸袒行为也同样持否定态度：

> 王平子、胡毋彦国诸人，皆以任放为达，或有裸体者。乐广笑曰："名教中自有乐地，何为乃尔也！"（《世说新语·德行》）

从表面上看，乐广的话也是从儒家礼教的角度来责难王澄等人的裸体行为。但实际上他的话外音是与其没有任何精神寄托和社会意义的纵欲式的裸袒，还不如回到儒家礼教的规范中来。因为这种没有意义的纵欲式裸袒上承商纣王的驱奴裸逐，下接汉灵帝和曹洪的裸游馆和裸袒酒会，完全是人性的倒退和异化，毫无肯定价值。完全不能同阮籍等人的裸袒同日而语。对此，当时以气节和人格著称的戴逵，尽管不满于清谈玄风，但他对于正始名士和元康名士的内在差异和高下之分，还是颇有灼见的。他在《竹林七贤论》中对乐广的话表示了深深的理解和共识。这就是说，像王澄等人那样，没有阮籍那些人的遥深境界和精神寄托，只是出于感官刺激而追求裸袒时髦，是应当坚决抵制和摈弃的。他在《放达为非道论》中还表达了同样的观点："然竹林之为放，有疾而为颦者也；元康之为放，无德而折巾者也。"这种客观允当的看法是当时对于反礼教和纵欲式两种截然不同的裸袒之风的内在差异最为敏感的认识和最为明快的表述。

正因为如此，《世说新语》的编者对于桑扈和赵仲让式的具有反礼教色彩的裸袒行为给予了积极的肯定和赞美。而且对此类故事的细微差别也给予了必要的区分。一种是带有政治色彩的裸袒。如：

> 祢衡被魏武谪为鼓吏，正月半试鼓。衡扬枹为渔阳掺挝，渊渊有金石声，四坐为之改容。孔融曰："祢衡罪同胥靡，不能发明王之梦。"魏武惭而赦之。（《世说新语·言语》）

作为《言语》篇的故事，编者意在表现孔融的辞令之妙。胥靡指古代服刑者，此指殷相傅说。意谓祢衡与傅说具有同样的才华和处境，但傅说被武丁慧眼相识，用为殷相；而祢衡却没有这样的幸运。编者在这里省略的正是祢衡裸袒击鼓，羞辱曹操的故事。刘孝标注所引《文士传》弥补了这一内容的细节："融数与武帝笺，称其才，帝倾心欲见。衡称疾不肯往，而数有言论。帝甚忿之，以其才名不杀，图欲辱之，乃令录为鼓吏。后至八月朝会，大阅试鼓节，作三重阁，列坐宾客。以帛绢制衣，作一岑牟，一单绞及小裤。鼓吏度者，皆当脱其故衣，着此新衣。次传衡，衡击鼓为《渔阳掺挝》，蹋地来前，蹑跕脚足，容态不常，鼓声甚悲，音节殊妙。坐客莫不忼慨，知必衡也。既度，不肯易衣。吏呵之曰：'鼓吏何独不易服？'衡便止。当武帝前，先脱裤，次脱余衣，裸身而立。徐徐乃著岑牟，次著单绞，后乃著裤。毕，复击鼓掺槌而去，颜色无怍。武帝笑谓四座曰：'本欲辱衡，衡反辱孤。'至今有《渔阳掺挝》，自衡造也。"《后汉书·祢衡传》所记此事与此基本相同，范晔当取自《文士传》。《世说新语》虽然没有正面直接表现祢衡裸袒辱曹的细节，但从故事的倾向上不难看出编者的肯定态度。这一倾向的核心，就是将祢衡的裸袒行为与其桀骜不驯和疾恶如仇的人格精神融为一体。所以这种裸袒行为不仅没有受到任何指责诋毁，反而成为以忠斥奸、大快人心的一件好事。可见裸袒行为一旦成为政治斗争的一种工具时，政治的观点好恶便成为评价裸袒事件本身是否可取的砝码。正因为如此，祢衡裸袒骂曹的故事便成为千古佳话，成为忠义之士值得骄傲的荣耀。明代著名的礼教叛逆者徐渭正是以祢衡自况，写下了《狂鼓史渔阳三弄》杂剧。剧中曹操和祢衡正是作者自己和权奸严嵩的化身。而以裸袒行为羞辱权奸这一观念的形成，《世说新语》及刘注等有关材料起了重要的传承作用。

　　从上文刘注引王隐《晋书》中，可以得知阮籍也曾有过裸袒行为。对此，《世说新语》虽然没有正面表现，但从前引戴逵对正始和元康放诞之风的区分上可以看出正始时阮籍等人的裸袒和元康诸贵族名士裸袒行为的差异。何况，《世说新语·任诞》所载阮籍自谓"礼岂为我辈设也"的话中，分明可以看出作为他一系列任诞放达行为的组成部分，其裸袒行为虽然不像祢衡政治色彩那么强，那么剑拔弩张、针锋相对，但反礼教的初衷却是十分鲜明的。盖因司马氏及其党羽本为阴险卑劣的窃国大盗，又穷奢极欲、挥霍无度，却大力以礼教名教相标榜，号称以孝、以礼治天下。阮籍等人所要反对的并非完全是礼教本身，而是司马氏一伙借礼教维护统治的假礼教。更为重要的是，阮籍等人包括裸袒在内的放诞之风，有着更高层面的形而上的精神意义。

当时一个礼法之士伏义曾针对阮籍的放诞行为致书予以指责教训。对此，阮籍从玄学人生观的高度予以回敬："夫人之立节也，将舒网以笼世，岂樽樽以入罔？……从容与道化同由，逍遥与日月并流，交名虚以齐变，及英祇以等化，上乎无上，下乎无下，居乎无室，出乎无门，齐万物之去留，随六气之虚盈。……徒寄形躯于斯域，何精神之可察？"（《答伏义书》）这一思想来自他对庄子"齐物"思想的继承和发挥。在阮籍看来，世间万物的各种形态，不过都是自然的不同存在形式而已。它们的共同本体就是自然。从这个意义上说，人体本身也是自然的组成部分，因而具有与自然相同的属性：作为自然的组成部分，人体本身也没有什么生死、大小、是非可言。任何分裂人体的整体的企图都是错误和徒劳的。从这个观点出发，人只有本着"循自然，小天地"的宗旨和思想观点，才能进入把握自然和人体自身的"寥廓之谈"的境界。否则，倘若拘泥和执着局部，"守什伍之数，审左右之名"，就会出现"残生害性""断割肢体""祸乱作而万物残"的不幸结局。按照这个逻辑继续推衍下去，不仅裸袒箕踞这样的洒脱之举可以得到高妙的哲学解释，而且竹林名士所有的放诞行为都与元康名士的东施效颦之举理所当然地拉开了距离。戴逵所说元康名士所缺少的那份"玄心",或即指此。

七贤中刘伶的裸袒之举及其裸袒宣言,可以说是阮籍这一理论的形象和具体演示。刘伶饮酒后以天地为栋宇、以房屋为衣裤的故事,其言行乍一看似乎十分荒唐。然而只要读过阮籍的文章,了解了七贤名士的玄学要义和精神境界,就会惊叹刘伶的言行与阮籍思想的默契和一致。所谓"以天地为栋宇,屋室为裈衣",堪称气吞宇宙,概括洪荒。它是对"毁质以适检"的反动。它将读者的注意力从那裸形的具体形象转移到正始名士那恢宏的气魄和博大的精神世界之中。于是,那裸袒本身造成的不雅印象不但得到了化解和超越,而且也使人们对正始名士貌似荒唐的放诞行为有了一定严肃内涵的认识和更为本体的把握。

麈尾在名士精神文化生活中的特殊作用

作为衣冠的附件,饰物在服饰文化中也占有重要位置。古代饰物主要分公、私两种。公者指官员朝服的附件,如绶带、笏、佩剑等。私者指普通人可以佩戴使用的饰物,如如意及女子的钗钏之类。与朝服饰物相比,私人饰物受到的限制较少,所以在使用上比较自由。从《世说新语》的记载来看,士族名士往往须臾不离的,是如意和麈尾。如意多随手用来触动正在操作关注的事物对象。如王恭用如意熨平殷仲堪送其友人所作赋,以示轻慢;王敦每次喝完酒,就一边吟咏曹操的诗歌,一边用如意打唾壶;石崇又用铁如意将王恺的珊瑚树打个粉碎。可见如意的确为士族名士的生活增添了许多"如意"的内容。不过相比之下,最能体现出士族文人的精神气质和文化素养的饰物还是作为

第十讲 "服妖"与麈尾：细说魏晋名士的服饰新风　　261

敦煌壁画（局部）

清谈玄学代称的麈尾。

　　麈尾与拂尘之类的清扫用具不同，它是清谈活动中居主导地位的重要名士手中的清谈道具。至于它何时起源，何以为众名士清谈所喜用，在清谈活动中究竟又起了怎样的作用，还需进一步分析。

　　麈尾起源的具体时间尚难以断定。在六朝以前的文字中只有"麈"，而没有"麈尾"的记载。进入六朝以后，《历代帝王图》中的孙权和《高逸图》中的阮籍都手持麈尾。但二画的作者阎立本和孙位都是唐代人，还不能作为三国和魏末已经出现麈尾的根据。石窟及壁画中的麈尾形象也在北朝以后。从现存文献材料来看，出现最早和频率最高的有关麈尾的记载是《世说新语》中有关魏晋士族文人清谈活动使用麈尾的内容。换句话说，《世说新语》是目前人们从文献记载角度考察麈尾使用情况及其文化精神的主要文字依据。

　　麈尾的实际功用虽然是消暑和拂尘，但魏晋名士之所以对它偏爱备至的原因，决不仅限于此。而是因为麈尾更具有一种增加佩戴者气质档次，使之在清谈活动中能够表现出一种清虚潇洒、高雅飘逸的风采，从而体现出魏晋士族文人注重文化精神取向的时代特征。王导《麈尾铭》载："道无常贵，所适惟理。谁谓质卑，御于君子。拂秽清暑，虚心以俟。"这就是说，不要看麈尾的质地普通，重要的是看它为谁使用。因为君子是"道"和"理"的化身，所以麈尾在君子手里不仅具有拂秽清暑的功能，而且能够协助君子平心静气地去思索和探究"道"的所在。所以陈代徐陵《麈尾铭》也附和说："拂静尘暑，引饰妙词。谁云质贱，左右宜之。"麈尾这种精神世界的作用在《世说新语》中表现得十分清晰。

从《世说新语》的记载来看，有关麈尾的内容几乎伴随士族文人整个清谈活动的全过程。既然执麈尾有领袖群伦之义，所以清谈的领袖均把麈尾作为清谈的必要道具。如一次殷浩来到京都，丞相王导为他举行集会。很多名流都应邀而至，王导起身解下挂在帐带上的麈尾，对殷浩说："我今天要和大家一起谈论、辨析玄理。"清谈结束后，已经到了三更时分。王导和殷浩来回辩难，其他各位名流全然没有牵涉进去。因殷浩的谈锋十分锐利，所以王导十分重视，想与其一决雌雄。为此他不仅召集了当时最有名的清谈好手，而且还特地带上自己时刻挂在帐中的麈尾，以为自己壮胆打气。《世说新语》还有另一记载，说王导将自己时刻珍藏的那柄麈尾意味深长地送给了殷浩。这可能是一事两传，但都反映出王导清谈领袖的身份和他对麈尾在清谈中作用的重视。《世说新语·赏誉》还载："何次道往丞相许，丞相以麈尾指坐，呼何共坐曰：'来！来！此是君坐。'"这里没有交代是否要开始清谈了，但从中可见麈尾是王导随身携带的饰物。正如徐陵《麈尾铭》所说"出处随时"。清人赵翼《廿二史劄记》说："六朝人清谈，必用麈尾。……盖初以谈玄用之，相习成俗，遂为名流雅器，虽不谈亦常执持耳。"

当然，麈尾的真正用途，还是在清谈活动过程中的辅助引导作用。一次，王濛和刘惔一起去听支遁宣讲。只见支遁一边举着麈尾，一边侃侃而谈，都是妙语连珠。在座的一百多人都听得聚精会神。王濛听了几句便说："这个人很厉害！"又听了一会儿，又说："这人可以称得上佛门中的王弼和何晏啊！"因为支遁的讲演之所以能够达到这样的效果，其中很重要的作用是用麈尾比画，也就是毛泽东在其"十大教授法"中强调的"以姿势助讲"。这是演讲学中重要的一环，也是徐陵《麈尾铭》中提到的"用动舍默""扬斯雅论"的作用。

这种用法在清谈中使用最多，有时甚至可以起到语言难以起到的作用。如有位客人向尚书令乐广请教"旨不至"是什么意思，乐广也不解释原话的字句，直接用麈尾柄敲击小几桌问道："碰到没有？"客人回答说："碰到了。"乐广马上又举起麈尾说："如果碰到了，怎么又能离开呢？"于是客人不但明白了乐广的深刻含义，而且也深深折服他言简意赅的表达方式。像文中谈客提出的问题，语涉玄妙，只可意会，难以言传。但没有一定的语言媒介，又无法使对方得到意会的启示。这就需要一种"辞约而旨达"的高超语言艺术。乐广所使用的正是这样一种高超语言艺术。不过他的语言既不是用嘴，也不是用文字，而是用他手中的清谈道具麈尾。他用麈尾触几旋即离开的形象演示，准确无误地表现出"至"与"不至"的相对性和变化性。这比任何语言的描述都要简单明了而又确切到位。这样，麈尾的功用就远远超出了拂尘和消暑，而是具有"用动舍默""释此繁疑"的高妙作用了。从这个意义上说，麈尾的使用是清谈家思想的外化和延伸，是他们智慧的释放和近乎艺术化的表演。

遇到棋逢对手的清谈健将，麈尾又成了他们手中思想交锋和语言格斗的工具。一次孙盛去殷浩那里一起清谈论辩，双方反复辩难，竭尽心力,几乎都无懈可击。仆人送上饭菜,凉了又热,热了又凉,这样已经几次了。之间双方都奋力挥动麈尾,以致麈毛全都脱落到饭菜之中。宾主一直辩论到日落时分也没有想起吃饭。殷浩对孙盛说:"你不要当强口马,我会穿起你的鼻子!"孙盛说:"你没见过豁了鼻子的牛吗?我要穿透你的面颊!"因为实在难分高下,所以不仅麈尾跟着遭殃受损,而且二人竟然还失态相互骂起街来。不过这种失态也未尝不能反映出清谈家追求真理的投入精神和争强好胜的竞争意识。这也正是他们继承清谈玄学"正始之音"以辞喻不相负的"理赡"为目标的精神的反映。而那脱落在餐饭中的麈尾,恰恰是他们这种执着精神的见证。

清谈在魏晋名士的生活中占有极为重要的位置,麈尾又在其清谈活动中起到如此重要的作用,所以士族名士往往十分珍视麈尾:

庾法畅造庾太尉,握麈尾至佳,公曰:"此至佳,那得在?"法畅曰:"廉者不求,贪者不与,故得在耳。"(《世说新语·言语》)

从庾亮"此至佳,那得在"一句话中,可以看出当时一柄漂亮的麈尾是多么引人瞩目,惹人羡慕,令人追求。而庾法畅的话又活脱脱勾画出漂亮麈尾持有者沾沾自喜的炫耀之情。显然,人们看重的,并不是麈尾那拂尘和消暑的功用,而是它给持有者带来的形象和气质的极佳效果。所以人们常将麈尾视为清谈名士的化身。《世说新语·容止》记载王衍容貌俊丽,妙于谈玄,而且经常手执一只白玉柄麈尾。麈尾的白玉柄和他那白皙的手臂几乎没有区别。这是从美感的角度赞美王衍清谈时手持白玉麈尾与其嫩白皮肤交相辉映、风姿绰约的神采。由于麈尾有如此动人的美感魅力,它又是清谈名士清谈活动的伴侣和见

证,所以一些麈尾的酷爱者甚至将其视为自己的第二生命:

> 王长史病笃,寝卧灯下,转麈尾视之,叹曰:"如此人,曾不得四十!"及亡,刘尹临殡,以犀柄麈尾著柩中,因恸绝。(《世说新语·伤逝》)

作为东晋清谈玄学俯视群贤的执牛耳者,王濛和刘惔曾经有过无数令他们难以忘怀的为探求真理而进行的类似孙盛和殷浩之间的那种论辩和争执。那些曾经或许引起双方不快或针锋相对的场面,转瞬间都将成为最痛苦然而又是最甜美的回忆。所以实际上王濛和刘惔所惋惜和伤痛的都是同一个东西,那就是二人之间那一去不返的献身真理的精神活动。而王濛自己转动的麈尾和刘惔放置在王濛灵柩中的麈尾,正是二人这种惋惜和伤痛的具象和载体。这就使麈尾在他们清谈活动中的作用意义,达到了令人感动的程度。

从这些麈尾与士族名士清谈活动生死与共的故事中,我们可以清楚地看到,真正让魏晋士族文人感兴趣的,并不是麈尾那拂尘消暑的实际功用,而是它在清谈活动中极为重要的精神作用。这是它在魏晋乃至南北朝时期受到广大士族文人垂青礼赞的根本原因。难怪当时那么多的文人都以其崇仰和流畅的笔触,来赞美麈尾的内在魅力和神韵境界。许询《黑麈尾铭》曰:"体随手运,散飚清起。通彼玄咏,申我先子。"他的《白麈尾铭》也说:"蔚蔚秀气,伟我奇姿。茌蒻软润,云散雪飞。君子运之,探玄理微。"这一点,恐怕也正是从魏晋开始的从注重政治权力和道德伦理的社会风气转向注重文化和精神的社会风气的一个窗口、一个侧面。

第十一讲
闲情与逸致：细说魏晋名士的休闲生活

第十一讲 闲情与逸致：细说魏晋名士的休闲生活

门阀贵族生活的重要内容就是休闲生活，这是名士文化生活的重要组成部分。作为人类精神生活的重要组成部分，休闲娱乐生活的走向有两个基本特征：一是已有的娱乐形式往往处于不断发展和完善的过程中；二是不断有新的娱乐形式产生。而无论是娱乐形式的发展完善，还是它的创新产生，其动力和起因却往往是一个时代人们的精神需求和文化思潮的折射。所以某个时代的娱乐生活往往是窥视当时人们的精神需求和文化思潮的重要窗口。从这些娱乐生活的内容中，我们既可以看到古代传统娱乐形式的变化和发展，而且也可以看到一些新的娱乐形式的出现。通过这些变化和滋生的内在趋动力的分析，正好可以透视出当时士族文人的精神主潮和文化旋律。

围棋活动何以列入"琴棋书画"四大修养之中？

世人皆知，中国古代素以"琴棋书画"来代表形容个人的文化艺术修养。但翻检史籍可以看到，"琴棋书画"一词，始见于唐代何延之《兰亭始末记》："辩才……博学工文，琴奕书画，皆臻其妙。"我们知道，春秋战国时期的文化典籍中有大量关于这四种形式的记载。可见这四种艺术和体育项目形式的出现最迟不晚于春秋战国。这就不免令人产生一个疑问，为什么从它们的出现到这四者融为一体，成为文人文化修养的标志，中间竟然相距约一千五百年的时间？

中国是围棋的故乡，围棋产生时间虽然已难确考，但春秋时期的典籍已有关于它的记载，这说明围棋的产生不会晚于春秋时期。不过将现存早期有关围棋的材料记载与《世说新语》等六朝时期有关围棋活动的材料作对比，就可以看到，早期人们对于围棋功能的认识与魏晋南北朝时期相距甚远。早期人们对于围棋功能的认识主要局限在它的教化作用；而从魏晋时期起，士族文人逐渐开始从哲学意味、娱乐功能以至于人生态度，也就是广义的精神修养的高度来体会和认识围棋的作用和意义。

因围棋的棋子只有黑白之分，没有等级之别，各子地位平等。刘向《围棋赋》曰："略观围棋，法于用兵。"桓谭《新论》曰："世有围棋之戏，或言是兵法之类也。"所以有人认为围棋起源于原始部落会议共同商讨对敌作战的需要，就地画图，用两种不同的小石子代替敌我的兵卒，就双方作战部署进行讨论。这种说法虽然没有实物根据，但比较符合围棋的基本原理。《左传·襄公二十五年》孔颖达疏谓："以子围而相杀，故谓之围棋。"马融《围棋赋》上也说："略观围棋兮，法于用兵。"这也是从军事角度理解围棋的功用。不过进入文明社会以后，围棋就被赋予了浓重的道德教化色彩。在早期的文字记载当中，围棋相传为尧或舜所造。张华《博物志》："尧造围棋，丹朱善棋。"《广韵》引作："舜造围棋，丹朱善之。"按丹朱为尧之子，《史记·五帝本纪》载"尧知子丹朱之不肖，不足授天下，于是乃权授舜"。《资治通鉴》胡三省注引《博物志》此文正作"尧造围棋，以教子丹朱"。丹朱不得为舜之子，故《广韵》所引有误。但舜造围棋或为另一传说。胡注又云："或曰：舜以子商均愚，故作围棋以教之。其法非智莫能也。"这两种传说尽管主人公不同，但对于围棋功用的介绍却是一样的，即都明确地说出围棋产生于教化的需要。

先秦时期典籍中有关围棋的记载完全可以证实早期围棋的这一道

第十一讲　闲情与逸致：细说魏晋名士的休闲生活

〔唐〕周昉《松下对弈图》

德教化功能。《论语·阳货》："子曰：饱食终日，无所用心，难矣哉！不有博奕者乎？为之犹贤乎已。"何晏《集解》引马融曰："为其无所据乐善，生淫欲。"邢昺疏："《正义》曰：此章疾人之不学也。……言人饱食终日，于善道无所用心，则难以为处矣哉。……夫子为其饱食之之，无所据乐，善生淫欲，故教之曰：不有博奕之戏乎？若其为之，犹胜乎止也。欲令据此为乐则不生淫欲也。"可见孔子是用下围棋的办法来占领那些无所事事的人的时间，以免他们产生淫欲邪念。《孟子·告子》也曾以围棋为喻教育学生："今夫弈之为数，小数也；不专心致志，则不得也。弈秋，通国之善弈者也。使弈秋诲二人弈，其一人专心致志，惟弈秋之为听。一人虽听之，一心以为有鸿鹄将至，思援弓缴而射之，虽与之俱学，弗若之矣。"

对于围棋的这种教化功能的认识在魏晋时期不仅为正统的儒家人士所继承，而且还有人变本加厉，从礼教角度主张取缔围棋。三国东吴韦曜受太子之令所写下的《博弈论》对围棋发出了严厉的声讨。文中韦曜可谓软硬兼施，或威逼，或诱导，千方百计要使博弈者回心转意，弃旧图新。《晋中兴书》云："（陶）侃尝检校佐吏，若得樗蒲博弈之具，投之曰：'……围棋，尧、舜以教愚子。博弈，纣所造。诸君国器，何以为此？若王事之暇，患邑邑者，文士何不读书？武士何不射弓？'"看来韦曜和陶侃的观点比孔子还要过激。孔子尚能允许人们以下围棋的办法来杜绝滋生淫欲之心，而韦曜和陶侃则干脆要取缔围棋等游戏活动。不过毕竟韦曜在文章中还承认了下围棋所应当具有的智力，承认了凭此智力去猎取功名是不在话下的。而且他们这种观点在当时已经属于主流意识之外的褊狭认识。东汉以后，随着儒家思想的失势，人们对于围棋的功能也开始有了新的体会和认识。班固在其《弈旨》中说：

第十一讲 闲情与逸致：细说魏晋名士的休闲生活

> 局必方正，象地则也；道必正直，神明德也；棋有白黑，阴阳分也；骈罗列布，效天文也。四象既陈，行之在人，盖王政也。……或虚设豫置，以自卫护，盖象庖牺网罟之制；堤防周起，障塞漏决，有似夏后治水之势；一孔有阙，坏颓不振，有似瓠子泛滥之败。一棋破室，亡地无还，曹子之威。作伏设诈，突围横行，田单之奇；要厄相劫，割地取偿，苏张之姿。……参分有二释而不诛，周文之德，智者之虑也。既有过失，能量弱强，逡巡需行，保角依旁，却自补续，虽败不亡，缪公之智。中庸之方，上有天地之象，次有帝王之治，中有五霸之权，下有战国之事。览其得失，古今略备。

这段文字是历史上最早的对围棋棋理作出如此全面而深刻的解释的文章。围棋所蕴含的中国人的哲学意识和文化精神，棋理中所体现的辩证观念、虚实之理、竞争意识以及心理因素等，在文章中都得到了淋漓尽致的阐述和发挥。与孔、孟等儒家人物仅限于对围棋的道德教化作用的认识相比，东汉人对于围棋的认识显然已经达到了较高的层次和较深的程度。从韦曜和陶侃于班固等人对围棋看法的分歧中似乎可以使人得出这样的印象，在汉末以来的社会环境中，对于围棋态度的不同，实际上也是检验一个人思想观念和社会观念上是抱残守旧，固守儒家思想不放，还是扬弃传统，追求新的思想人生观念这两种截然不同的世界观和人生观的分水岭和试验剂。

如果说东汉班固等人对于围棋的这种全新认识主要是体现在文字状态的话，那么魏晋文人则更加广泛地将这种对于围棋哲学意识和文化精神的认识运用于生活实践当中。从《世说新语》的记载可以看到，围棋是士族文人重要的生活内容和人格修养之一。《世说新语·巧艺》：

"羊长和博学工书,能骑射,善围棋。诸羊后多知书,而射、弈余艺莫逮。"可见是否会围棋,是评价一位名士的修养的重要参照。很多名士的音容笑貌和言谈举止,是伴随着高雅神秘的围棋活动而进行的。他们对于围棋的贪恋已经到了忘我投入的程度。如王导的长子王悦从小就温和乖巧,王导非常疼爱他。每次父子二人下棋,王悦总喜欢按住父亲的手不让动。王导笑着说:"我们还有血缘关系呢,怎么能这样呢?"因大人与初学围棋的儿童棋艺差距很大,可儿童又往往不甘心认输,所以就以不讲理的办法阻止大人行棋。原文中"按指不听"四字,惟妙惟肖地刻画出王导之子王悦的这一童稚心理和天真之态。而父子二人迷恋围棋之深,也就跃然纸上了。

魏晋名士喜爱围棋更重要的原因,是他们从围棋的哲学意识和文化精神上悟出了名士的人生观念和人格魅力之所在。所以《世说新语·巧艺》谓"王中郎以围棋是坐隐,支公以围棋为手谈"。坐在棋桌前的隐居和用手指的清谈可以说是他们对围棋价值魅力的最好理解。沈约曾在《棋品序》中总结围棋的深奥意蕴和汉晋时期人们喜好之状云:"弈之时义大矣哉!体希微之趣,舍奇正之情,静则合道,动必适变。若夫入神造极之灵,经武纬文之德,故可与和乐等妙,上艺齐工。……是以汉魏名贤,高品间出;晋宋盛士,逸思争流。"所以,他们便在忘我的围棋活动中,去体会围棋所蕴含的深奥哲理和文化精神。如一次裴遐在周馥那里做客,这边周馥设宴款待,那边裴遐却和人下起了围棋。周馥手下的司马负责敬酒,裴遐因一心下棋,没有顾得上及时喝酒。那位司马非常恼怒,就把裴遐扯倒在地。裴遐回到座位上,仍然举止如常,面不改色,照旧下棋。事后王衍问他为什么能面不改色,裴遐回答说:"心里想着下棋,也就默默忍受了。"这种遇事不露声色的气量不仅是当时名士所崇尚的风度雅量,而且也是围棋所倡导的

"有胜不诛""虽败不亡"的人生态度的表现。

梁武帝的《围棋赋》将其形容为"失不为悴,得不为荣",也正是悟出了这种道理。人所共知的谢安闻淝水大战捷报,不动声色,继续与人对弈;顾邵下围棋时得知儿子夭折,"虽神气不变,而心了其故。以爪掐掌,血流沾褥";甚至孔融的两个儿子听到父亲被捕的消息时,仍然"弈棋端坐不起"等等,都是这种人生态度的表现。

既然围棋具有"入神造极之灵,经武纬文之德",人们又如此酷爱围棋,所以这个时期的围棋技艺有了很大的提高和发展。其标志之一是围棋的棋盘在这个时期由十七道增为十九道。棋道的增加使围棋增加了难度,也给围棋带来了更大的魅力和刺激。标志之二是由于人们竞相切磋提高棋艺,并受到九品官人法的影响,魏晋时期开始对棋手的棋艺高低进行分级定品。这些都极大地刺激了人们对于围棋的浓厚兴趣,促使他们跃跃欲试,争取在这咫尺的棋局中充分展现自己的才华和个性,以此证明自己的人格尊严。

一次丞相王导叫年轻的江彪来和自己下棋。王导的棋艺是比江彪要让两子的水平,可他却想和江彪试试下平子棋的结果会怎样。只见江彪不往棋盘上落子。王导问他原因,江彪说:"恐怕没这个道理吧?"旁边有人说:"这位小伙子的棋艺可是非同寻常啊!"王导慢慢抬起头来说:"我看这位小伙子超过我的,不止是棋艺啊!"从范汪《棋品》可知按照当时的品位划定,王导和江彪有四品之差,而且四品之差的正常差距应当是下让二子棋。但这个故事给予今人的内容意义,已经不仅仅是其单纯的史料价值。江彪拒绝和王导下不让子的平子棋(敌道戏),说明他对自己和王导之间的棋艺差距十分清楚,并引以为豪。在他看来,下了平子棋就等于抹杀了二人的棋艺差距,这不仅是一种乏味的游戏,而且也近乎是对自己人格的侮辱。而王导对他的赞叹,也正是指这种自强自尊的人格精神。

然而更为动人心弦的，还是他们在围棋活动中所表现出来的蔑视礼教和追求个性自由的精神。阮籍母亲临终时，他正在和别人下围棋。对方见状，便起身告辞。可阮籍却拖住对方不放。王坦之在守丧期间，也不顾礼教限制，公然与客人下起围棋。从表面上看，这或许就是韦曜所批驳的"废事弃业，忘寝与食""专精锐意，心劳体倦"，但如果明白了当时司马氏政权以推行礼教为名，行党同伐异之实的现实背景的话，就会清楚他们的真实动机并非要亵渎礼教，而是要亵渎那些利用礼教来装扮自己屠刀的人。围棋也就成为一种政治观念角逐的工具了。

围棋从原始时代的作战演示，到先秦时期的教化工具，再到魏晋时期的文人人格和才能的展现，无论是操作规则，还是其文化内涵，都发生了巨大的变化。这些巨变的深刻意义，不仅在于它成就和完善了一种代表中华文化的体育文化竞技项目，至今仍风靡世界，而且还在于它对于士族文人的精神文化修养所起到的营造锤炼和积累作用。正因为有了这样的巨变，才会使围棋成为代表文人文化精神修养的重要形式，走进"琴棋书画"之中，走进古代文人的日常生活之中，走进中国文化和中国文学之中。

樗蒲活动中的冒险、竞争个性意识

与古老的围棋相比，樗蒲在汉魏时期要算是新兴的娱乐项目了。虽然相传樗蒲为老子所造，但一般认为这一说法证据不足，难以成立。宋代程大昌的《演繁录》认为樗蒲当系由春秋时期的六博发展演变而来。郭双林、肖梅花的《中华赌博史》也延续了这一说法。这种说法虽然有一定道理，但樗蒲的器具和玩法都与六博有较大的不同，而樗蒲的一些新奇之处往往都受到外来文化的影响，所以有人认为樗蒲传自西方。其根据是马融《樗蒲赋》中说："枰则素旃紫罽，出乎西邻。"意谓樗蒲用的紫色或素色织成的棋盘出自西方邻国。而宋代洪遵《谱双》中讲到的阿拉伯帝国流行的"大食双陆棋"的棋盘也是"以毯为局，织成青地白路"。可知当时西方游牧民族因自然条件限制，多用毛织物作棋盘。其实，可以支持这一说法的还有一些文字材料。《晋中兴书》载："樗蒲，老子入胡所作，外国戏耳。"这里虽然还说是老子入胡所作，但已经明确指明樗蒲为"外国戏耳"。又《太平御览》卷七二六引《博物志》言老子入胡造樗蒲时又说："或云胡人亦为樗蒲卜。"可见樗蒲确实与外国胡人有关。

既然樗蒲与外国胡人有关，那么也就必然带有鲜明的异族文化特征。钱穆先生在《中国文化史导论》中认为："各地文化精神之不同，穷其根源，最先还是由于自然环境之分别，而影响其生活方式；再由生活方式影响到文化精神。"钱氏将世界文化分为三种类型：一为游牧文化，二为农耕文化，三为商业文化。其中游牧和商业文化为一类，农耕文化为一类。"游牧商业起于内不足，内不足则需向外寻求，因此为流动的、进取的。……游牧商业民族向外争取，随其流动的战胜克服之生事而具来者曰空间扩展，曰无限向前。……游牧商业民族，又常具有鲜明之财富观。牛羊孳乳，常以等比级数增加。一生二、二生四、四生八、八生十六。如是则刺激逐步增强。故财富有二特征，一则愈多愈易多，二则愈多愈不足。"樗蒲这种带有赌博性质的游戏活动，正体现了西域游牧民族的这一文化精神。马融在《樗蒲赋》中形容樗蒲活动的赌博场面及其对于游戏者的心理影响时说："是以战无常胜，时有逼逐。临敌攘围，事在将帅。见利电发，纷纭滂沸。精诚一叫，入卢九雉。磊落跮踱，并来猥至。先名所射，应声粉溃。胜贵欢悦，负者沉悴。"这种"见利电发，纷纶滂沸。精诚一叫，入卢九雉"的激烈场面和"胜贵欢悦，负者沉悴"的终了效果，与钱穆所概括的游牧文化精神可谓不谋而合。

马融的《樗蒲赋》在谈到老子发明樗蒲这种游戏的目的时说："昔伯阳入戎，以斯消忧。"从他描写的樗蒲活动场面及效果来看，这种带有强烈的刺激感的赌博活动的确可以起到消除忧愁的作用。但问题的另一面是，这种与中国传统主流文化精神相悖的文化活动如何能够在中国找到合适的生存土壤。从文献记载来看，魏晋时期的正统主流人士显然对樗蒲这一与中国固有文化精神相悖的外来游戏活动持抵制态度。

首先，樗蒲这种赌博活动的流行引起了有关人士的警觉和担忧。庾翼曾对下属官员中日益炽烈的樗蒲热忧心忡忡地说："顷闻诸君樗蒲有过差者。初为是政事闲暇，以娱以甘，故未有言也。今知大相聚集，渐以成俗。闻之能不忧然？"这种担忧的直接后果就是庾翼等官员公然对樗蒲采取取缔的办法。当庾翼的下属官员参军于瓒上书，陈述樗蒲等嬉戏的危害，并建议"宜一断之"时，庾翼立即批示："今许其围棋，余悉断！"与庾翼类似的还有陶侃。《晋中兴书》记载陶侃"尝检校佐吏，若得樗蒲博弈之具，投之曰：'樗蒲，老子入胡所作，外国戏耳。围棋，尧、舜以教愚子。博弈，纣所造。诸君国器，何以为此？若王事之暇，患邑邑者，文士何不读书？武士何不射弓？'"在陶侃和庾翼等人看来，所有容易起到涣散人心，有悖儒家入世精神的活动都应在取缔之列，更何况樗蒲这种外国之戏？

然而既然儒家的正统人士连儒家思想本身在汉魏时期的颓势都无法挽救，那么他们对于樗蒲等有悖儒家教化精神的游戏活动的禁止，

第十一讲 闲情与逸致：细说魏晋名士的休闲生活

也只能是心有余而力不足了。樗蒲能够在魏晋时期广泛流行，重要的原因就在于随着儒家思想的衰微，以往社会对于个人过多的束缚和责任引起了人们的普遍反感和逆反心理。从某种意义上说，很多反礼法之士的行为选择是唯与儒家思想观念相悖是从。所有儒家思想反对和禁止的东西都被他们视为新潮而大加提倡。从嵇康的"越名教而任自然"，到阮籍的"礼岂为我辈设也"，再到整个魏晋时期士族名士的种种放诞举止，都是作为反对儒家思想观念的产物。东晋时期的葛洪曾以极大的愤慨，谴责这种在儒家正统观念看来是大逆不道的行为："汉之末世……蓬发乱鬓，横挟不带。或裹衣以接人，或裸袒而箕踞，朋友之集，类味之游，莫切切进德，阘阘修业，攻过弼违，讲道精义。其相见也，不复叙离阔，问安否。宾则入门而呼奴，主则望客而唤狗。其或不尔，不成亲至，而弃之不与为党。及好会，则狐蹲牛饮，争食竞割，掣、拨、淼、折，无复廉耻。以同此者为泰，以不尔者为劣。终日无及义之言，彻夜无箴规之益。诬引老、庄，贵于率任。大行不顾细礼，至人不拘检括。啸傲纵逸，谓之体道。呜呼惜乎！岂不哀哉！"（见《抱朴子·疾谬》）又说："闻之汉末诸无行，自相品藻次第，群骄慢傲，不入道检者，为都魁雄伯、四通八达，皆背叛礼教而从事邪僻。讪毁真正，中伤非党；口习丑言，身行弊事。凡所云为，使人不忍论也。"（见《抱朴子·刺骄》）葛洪的话不无偏激，但却大体上反映出当世儒家道德伦理规范土崩瓦解的真实情况。

受惯了儒家思想循规蹈矩观念教诲的人，一旦抛掉头上的紧箍咒，便以极大的自由精神去寻求一些越轨后的快感。而樗蒲这种外来的赌博游戏恰恰可以满足他们的这种心理。作为士族名士的教科书，《世说新语》收录了许多名士以樗蒲活动展示其个性魅力的故事。这些故事不仅是有关樗蒲活动记载的珍贵史料，而且也有助于认识魏晋名士的精神风貌。

由于樗蒲活动带有赌博的性质，输赢的筹码很大，甚至顷刻间可以使人倾家荡产，所以它吸引了许多寻求冒险精神和竞争意识的弄潮儿。如温峤官位不高时，屡次和扬州、淮中的客商樗蒲赌博，总是输给别人。一次樗蒲输了很多钱无法还债，被人扣为人质。他在船上看见好朋友庾亮，就大喊庾亮来赎救自己。庾亮把钱送过去，他才被赎出来。类似的事情有过多次。尽管是屡战屡败，却还要屡败屡战。这股不服输的劲头儿来自樗蒲活动尽管可能却十分渺茫的胜利的机会。然而樗蒲的魅力也就在于通过对参与者这股冒险和竞争意识的调动。

由于这种魅力的吸引，有些乐此不疲者已经到了不顾一切的地步。如《世说新语·任诞》载桓温年轻时家境贫穷，樗蒲又输得很厉害，债主逼催赌债很急。他绞尽脑汁也想不出解救的办法。有个叫袁耽的人为人豪爽而又很有才能，桓温就想向他求助。可袁耽当时正在守孝，桓温怕让对方为难，就委婉试探着把自己的意思说了。没想到袁耽答应得非常痛快，没有丝毫的犹豫和为难。于是马上就换去孝服，把头上的布孝帽随手揣在怀里，告诉桓温自己会大获全胜，要桓温在旁呐喊助威，然后就跟桓温走，去和债主樗蒲。袁耽的樗蒲技艺向来有名，债主上场之后说："你该不会把袁彦道（耽）搬来吧？"于是就开始樗蒲。每次都下十万钱的赌注，一直上升到一百万钱一注。只见袁耽投掷筹码的时候高声呼叫，旁若无人。桓温也在一旁应声附和，只见袁耽所投，都是"卢""稚"之类的赢彩。顷刻之间，债主就输了数百万。这时袁耽从怀里掏出布孝帽扔向债主说："认识袁彦道（耽）吗？"这篇故事可谓是马融《樗蒲赋》所描绘的"见利电发，纷纶滂沸。精诚一叫，入卢九雉""先名所射，应声粉溃。胜贵欢悦，负者沉悴"的激烈刺激场面。文中袁耽能够放下父母的守孝而去替桓温出气报仇，其动力既不是哥们儿意气，也不是挣钱的欲望，而是想在樗蒲游戏中一展才华，

第十一讲　闲情与逸致：细说魏晋名士的休闲生活

证明自己的超人能力和不可替代的价值。西域游牧文化的冒险竞争意识对中原士人的影响，魏晋士人将个人的价值置于礼教礼法之上，于此可见一斑。从中亦可见习樗蒲者在性格和人格方面所形成的自信和自尊。又如王献之孩童时曾观看家里的一些门生樗蒲，见到其中有强有弱，就说："南风不竞。"门生轻视他是个小孩，就说："这位小家伙也算是管中窥豹，有时也能可见一斑啊！"王献之气得瞪大眼睛说："远惭荀奉倩，近愧刘真长！"言外之意就是根本没把你们这些人放在眼里。"南风不竞"语出《左传·襄公十八年》："师旷曰：不害。吾骤歌北风，又歌南风。南风不竞，多死声，楚必无功。"意谓南边一方要输。说明王献之虽然年少，樗蒲水平已经不低了。"远惭荀奉倩，近愧刘真长"一句当承续上句，意谓与荀粲和刘惔相比，我或许可称"管中窥豹"，但与你们这些平庸之辈相比，则不可同日而语。实际上以此表现王献之在樗蒲能力乃至人格上的充分自信。

正因为樗蒲能够充分体现出参与者的性格和人格，所以人们常以此来评价品骘人物。一次桓温和袁耽樗蒲，袁耽掷出的骰子不理想，就满脸怒气地扔掉了五木。温峤听说后说："见到袁耽迁怒于五木，才知道当年的颜回是多么值得尊敬。"从上引故事已经看出，袁耽是视樗蒲比祖宗都要重要的人，所以难以忍受樗蒲失败的痛苦，直抒胸臆。这在温文尔雅的儒家观念看来，是有失体统的。有意思的是，那个责怪他迁怒失态的温峤，本人也曾是屡败屡战的樗蒲迷，却要对袁耽指手画脚。这种评价正好从反面看出袁耽在樗蒲活动中对儒家人格规范的叛逆。又有人从樗蒲活动中去观察和分析一个人的政治处世习惯，如桓温将要征伐蜀地的时候，各位居官当权的贤士都认为李势盘踞蜀地已久，承袭基业也有好几代，而且又占据长江上游的天时之利，三峡地区也不能轻易攻克。只有刘惔持不同意见："他一定能攻克蜀地。

从他樗蒲的作为中就可以看出，没有把握的事情他是绝不会做的。"此事在永和二年（346），其实当时李势成汉政权已经风雨飘摇，不堪一击。桓温正是看到这一点，才决然进兵的。而刘惔对战局必胜的预见，却是通过桓温平常樗蒲时不作无把握之事的习惯而看出的。可见樗蒲活动已经与人们的政治生活发生联系了。又如一次王敦和手下的参军樗蒲，参军在局面上已经五马领头，就要胜利在望的时候，突然五马被杀。参军感慨地说："周家世代名望，然而却没有位至三公的人。周顗功亏一篑，好似下官的五马领头。"王敦慨然流涕说："周顗小时候和我在东宫相遇，我们一见如故，他当时就发誓要位至三司。没想到不幸被王法所杀。真是令人痛心不已啊！""五马领头而不克"即以樗蒲为喻，说周顗已经胜局在握，如同樗蒲中的五马领头，但终于功败垂成。《晋纪》中王敦参军也是以樗蒲为喻，说周顗即将成功时功亏一篑，马头被杀。可见故事中人们已经开始使用樗蒲活动为喻，影射人们的政治命运。则可见人们已经从樗蒲活动的胜败难料中，看到它与官场政治命运顷刻风云突变的相似之处。说明他们对樗蒲活动冒险和竞争精神的向往，仍然没有跳出中国传统的政治文化和官本位的本体樊笼。

可见樗蒲这一外来的竞技游戏形式在魏晋时期得到广泛的流行，成为体现魏晋士族文人精神风貌和文化品位的重要媒介。在儒家思想势颓，老庄无为自由精神盛行的魏晋时期，樗蒲活动中原有的体现西域民族冒险精神的内涵与魏晋时期士族文人的人生态度融为一体，充分表现出魏晋士人追求刺激冒险、追求个性自尊、自由和放达任性的人格精神。从而体现出任何具体的文化娱乐形式都要受到时代文化总体精神制约这一文化史、社会史发展的基本规律。

弹棋在消遣娱乐中的闲情雅致

与围棋和樗蒲活动相比，弹棋有两个显著特点：一是它既不是先秦古代游戏的延续，也没有受到外来文化的影响，而是从汉魏时期在中国本土兴起的娱乐游戏方式；二是它没有受到礼教政治等社会因素的制约，而是一种较为纯粹的消遣娱乐活动。

关于弹棋的起源，有三种说法。一是汉武帝时东方朔说。《弹棋经序》言汉武帝喜好蹴鞠之戏，群臣谏而不止。东方朔便以弹棋之戏进献武帝。武帝得此戏便舍蹴鞠而好弹棋了。二是汉成帝时刘向说。《弹棋赋叙》谓汉成帝好蹴鞠，刘向认为蹴鞠"劳人体，竭人力，非至尊所宜御。乃因其体而作弹棋"。三是魏宫妆奁说。《世说新语·巧艺》："弹棋始自魏宫内，用妆奁戏。"但此说明显站不住脚。刘孝标注在引述傅玄《弹棋赋叙》所云成帝时刘向造弹棋事后又言："按玄此言，则弹棋之戏，其来久矣。且《梁冀传》云：'冀善弹棋，格五'，而此云起魏世，谬矣。"所谓魏宫妆奁说实际上是指弹棋在汉末魏初一度断绝后再度兴起的情况。《弹棋经后序》云："自后汉冲、质已后，此艺中绝。至献帝建安中，曹公执政，禁阑幽密，至于博弈之具，皆不得妄置宫中，宫人因以金钗玉梳戏于妆奁之上，即取类于弹棋也。及魏文帝受禅，宫人所为，更习弹棋焉。"观此可知弹棋何以在魏宫复兴，何以称用妆奁戏之说。至于武帝成帝二说虽已无法确定，然因其时间都在汉代，其起因也完全相同，故实际上二说为一说两传而已。

从弹棋的起源可以看到，它是一种模仿蹴鞠活动而设计的一种棋类活动。经过重新设计的弹棋，避免了蹴鞠活动的强体力活动，突出了智力因素和技巧的作用，所以也就增强了它的文化品位和消遣娱乐

〔唐〕周昉《内人双陆图卷》（局部）

功能，带上了道家神仙色彩。《弹棋经序》云："弹棋者，仙家之戏也。"《弹棋经后序》也说："弹棋者，雅戏也。非事乎千百枭橛之数，不游乎纷竞诡欺之间，淡薄自如。故趋名近利之人，多不尚焉。盖道家所为，欲习其偃亚导引之法，击博腾掷之妙，以自畅耳。"可见它所吸引人们入迷的，不像围棋那样需要用诡计欺骗对方，也不像樗蒲那样紧张刺激。它将所有棋子都摆在棋盘上，在双方共同的视线中进行智力和技巧的较量。从而体现出道家清静无为、淡泊自然的价值取向。所以在老庄思想盛行，出世之想日炽的魏晋时期，尤为人青睐。经过曹丕的提倡，弹棋又开始在社会上流行起来。《弹棋经后序》称："当时朝臣名士，无不争能。故帝与吴季量（当作'重'）书曰：'弹棋间设者也。'"曹丕本人就是一位弹棋妙手，他自己在《典论》中说到自己少年时候就喜欢各种游戏，尤其对弹棋略尽其妙。据《世说新语·巧艺》载，魏文帝曹丕玩弹棋特别精妙，能用毛巾角轻击棋子，百发百中。有位客人自称也很会玩，曹丕就让他试试。客人戴着葛布头巾，低下头用头巾角去拨击棋子，其巧妙胜过了文帝曹丕。从这个故事中可以看出，人们在弹棋活动中确实是看重玩者的技巧。按照一般的弹棋玩法，双方将自己的棋子摆好后，要用手来弹拨棋子，使之穿过棋盘中间的隆起部分，射入对方的圆洞，有似足球的射门。用手弹拨已属不易，而曹丕却高人一筹，能够用手巾角拂动棋子，达到别人用手才能实现的目的；而更为高妙的是那位客人，他竟然能够用戴在头上的葛角巾，用脑袋的晃动来使葛巾角将棋子扫进对方圆洞，可谓强中更有强中手。在这已经近乎杂技的弹棋活动中，可以看出人们如何以技巧的竞争为手段，进而达到消遣和娱乐的目的。至两晋南北朝间，弹棋活动更为普及。葛洪《抱朴子·疾谬》："暑夏之月，露首袒体。盛务唯在樗蒲弹棋，所论极于声色之间，举足不离绮襦纨绔之侧。"葛洪的看法不免偏激，但当时弹棋的流行确如他所描绘。一次刘惔在盛暑时去拜访王导，只见王导把弹棋盘放在肚皮上纳凉，嘴里惬意地说："何乃渹（吴语凉快意）！"王导以吴语与刘惔应答，倒是他另有用意。然而他在盛暑之月，将弹棋棋盘放在肚子上纳凉的办法，却从侧面告诉我们那是他时刻放在手边，随时可以取来游戏玩耍的娱乐工具。弹棋活动之盛行，于此可见一斑。宋文帝刘义隆曾将当时杜道鞠弹棋、范悦诗、褚欣远模书、褚胤围棋和徐道度医术并称天下"五绝"。（见

《南史·徐文伯传》）可知至南北朝时弹棋已经十分盛行。

  弹棋游戏的消遣和娱乐的功能，从总体的观念上与魏晋时期的围棋和樗蒲是一致的。这就是不再从主观上去服从和追求从社会礼法角度强调这些游戏的功利目的，而是强调游戏娱乐活动本身的消遣性和娱乐性。颜之推在《颜氏家训·杂艺》中说："弹棋亦近世雅戏，消愁释愦，时可为之。"已经说明人们对这些娱乐游戏活动的消遣娱乐功能的认可。与先秦时期孔子、孟子对围棋活动教化作用的规定相比，人们的娱乐观念应当说已经取得了巨大的飞跃。弹棋活动从其肇始发轫，就以脱离礼法规范束缚的纯粹娱乐面目出现，可以说是这种纯娱乐观念比较成熟的标志。

第十二讲
才情与艺术：细说魏晋名士的文学艺术活动

第十二讲　才情与艺术：细说魏晋名士的文学艺术活动

一群衣食无忧的贵族，一群精神追求胜过一切的文化人，所能激发的多半是艺术的热情，所能创造的，也多半是灿烂的文化业绩。在文人的群体独立完成以后，他们便醉心徜徉于形而上的世界中，以其神超形越的智慧，于阿堵种种中得传神之笔，绘出一幅幅洛神之图，写出一篇篇兰亭之序。中国文化因此而灿烂，中国艺术因此而骄傲。

魏晋文学艺术极富特色。它不仅是对先秦两汉文学艺术的继承和总结，其由"人的自觉"带来的"文的自觉"，更是为这个时期的文艺从题材内容到表现形式都开辟了极为广阔的领域，从而孕育了盛唐的文学艺术高潮。由于史料的缺乏，我们还不可能详尽而充分地了解魏晋文人生活行为与文学艺术的关系。但通过现存的部分材料，仍可以在部分文人的生活行为中，窥见这个时代文学艺术转换的契机和状态，以具象的内容，去感受和把握宏阔的历史文化氛围。

以兰亭雅集为核心的系列文艺聚会

集会活动是魏晋文人文学艺术活动的重要内容。法国著名的社会学派文艺学家丹纳在《艺术哲学》中说过："艺术家本身，连同他所产生的全部作品，也不是孤立的。有一个包括艺术家在内的总体，比艺术家更广大，就是他所隶属的同时同地的艺术宗派或艺术家家族。例如莎士比亚，初看似乎是从天上掉下来的奇迹，从别个星球上来的陨石，但在他的周围，我们发现十来个优秀的剧作家，如韦白斯忒、福特、玛星球、马洛、本·琼生、弗来契、菩蒙,都用同样的风格、同样的思想感情写作。他们戏剧的特征和莎士比亚的特征一样;你们可以看到同样暴烈与可怕的人物,同样的凶杀和离奇的结局,同样突如其来的放纵和情欲,同样混乱、奇特、过火而又辉煌的文体,同样对田野与风景抱着诗意浓郁的感情,同样写一般敏感而爱情深厚的妇女。"

倘若这种说法能够成立,那么就应看到一个显而易见的事实:艺术宗派或艺术家家族的凝聚,离不开这些文学艺术家团体内部的集会和交流。没有这种聚集就没有这些团体作为集体的存在。中外文学艺

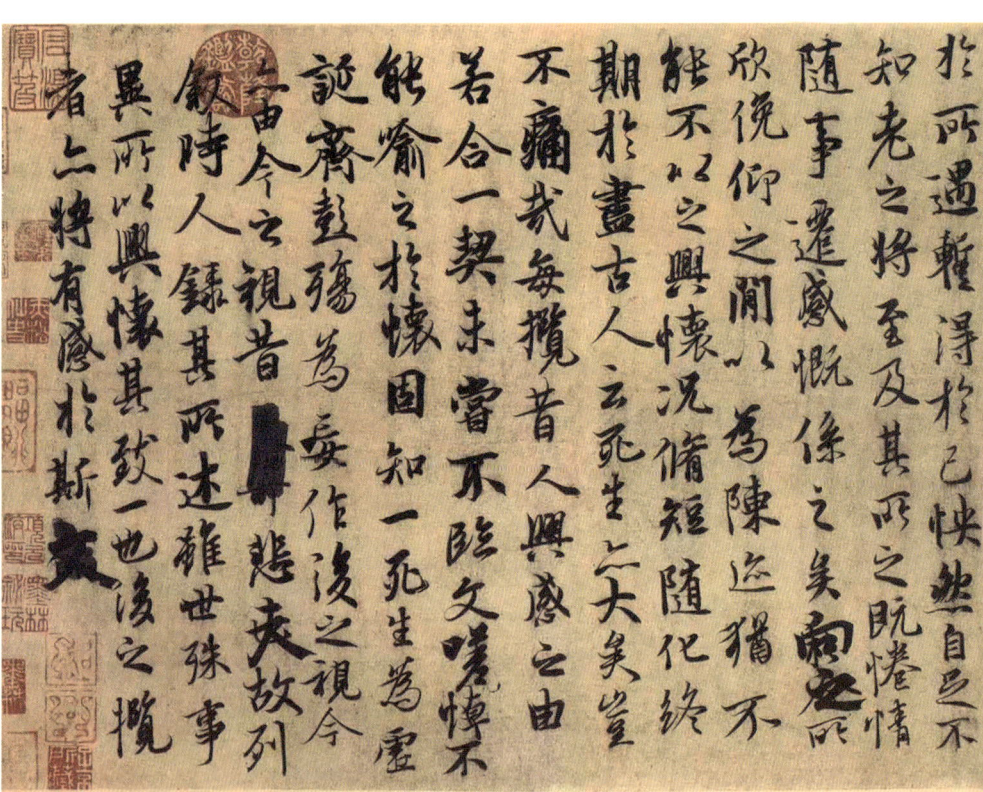

〔晋〕王羲之《兰亭集序》(摹本)

术史上这种以文艺家的聚集促进某些文艺潮流兴旺的例子不胜枚举,如法国的沙龙文学、德国的狂飙运动、俄国的强力集团,中国的江西诗派、鹅湖书院、东林书院等,莫不如此。而中国文学史上自觉的文学团体的集会,是从汉末魏初开始的。

历来的文学史对文学团体的集会活动总是未予注意,所以文学团体的集会活动起于何时何地,一直是个模糊不清的问题。如果我们了解了汉魏时期的文人言行,就有理由确信,中国历史上最早的文人集会,是建安文人在邺城邺宫的西园之会。

首先,曹丕的《与吴质书》云:"昔年疾疫,亲故多罹其灾,徐、陈、应、刘，一时俱逝，痛何可言邪！昔日游处，行如同舆，止则接席，何尝须臾相失！每至觞酌流行，丝竹并奏，酒酣耳热，仰而赋诗。当此之时，忽然不自知乐也。谓百年已分，长共相保，何图数年之间，零落略尽，言之伤心。顷撰其遗文，都为一集。观其姓名，已为鬼录，追思昔游，犹在心目，而此诸子化为粪壤，可复道哉！"除了"昔日游处"的具体场所不明之外，作者曹丕与建安七子中的徐干、陈琳、应玚、刘桢等一同饮酒赋诗，亲密无间，则是无可置疑的。而结合七子的作品，便可以断定，他们"游处"之所便是邺宫西园。在《六臣注文选》卷二〇《公宴》诗中，收有曹植、王粲、刘桢、应玚等人的《公宴诗》。其中吕延济注曹植《公宴诗》说："此宴在邺宫与兄丕宴饮。"诗云："公子敬爱客，终宴不知疲，清夜游西园，飞盖相追随。"已经把地点说得十分明确。又张铣注王粲《公宴诗》说："此侍曹操宴。"刘良注刘桢《公宴诗》："此宴与王粲同于邺宫作也。"均是明证。

从"仍尝须臾相失"一句中，可以看出西园诸友之间的深挚情谊，而且也能想见西园集会的次数极为频繁。"觞酌流行，丝竹并奏，酒酣耳热，仰而赋诗"，则勾勒出一幅西园之游以诗会友的画面。而这些《公宴诗》的内容，又表现了崇尚自然、企羡山水审美取向的萌动。如刘桢《公宴诗》："月出照园中，珍木郁苍苍。清川过石渠，流波为鱼防。芙蓉散其华，菡萏溢金塘。"把人们带入花前月下的美好境界中，令人心旷神怡。

邺宫西园之会不仅促进了建安文学的发展，而且也是后代文人集会活动的滥觞。

第十二讲 才情与艺术：细说魏晋名士的文学艺术活动

——西晋金谷之会

西晋金谷之会是继建安西园之会后的第二次大型文人集会。石崇《金谷诗叙》云："余以元康六年，从太仆卿出为使，持节监青、徐诸军事、征虏将军。有别庐在河南县界金谷涧中，或高或下，有清泉茂林，众果竹柏、药草之属，莫不毕备。又有水渠、鱼池、土窟，其为娱目欢心之物备矣。时征西大将军祭酒王诩当还长安，余与众贤共送往涧中，昼夜游宴，屡迁其坐。或登高临下，或列坐水滨。时琴瑟丝筑，合载车中，道路并作。及往，令与鼓吹送奏。遂各赋诗，以叙中怀。或不能者，罚酒三斗。感性命之不永，惧凋落之无期。故具列时人官号、姓名、年纪，又写诗署后。后之好事者，其览之哉！凡三十人，吴王师、议郎、关中侯、始平武功苏绍字世嗣，年五十，为首。"谢安也认为："金谷中苏绍最胜。"又据《晋书·刘琨传》，刘琨"年二十六，为司隶从事。时征虏将军石崇河南金谷涧有别庐，冠绝时辈，引致宾客，日以赋诗。琨预其间，文咏颇为当时所许"。除了刘琨之外，石崇所说的三十人，多数当包括西晋二十四友。据《晋书·贾谧传》："渤海石崇、欧阳建、荥阳潘岳、吴国陆机、陆云、兰陵缪征、京兆杜斌、挚虞、琅邪诸葛铨、弘农王粹、襄城杜育、南阳邹捷、齐国左思、清源崔基、沛国刘环、汝南和郁、周恢、安平牵秀、颍川陈眕、太原郭彰、高阳许猛、彭城刘讷、中山刘舆、刘瑶皆傅会于谧，号曰'二十四友'。"《文选》卷二〇收有二十四友中潘岳《金谷集作诗》一首，为石崇出为城阳太守时，潘岳送别之作。

从石崇的诗序中可以看出，能够把这批诗人拢在一起的凝聚力量，是他们共同的心境与审美的取向，这也就是他们共同感兴趣的"金谷涧中，或高或下，有清泉茂林，众果竹柏药草之属，莫不毕备。又有水渠鱼池土窟",因为这些大自然的美好景物均为"娱目欢心之物"。这是一群善于在自然中进行美的发现与美的净化的人。更重要的是,他们还都是能以诗的手段表达这种发现与净化的人——"遂各赋诗以叙中怀。或不能者,罚酒三斗"。这正是魏晋人崇尚自然的风尚,也是这个文学团体共同的向心力量。

——东晋兰亭之会

东晋时期,偏安江左的世族文人有了自己的庄园和充裕的精力,以会稽兰亭为中心的文人聚会,是继西晋西园之会后的又一次文人盛会。著名的王羲之《兰亭集序》云:

> 永和九年,岁在癸丑,暮春之初,会于会稽山阴之兰亭,修禊事也。群贤毕至,少长咸集。此地有崇山峻岭,茂林修竹,又有清流激湍,映带左右,引以为流觞曲水,列坐其次。虽无丝竹管弦之盛,一觞一咏,亦足以畅叙幽情。是日也,天朗气清,惠风和畅,仰观宇宙之大,俯察品类之盛,所以游目骋怀,足以极视听之娱,信可乐也。夫人之相与,俯仰一世,或取诸怀抱,悟言一室之内;或因寄所托,放浪形骸之外。虽趣舍万殊,静躁不同,当其欣于所遇,暂得于己,快然自足,不知老之将至,及其所之既倦,情随事迁,感慨系之矣。向之所欣,俯仰之间,已为陈迹,犹不能不以之兴怀。况修短随化,终期于尽。古人云:"死生亦大矣,岂不痛哉!"每览昔人兴感之由,若合一契,未尝不临文嗟悼,不能喻之于怀。固知一死生为虚诞,齐彭殇为妄作。后之视今,亦犹今之视昔,悲夫!故列叙时人,录其所述,虽世殊事异,所以兴怀,

第十二讲　才情与艺术：细说魏晋名士的文学艺术活动

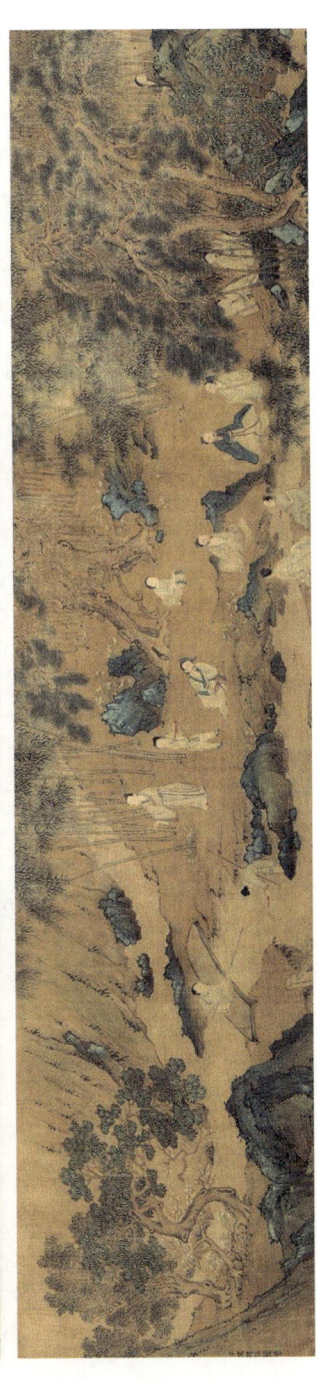

〔宋〕赵伯驹《兰亭修禊图》

其致一也；后之览者，亦将有感于斯文。

据《兰亭序》的另一版本，《世说新语·企羡》刘孝标注所引王羲之《临河叙》，"右将军司马太原孙丞公等二十六人，赋诗如左，前余姚令会稽谢胜等十五人，不能赋诗，罚酒各三斗"。

这次聚会可以说是金谷之会的重演：诗人们对气象万千的大自然的美好领悟，使他们产生了强烈的创作冲动，他们热烈地以吟咏与大自然进行积极的交流，与同仁相互倾诉心灵的感受。这又是崇尚自然的美学思想的具体体现：金谷与兰亭不仅意境仿佛相同，连觞咏的形式，以至连不能赋诗者被罚酒的做法，也与金谷之会如出一辙。可以看出，王羲之的《兰亭集序》，显然是在模仿石崇的《金谷诗序》。所以当人们将二者相提并论时，王羲之感到自己可与石崇匹敌，"甚有喜色"。正如余嘉锡先生所说："此以《金谷诗序》与石崇分言之者，盖时人不独谓两序文词足以相敌，且以逸少为兰亭宴集主人，犹石崇之在金谷也。"

当然，兰亭之会又并非完全照搬金谷之会，而是具有自身的特点。它的特点，就在于将文人的集会与民间世俗的礼仪相结合，即文中所说他们的集会，是"修禊事"的具体形式。所谓修禊事，就是在水边举行除去不祥的祭祀活动。《宋书·礼志二八》："《周礼》女巫掌岁时祓除衅浴，如今三月上巳如水上之类也。浴衅谓以香薰草药冰浴也。《韩》诗曰：'郑国之俗，三月上巳，之溱、洧两水之上，招魂续魄。秉兰草，拂不祥。'"可知自周代起就有这种礼仪。自郑国起定于三月上巳进行。又《晋书·礼志下》："汉仪，季春上巳，官及百姓皆禊于东流水上，洗濯祓除宿垢。而自魏以后，但用三日，不以上巳也。晋中朝公卿以下至于庶人，皆禊洛水之侧。"王羲之所记，就是一次具体的修禊活动。不过兰亭修禊已与前代大不相同，它已经不仅包括"秉兰草，拂不祥""洗濯祓除宿垢"的内容，而且还加进了"流觞曲水"的花样，这种花样带有浓郁的文人气息。所谓"流觞曲水"，就是在禊饮时引水分流，因流设席，激水推杯，至席前取而饮之，称为"禊饮"。因为曲折分流，故称"曲水"。禊饮时伴以乐舞，酒阑赋诗，称为"曲水诗"。王羲之所记"又有清流急湍，映带左右，引以为流觞曲水，列坐其次"，"一觞一咏"正是最准确而形象的记录。《文选》卷二〇载有颜延年的《应诏宴曲水诗》、卷四六又载颜延年的《三月三日曲水诗序》和王融的《三月三日曲水诗序》，都是这种集会的产物。

兰亭之会以"流觞曲水"的办法，将文人以诗会友与三月三日禊饮之礼融为一体，这既是对修禊礼仪的丰富，也是对文人集会活动的发展。大自然的钟灵毓秀为禊饮提供了取之不尽的素材题材，而三月三日的法定日子又在时间上为文人聚会作了定期保证。当人重新与自然相互吸纳，共为一体时，便会激发出一种激荡宇宙的情怀，作为这种情怀的宣泄点的文学艺术，便会拥有永久的魅力——《兰亭集序》至今仍余香四溢，原因或即在此。

两种文艺风格："芙蓉出水"与"错彩镂金"

任何文学艺术的变革首先是一定文化背景支配下的思想和观念的变革，魏晋时期也不例外。钟嵘《诗品》在谈到谢灵运和颜延之的诗歌创作时，曾引用汤惠休的话说："谢诗如芙蓉出水，颜诗如错彩镂金。"宗白华先生认为"芙蓉出水"和"错彩镂金"代表了中国美学史上两种不同的美感或美的理想，并认为魏晋时期是二者转折的关键。

当然，从历史的角度来看，这两种审美意识并无高下之分。因为二者并非水火不容，而是各有所长。清人刘熙载《艺概》谓："《宋书》谓灵运兴会标举，延年体裁明密，所以示学者当相济有功，不必如惠休上人，好分优劣。"就连二者的结合，也是一种完美的艺术风格，《梁武帝评书》云："李镇东书如芙蓉之出水，文采镂金。"所以，我们的任务不应是硬对二者强加轩轾，而应从历史的文化背景中去揭示它们在不同的历史时期为人们推崇不一的内在原因。

"错彩镂金"的美是一种人工雕琢的美，它体现了人的审美理想的对象化，具有较强的主观色彩；"芙蓉出水"的美是一种自然清新、质朴无华的美，它是人们对审美对象自身的内在美感获得认识的结果，反映了人们审美领域的扩大。"芙蓉出水"之美之所以在魏晋时期得到推崇，除了玄学贵无思想跃起的决定作用外，具体来说，就是当时人们对自然与自己内心深情同时发现的必然产物。

魏晋时期文学艺术思想和审美观念的转变，在各种文学艺术形式中均有反映，而文人的生活行为，又是这种反映的最好注释与说明。

"芙蓉出水"的审美思想在魏晋散文中有两种体现。一是散文形式的清新质朴。正始以前，散文多被玄学家用来阐发玄理道义，故此类散文不尚藻彩，喉求达意。二是散文内容的真挚感人。正始及以后的部分文人借散义以抒发性情，词彩寅永。近人刘师培《中古文学史》将此时散文分为两派，"一为王弼、何晏之文，清峻简约，文质兼备，虽阐发道家之绪，实与名、法家言为近者也。……一为嵇康、阮籍之文，文章壮丽，总彩骋辞，虽阐发道家之绪，实与纵横家言为近者也"。王、何为玄学开山门人，其论说文二人集中已经备载，兹不赘述。阮籍本以诗见长，其散文除《大人先生传》外，其他则鲜为人知。而阮籍恰恰是玄学家中由"以无为本"过渡到"以自然为本"的关键人物。

阮籍清醒地认识到，以无为本的理论为统治者提供了建立绝对统治,以上天意志代表自居的理论依据。当司马氏政权篡位,道统(知识分子的良知)与势统(统治者的绝对意志)再度分裂时,对于知识分子来说,已经不需要继续为统治者的合理统治去寻找理论根据,而是需要解决如何在这样的环境中安顿自我的问题,这就是他"越名教而任自然"思想问世的前提。他的《大人先生传》《清思赋》等就完全抒发了内心这样的思想。但是为了生存,他又不得不注意与统治者维持关系,有时甚至还不得已说些违心的话,所以连司马路也不得不承认他的"至慎"。他的散文,有时也能表现出这种"至慎",如他的《为郑冲劝晋王笺》。当时曹魏朝廷受挟于司马氏,被迫封晋文王司马昭为公,备礼九锡,但司马昭却又装模作样地推辞不受——这实际上是在暗示满朝文武要恳请他受封。在这样的背景下,司空郑冲派人快马请阮籍写一篇劝进书。阮籍当时正在袁准家做客,听了这种请求,十分为难。写了,并非本意,不写,又恐得罪司马昭。煎熬中他只好喝得烂醉,乘着醉意,一挥而就。这种两难的心理并不能简单地认为是一种政治上的投机,而是重视生命和抒发个性思想的曲折表现。这种痛苦的背后,隐藏着文章能够直抒胸臆的真实愿望。

刘伶的《酒德颂》,大抵与阮籍的直抒胸臆的文章风格相同,《世说新语·文学》说他是"为意气所寄"。这正与阮籍所追求的文学思想一致。所以刘师培以为刘伶此文为魏晋文章中文体与阮籍相近者。他本人以酒为命的放达行为,更是这种文风的生动体现。

西晋时期,骈文作为文体已经日臻成熟,受其影响,散文骈偶化的倾向亦愈演愈烈。陆机论文主张妍丽,重声色名句,与诗都要做到"缘情绮靡",正是此时文风的表述。这种文风的代表人物是潘岳和陆机。《世说新语·文学》:"孙兴公云:'潘文烂若披锦,无处不善;陆文若排沙简金，往往见宝。"既然"烂若披锦"，自然并非"芙蓉出水"之美，那何以又"无处不善"呢？原来潘岳的文章虽然华美，但却不乏真情。他以"善为哀诔之文"著称，如《杨荆州诔》《夏侯常侍诔》《哀永逝文》等，辞婉情切，哀痛感人。所以《续文章志》称"岳为文选言简章，清绮绝伦"。《世说新语·文学》又载孙绰谓："潘文浅而静，陆文深而芜。"说明人们虽然主张"芙蓉出水"之美，但所反对的只是因雕镂过分而有伤真美，并非一概排斥文饰。潘岳的文章虽然绮丽，但由于均出自真情，情深意切，所以读起来并无铺排雕饰之感。相比之下，陆机的文章则过于追求句式的整饬、声律的谐美、典故的繁密。他的"绮靡"文风实际上在一定程度上影响了文章的"缘情"。刘勰《文心雕龙·才略》称他"才欲窥深，辞条索广；故思能入巧，而不制繁"。在孙绰的话中，也可以看出人们仍是认为潘文美于陆文的。

正始时期的玄学家如何晏、王弼等，都是能言善写的大家。清谈风气到了西晋，一部分人只心研习谈玄之语言表达，而忽视文字表述能力；又有一些人虽口齿拙讷，文笔却极为漂亮。如郭璞"奇博多通，文藻粲丽，才学赏豫，足参上流。其诗赋诔颂，并传于世，而讷于言"。这也就形成了西晋时期言语、文章的区别与对峙。这在他们的生活行为中不乏其例。如《世说新语·文学》载："乐令善于清言，而不长于手笔。将让河南尹，请潘岳为表。潘云：'可作耳，要当得君意。'乐为述己所以为让，标位二百许语。潘直取错综，便成名笔。时人感云：'若乐不假潘之文，潘不取乐之旨，则无以成斯矣。'"这是两合其美的例子，还有善言与善笔者相互不服、互相攻难的情况。西晋末年，太叔广能言善辩，挚虞擅长手笔，二人名声相同，而互不相论。当大家围坐清谈时，太叔广所言，挚虞皆不能对；而挚虞退回落笔难广，广亦不能答，"于是更相嗤笑，纷然于世"。又如殷浩谈锋甚厉，他的叔父殷融则长文短辩,便对殷浩说:"你别光以善辩向我炫耀,也该看看我文笔的长处。"在这样有合有难的故事中,当时人们言语、文章泾渭之明,已是显而易见了。这是西晋文学史上值得注意的现象,但目前人们对此的研究似尚不够。

玄言诗何以令人"神超形越"?

历史有时会给人的价值观念带来偏见。令人评价极高的建安和正始文人诗歌,在当时人们的生活记载中,却很少提及。相反今天人们几乎不屑一顾的魏晋玄言诗,却给他们的生活留下了很多印痕。这个现象本身,似乎应该提醒人们对自己的价值标准质疑并修改。因为当时人们推崇玄言诗的原因,主要是由于玄言诗体现了崇尚自然和真情的时代审美风尚。

《续晋阳秋》云:"正始中,王弼、何晏好庄、老玄胜之谈,而世遂贵焉。至过江,佛理尤盛。故郭璞五言,始会合道家之言而韵之。询及太原孙绰,转相祖尚,又加以三世之辞,而诗、骚之体尽矣。询、绰并为一时文宗,自此作者悉体之。至义熙中,谢混始改。"一般认为,这段话是关于玄言诗产生与发展及其代表人物的权威性说明。

郭璞虽以游仙诗著称,但其游仙诗重在慷慨咏怀,表现老庄思想,乘远玄宗,所以被认为是玄言诗的肇始者。《世说新语·文学》:"郭景纯诗云:'林无静树,川无停流。'阮孚云:'泓峥萧瑟,实不可言。'每读此文,辄觉神超形越。"郭璞这两句诗在大自然的永恒运动中,体悟出了对宇宙人生的无限感怀。这是人们由对山水自然的感受而上升到玄远幽深的哲学意识的重大收获,也是玄言诗的味道所在。这既是人生追求的目标,又是日常精神修养的途径和手段。借此玄宗的体味,可以荡涤胸中尘俗杂念，求得心灵的净化，并把对自然的感受，上升到审美把握的层次。嵇康借养生追求无限，达到形神相亲的境界，亦为此意。所以这两句诗能使阮孚"神超形越"。徐复观《中国艺术精神》说："以玄对山水，即是以超越于世俗之上的虚静之心对山水；此时的山水，乃能以其纯静之姿，进入于虚静之心的里面，而与人的生命融为一体，因而人与自然，由相化而相忘；这便在第一自然中呈现出第二自然，而成为美的对象。"可见当时人们推崇玄言诗的主要原因，是玄言诗能够表达出人们用玄学的目光，从山水自然中感悟的一种宇宙意识，从而体现出时代精神和氛围。所以简文帝盛赞许询的玄言诗"可谓妙绝时人"。明白了玄言诗的这一时代特征和人们青睐的原因，我们对玄言诗就不应过多责难，至少应给予一定的理解。

从上面的故事中可以看出，玄言诗的时代特征，要求其作家具有对自然和宇宙的感受和表述能力，又要把自己的生命情怀融入其中，这也就是要具备才、情两方面的条件。孙绰、许询正是这样的代表作家。《世说新语·品藻》："孙兴公、许玄度皆一时名流。或重许高情，则鄙孙秽行，或爱孙才藻，而无取于许。"可以看出，这两位名士各有特点，许询以情见长，孙绰则才藻过人。这一点连他们本人也意识到了。支遁问孙绰比许询如何，孙绰的回答是："高情远致，弟子早已服膺；一吟一咏，许将北面。"二人一才一情，左右诗坛。而"才"与"情"，不仅是当时人物品藻的重要标准之一，也是玄言诗作家（也当包括各种文学艺术家）的先决条件。二人能将如此才情，倾注于玄言诗中，所以能为众人推崇备至。当然，善"才"善"情"，只是相对而言，并非善此则必短彼。简文带既称许询五言诗"妙绝时人"，是有其切身感受的。一次，许询去拜访晋简文帝，当天晚上风恬月朗，二人便共在月下畅谈。不想许询并非不能襟情之咏，只见他辞寄清婉，大逾平日。司马昱虽平常很了解许询,但见了这番吟咏,也不禁大加赞叹,"不觉造膝共叉手语,达于将旦",并说,"玄度才情,故未易多有许"(见《世说新语·赏誉》)。

"情生于文"与"文生于情"

既然"缘情绮靡"是当时的时代文风,那么追求情注于诗就并非玄言诗一家的专利。孙楚的爱妻胡毋氏病故后,孙楚悲恸已极,不仅专心为其守丧,而且还作了悼亡诗,诗云:"时迈不停,日月电流。神爽登遐,忽已一周。礼制有叙,告除灵丘。临祠感痛,中心若抽。"他把这首诗送给王济看,王济深受感动,说:"未知文生于情,情生于文。览之凄然,增伉俪之重。"这指出了文与情的紧密关系。明代李贽在评点这个故事时,更是直接指出:"孙子荆文生于情,武子情生于文。"说明了这种情况。对此,刘勰《文心雕龙·情采》说:"夫情者文之经,辞者理之纬。经正而后纬成,理定而后辞畅,此立文之本源也。昔诗人什篇,为情而造文;辞人赋颂,为文而造情。何以明其然?盖风雅之兴,志思蓄愤,而吟咏情性,以讽其上,此为情而造文也。诸子之徒,心非郁陶,苟驰夸饰,鬻声钓世,此为文而造情也。故为情者要约而写真,为文者淫丽而烦滥。而后之作者,采滥忽真,远弃风雅,近师辞赋。故体情之制日疏,逐文之篇愈盛。故有志深轩冕,而泛咏皋壤;心缠几务,而虚述人外。真宰弗存,翩其反矣。"余嘉锡先生认为,刘勰的这番话,系从上面故事王济感叹孙楚悼妻诗中所悟出。

以上是因情而生文者,又有因景而生文的情况。一天,外面下起了大雪,谢安召集儿女们到屋里,谈论诗文写作的道理。只见外面的雪越下越大,谢安为雪景所动,高兴地以一句诗向儿女们提问:"白雪纷纷何所似？"侄子谢朗以诗对曰："撒盐空中差可拟。"侄女谢道韫对曰："未若柳絮因风起。"谢安听了放声大笑。宋代陈善《扪虱新话》评论这个故事说："撒盐空中，此米雪也。柳絮因风起，此鹅毛雪也。然当时但以道韫之语为工。予谓《诗》云：'相彼雨雪，先集维霰。'霰即今所谓米雪耳。乃知谢氏二句，当各有谓，固未可优劣论也。"如果仅从形似来看，确如陈善所言，二人的诗句状写了米雪和鹅毛雪的景况。但如了解了魏晋人对神韵境界的追求，就会感到谢道韫通过对雪如柳絮的描写，烘托了一种洋洋洒洒、抒阔迂远的气势，是神韵追求在诗歌领域的不自觉尝试。所以余嘉锡说："二句虽各有谓，而风调自以道韫为优。"

顾恺之的"传神写照"艺术境界

魏晋是中国书法绘画的黄金时代。士族文人在山水田园生活中，发现这两种艺术形式是他们抒发性情，排遣心迹的最佳媒介。于是，在书法方面，不仅完成了由汉隶向楷书的过渡，而且草书和行书也得到了长足的发展，成为在艺术领域抒发个性的极好形式。

在绘画方面，贵族山水田园生活使文人们加深了对自然的体味，因而促进了山水画的成长；而人物品藻的风气，又大大刺激了人物画的表现力量，并为画家们提供了发挥能力的场所。书法界承上启下的关键人物钟繇、一代书圣王羲之、一代画痴顾恺之以及一大批成就斐然的书画家，都是这个时期书画界值得骄傲的名字。在他们的音容笑貌中，人们可以感受到书画领域的演进，尤其是把对神韵境界的追求，具体落实在人物画的创作，使之面貌一新。

关于形神关系的讨论，自先秦两汉时期就已经开始，但讨论的内

第十二讲　才情与艺术：细说魏晋名士的文学艺术活动　　　305

〔晋〕顾恺之《斫琴图》（局部）

容大都是精神与肉体的关系。魏晋南北朝时期形神问题的讨论大致经历三个阶段：一与人物品藻有关，二与玄学有关，三与佛学有关。人物品藻所谈论的形神问题，是根据人物的"形质"去研究考察人物内在的、千差万别的性情、个性、才能、智慧、品质。玄学家在研讨形神关系时则有所侧重。何晏、王弼把"神"规定为超越于有限的"形"的一种无限自由的境界。也就是说，形神是有限与无限的关系，是有限如何表现无限的问题，解决的办法是忘"形"以得"神"。嵇康主要从养生论的角度谈论这个问题，他的看法的核心，是使"形"从自然肉体的存在，上升到与无限自由的"神"相契合。也就是说，肉体与精神的疏远、分裂如何达到相亲、统一的问题，解决的办法是养"神"以亲"形"。而顾恺之的"以形写神"论，一方面受到何晏、王弼以有限表现无限观点的影响，同时又糅进并改造加工了慧远"形尽神不灭论"的思想，把"神"作为一种审美标准加以追求，在一定程度上具有了佛学所追求的解脱的意味。并把这一思想出色地运用于绘画领域，注重以有限的线条笔墨所勾画的人物形体，去表现人物无限的内心世界和精神风貌。

著名的"传神阿堵"故事最能说明这一点。顾恺之画人物的时候常常几年不点眼睛瞳孔。别人问他原因。顾恺之说："四体妍蚩，本无关妙处。传神写照，正在阿堵中。"对此，西方人也有过大致相同的认识。钱锺书《管锥编》说："苏格拉底论画人物像，早言传神理、示品性全在双瞳，正同《世说》所记顾恺之语。李伐洛曰：'目为心与物缔合之所，可谓肉体与灵魂在此交代'（C'est dans les yeux que se fait l'alliance de la matière et de l'esprit. On peut parodier un vers de la Henriade：Lieux où finit le corps et commence l'esprit）。黑格尔以盼睐为灵魂充盈之极、内心集注之尤 (Der Blick ist das Seelenvollste, die Konzentration der Innigkeit und empfin denden Subjektivtät)。列奥巴迪亦谓目为人面上最能表达情性之官，相貌由斯定格（la parte più espressiva del volto e della persona；come la fisionomia sia determinata dagli occhi）。"

关于顾氏的"传神写照"，有两种解释，这里采用港台学者徐复观《中国艺术精神》中的说法，"写照"即系描写作者所观照到的对象之形相。"传神"即系将此对象所蕴藏之神，通过其形象而把它表现（传）出来。写照是为了传神。写照的价值，是由所传之神来决定。顾恺之本人的绘画，出色地实践了这种理论。一次，顾恺之为裴楷画像，故意在脸上加了三根并不存在的须毛。别人奇怪地问他原因，他说："裴楷俊朗有识具，正此是其识具。看画者寻之，定觉益三毛如有神明，殊胜未安时。"（见《世说新语·巧艺》）这就是说，顾氏加上三毛，并非为写形计，而是以此三毛画出裴楷清通简要，富于清谈家的性格，即以形写神的需要。但人物画以形写神的要紧，还在于对眼睛的处理，故曰在"阿堵"之中。

无论政治性或审美性的人物品评,都已十分重视眼神眸子。如:"裴令公目王安丰眼灿烂如岩下电。"裴楷在病中仍使人感到"双目闪闪,若岩下电"。王右军见杜弘治,叹曰:"面如凝脂,眼如点漆,此神仙中人。"谢安见支遁,觉其双眼"黯黯明黑"。对于人物绘画来说,这无疑是一个强有力的促进。顾恺之画人物数年不点目睛,恰是他巧夺天工之处。因他对眼睛传神的把握,已达到出神入化的境界。一次,他要为殷浩画像,殷浩的眼睛有毛病,说自己的形象不好,不想给顾恺之添麻烦。可是顾恺之却说:"您一定是为眼睛的缘故。没关系,我可以先点上瞳孔,再用飞白扫一下,使之如轻云之蔽日。"眼睛本为传神之所在,眼疾对于表现传神,应是重大障碍。但对顾恺之来说,这种生理缺陷并不能影响画面人物的神气。他采用避实就虚之法,以飞白掩盖了眇目,而且还造成了轻云蔽日的绝妙艺术效果。没有深湛的艺术修养和高超的造型表现能力,是无法胜任这样高难而复杂的艺术工作的。

不仅如此,顾恺之还借助山水画的效果,来为表观人物内心世界服务。他在为谢鲲作画时,故意把谢鲲画在岩石之间。原来,一次晋明帝问谢鲲自己相比庾亮如何?谢鲲回答说:"端委庙堂,使百僚准则,臣不如亮。一丘一壑,自谓过之。"(见《世说新语·品藻》)谢鲲所谓"一丘一壑"是指纵情山水,借老庄遁迹丘壑以命清高。顾恺之深悟此意,将谢置身丘壑之中,以人物与山水的结合,恰如其分地表现谢鲲崇尚老庄的情怀。所以当有人问起他如此作画的原因时,他引用了谢鲲本人的话,并说:"此子宜置丘壑中。"

对人物神情的重视,发展到对画中人物神韵的追求,这似乎已经成了当时人物画评价的一个标准。如戴逵是当时有名的人物画家,其人物画非常精妙，可是庾龢见了后，仍然觉得神气不够，并批评戴逵说他的画"神明太俗，由卿世情未尽"。戴逵听了，心里很不服气，说按照你的要求，大概只有务光才算世情已尽。戴逵的话虽是牢骚，却能反映出他对人们苛求画中人物神明的意见，也说明传神对人物画的重要。

争奇斗艳的艺术世界

在这股崇尚自然、本色空气的影响下，书法、绘画和音乐都取得了令人瞩目的成就，使魏晋时期的艺术成就成为中国艺术的骄傲。

下面这个书与画分庭抗礼的故事，可从一个侧面反映出二者争奇斗艳的情景。

据《世说新语·巧艺》，钟会是济北郡公荀勖的堂舅，两人感情不和。荀勖有一把宝剑，大约值一百万钱，常常放在母亲钟夫人那里。钟会擅长书法，模仿荀勖的字迹，写信给他母亲要宝剑，于是骗到手就不归还。荀勖知道是钟会干的，但是却无法要回来，就想办法报复他。后来钟家兄弟花一千万钱修建一座住宅，刚刚建成，十分精美，尚未搬过去住。荀勖很擅长绘画，就偷偷地到钟家的新宅去，在门侧的厅堂上画了太傅钟繇的肖像，衣冠容貌和生前完全一样。钟家兄弟进门看到后，就极度伤感悲痛，这所住宅就一直废弃未用。

在这场书与画的对抗赛中，人们可以充分领略到由双方各自的才能而产生的精彩的戏剧性效果。刘孝标注引《孔氏志怪》："于时感喟勖之报会，过于所失数十倍。彼此书画，巧妙之极。"从双方各自损失的金额来看，荀勖似有十倍之宜，但就双方各逞才能所达到的目的上看，只能说是势均力敌，各有千秋。钟会是魏代大书法家钟繇的儿子，书法亦有名于时。荀勖的人物画，已达到乱真的程度，亦绝非等闲之辈，可惜在绘画史上没有留下名字。

魏晋时期的黑暗与混乱现实，使当时的精神贵族们不得不对现实与人生作重新思考，冀以获得精神的慰藉和心灵的解脱。清谈玄学、人物品藻、纵情山水、吟咏诗文、挥毫丹青，这些既是他们对时代文化的贡献，也是自我排遣的极好途径，而音乐又是其中的重要方面。

《世说新语·文学》："旧云，王丞相过江左，止道声无哀乐、养生、言尽意三理而已，然宛转关生，无所不入。"对音乐的喜好，与他们对音乐本质的认识有关。传统的儒家乐论虽不否认音乐是人的情感的表现，认为它可以表现欢乐或悲哀。但儒家尤其强调，既然天下秩序和谐，那么就应当以表现欢乐为主，表现悲哀应有节制，即所谓"乐而不淫，哀而不伤"。除了孔子，荀子的《乐论》和荀子学派的《乐记》都体现了这一思想。而汉末以来的社会现实，使音乐不得不染上悲凉哀婉的色彩，并成为玄学思考的问题之一。

阮籍反对"以悲为乐""以哀为乐"，认为音乐应使人欢乐而不是悲哀。他主张音乐的最高境界是"道德平淡，故无声无味""至乐使人无欲，心平气定"，这也就是玄学所追求的超脱、玄远的境界。嵇康又进一步发展了这一思想，认为"心之与声，明为二物"，即音乐是客观存在，哀乐是人被触动后产生的感情，二者并无因果关系。嵇康以"和"为乐的本体，而乐的本体是出于自然，那么声音的"和"与"不和"就是由自然所决定的。在嵇康看来，乐，也就是艺术的本体"和"，是无关哀乐，超越哀乐的。这就是说，艺术的本体是超越功利的个体精神的无限与自由。艺术的目的在于使人们超出种种情感的束缚以及由之所生的烦恼痛苦，达到精神上的无限与自由。很显然，

〔南宋〕佚名《竹林拨阮图》

这是魏晋玄学对绝对自由和无限超越的人格本体的追求在音乐美学思想上的运用和落实。

基于这种认识，魏晋名士们往往把音乐看成是构成个体生命的重要组成部分，嵇康本人就是生死与音乐同在的音乐家。他在临刑前，神色自若，竟向刑吏索琴弹拨，演奏《广陵散》。曲终后，叹道："袁孝尼尝请学此散，吾靳固不与，《广陵散》于今绝矣！"（见《世说新语·方正》）人的肉体生命的结束是无法抗拒的，而音乐却可以荡涤人的灵魂，使其精神永存。那么，嵇康临终所惋惜的，就不仅仅是个人肉体生命的完结，而是《广陵散》所体现的浩然正气的遭受戕害。因而对于嵇康来说，音乐无异于第二生命。

第十二讲 才情与艺术：细说魏晋名士的文学艺术活动

这种感受，也为其他名士所共有。顾荣生前很喜欢弹琴，在他死后举丧时，家人把他的琴摆在灵床前，以示纪念。他的好友张翰前来吊丧时，十分悲恸，竟拿起琴，坐在灵床上，连续弹奏了数支曲子。弹完后，抚摸着琴，深情地说："顾彦先啊，你喜欢我为你弹的曲子吗？"说完又失声痛哭起来。按常礼，吊唁者应与死者的儿子握手表示慰问，但张翰痛哭完毕，不与顾荣的儿子握手便离去了。

他们的深情让人感到，朋友、亲人逝去，人鬼殊途，本已无法沟通，但音乐既可超越一切，达到无限的自由，也就未必不可将友人的哀思，告慰于逝者的灵前。这声声琴曲，既饱含着深挚的友情，又不乏诗意的浪漫。其对音乐的高尚理解，也就显而易见了。当王献之死后，王徽之也用张翰的办法，在灵前弹琴祭奠，亦是如此。

对音乐的神往，可以转化为一种神奇的力量，达到心有灵犀的默契和感应。《世说新语·任诞》载，王子猷到京都去，船还停泊在小洲边。他过去听说过桓子野擅长吹笛子，但是并不认识他。这时正遇上桓子野从岸上经过，王子猷在船中，船上有个认识桓子野的客人说，那就是桓子野。王子猷便叫人传话给桓子野说："听说您擅长吹笛子，请试为我演奏一次。"桓子野当时已经显贵，平日听到过王子猷的名声，随即就掉头下车，倚在胡床上为王子猷吹了三支曲子。演奏完毕，就上车走了。主客双方没有交谈一句话。双方没有任何世俗功利的束缚与目的，只是以乐会友，在美妙的笛声中求得心灵的净化与精神的契合。这正是阮籍、嵇康理想中的"至乐"境界。对音乐的充分理解与热爱，才能使他们如此如痴如醉，食不知味。就是这位桓子野，每闻清歌，辄唤奈何，被目为一往有深情。而音乐又可以是陌生人成为朋友的纽带：

> 贺司空入洛赴命，为太孙舍人，经吴阊门，在船中弹琴。张

季鹰本不相识，先在金阊亭，闻弦甚清，下船就贺，因共语。便大相知说。问贺："卿欲何之？"贺曰："入洛赴命，正尔进路。"张曰："吾亦有事进京，因路寄载。"便与贺同发。初不告家，家追问，乃知。（《世说新语·任诞》）

"至乐"可以使人像张翰和王徽之那样纯洁高尚，也可以像贺循和张翰这样一见如故，引为知己。

还有些故事从一定侧面反映当时人们良好的音乐理论修养和娴熟的音乐技巧，生动有趣，并具有一定的史料价值。如荀勖精通乐理，时论称他为"暗解"，即心领默识的意思。他是西晋的专门的音乐机构——"清商署"的负责人，精通律学。在别人的配合下，他找到了准确制造符合三分损益律的管乐器"笛"（即竖吹的箫）的计算方法，即"管口校正"，还领导别人从事相和歌的加工改编工作，是中国音乐史上的重要人物。当时宫廷里的晚会演奏所用乐器，都是由荀勖来调音，大家都感到他调的音无不谐韵。当时另一位音乐家阮咸以辨音著称，时论称他"神解"。每当宫廷乐队奏乐时，阮咸总觉得音有些不准，所以就没有开口称赞。荀勖看出了阮咸的态度，以为他在妒忌自己，便把阮咸出为始平太守。后来，一位农夫在田野捡到了一个周代玉尺，也就相当于今天的校音器。荀勖用它来校自己所调治的各种乐器，觉得都短了半个音，这才佩服阮咸的神识。这里不仅可以看出他们二人的才能，更可感觉到他们各自的性格，荀勖功成名就，位居高位，但却自信自负，然终能服从真理；阮咸真艺在身，却不露相。这样，两位音乐家给人的印象，就是有血有肉、栩栩如生的了。

后 记

我对魏晋风度的兴趣始于上大学的时候。随着学识和阅历的积累，我对其中的感受也就愈来愈多、愈来愈深。从 20 世纪 90 年代开始，我陆续出版和发表了若干相关的著作和论文。这次承河南人民出版社的美意，再次就此话题开笔。就我个人而言，这既是对以前有关认识的总结，也是对相关问题深入思考的一个新的开始。

魏晋风度是我研究领域中比重较大的一块。这里既有个人经历所造就的心性向往，也有学术研究的机缘。从个人经历角度看，与很多同龄同辈人有过插队下乡务农、工厂做工或者参军入伍等复杂阅历不同，尽管经历过"文化大革命"，但我从进入小学开始，此生从未离开过学校。这个经历对我个人心性的影响就具有较浓的文人气。而这个文人气恰好和我所理解的魏晋风度的核心精神相吻合。随着学习和研究的深入，我越来越能够从魏晋风度中看到自己已然或应然的影子，也越来越能够从自己的个人人生阅历中去况味魏晋风度的真实蕴含。

我个人一直有这样的体会,做人文社会科学研究,尤其是文学研究,人生阅历是重要的基础条件。无论是个人亲历,还是书本阅读,都有这样的作用。从学术机缘看,我的学术起步是从《中国志人小说史》开始的。当年恩师刘叶秋先生为我选定的硕士学位论文题目是"中国志人小说发展史论",后来在此基础上写成了第一部学术专著《中国志人小说史》。但是就在我在硕士学位论文的基础上将其扩充为《中国志人小说史》的过程中,当写到《世说新语》这一章的时候,我发现以往小说史或与《世说新语》相关的研究除少数名家(如鲁迅、宗白华)之外,对《世说新语》的内容把握陈述都相当皮毛。而真正要在前贤研究的基础上将其深耕细作,不把《世说新语》背后魏晋时期整个的社会文化思潮和各种历史文化背景彻底搞清楚,就根本无法理解为什么鲁迅要把《世说新语》称为一部"名士的教科书"。为此,我放下了正在进行的《中国志人小说史》,花了几年时间,在魏晋历史文化各个方面狠下功夫,终于对魏晋文化的整体风貌和内在蕴含有了基本的把握。这不但大大深化了《中国志人小说史》中关于《世说新语》内容的开掘,同时也把《世说新语》和魏晋风度的研究形成我本人的一个重要学术研究热点。这一研究热点的外在表现是在打好纯学术理论根基的同时,又将其以相对通俗化的方式面向社会普通读者。

这本书是我多年来对于魏晋风度研究和认识的一个简要总结和概括浓缩。其中主要考虑了以下几个因素:

从内容方面来说,主要考虑了三个方面:一是对魏晋风度自身的状况作出客观而真实的描述;二是尽可能展示我本人在相关问题和内容方面的研究成果和特长;三是考虑到本书的读者定位,尽量略去那些细致考证和深奥学理的内容,将其深入浅出地加以表述。

从写法方面来说,尽量采用以客观描述为主,以适当分析为辅的方式，以增强其可读性。同时，尽量以通俗浅显的语言来进行描述和分析——这就是书名取为"细说"的理由。另外，作为知识性和普及性的读物，不能采用句句段段交代来源出处和参考文献的学术专著方式。好在书中内容绝大部分见诸我以前的各类相关成果当中。读者如果有兴趣可以从那些论著当中去对照相关的学术信息。

宁稼雨

2021年10月30日于津门雅雨书屋